国家自然科学基金项目（编号：7

山西省软科学研究项目（201804

山西省高校哲学社会科学研究基金项目（编号：2017250）

山西财经大学青年科研基金项目（编号：QN-2017012）

北京市国土资源局项目"北京市征地区片综合地价制定"

乡村振兴背景下城乡统一建设用地市场建设：理论、实践与路径设计

林 超 著

中国建筑工业出版社

图书在版编目（CIP）数据

乡村振兴背景下城乡统一建设用地市场建设：理论、实践与路径设计 / 林超著 . — 北京：中国建筑工业出版社，2019.6

ISBN 978-7-112-23762-3

Ⅰ. ①乡… Ⅱ. ①林… Ⅲ. ①城乡建设 — 土地利用 — 土地市场 — 研究 — 中国 Ⅳ. ① F299.232

中国版本图书馆 CIP 数据核字（2019）第 095854 号

责任编辑：周方圆
责任校对：赵　颖

乡村振兴背景下城乡统一建设用地市场建设：理论、实践与路径设计

林　超　著

*

中国建筑工业出版社出版、发行（北京海淀三里河路 9 号）

各地新华书店、建筑书店经销

北京点击世代文化传媒有限公司制版

北京京华铭诚工贸有限公司印刷

*

开本：787×960 毫米　1/16　印张：15¼　字数：261 千字

2019 年 7 月第一版　2019 年 7 月第一次印刷

定价：65.00 元

ISBN 978-7-112-23762-3

（34077）

　　农村土地制度是我国社会主义社会的基础性制度，是社会经济制度的重要组成部分，是我国"三农"事业发展的核心保障。新中国成立70年以来的实践表明，我国经济社会的每次重大变革都离不开农村土地制度改革。在计划经济时代，伴随着农村集体土地所有制建立，才真正奠定了城乡二元发展体制。1978年，安徽凤阳小岗村农户的分田到户，开启了农村土地承包制改革，拉开了我国改革开放的序幕。进入新时代，面对国内外发展的新形势、新机遇、新挑战，党中央做出了实施乡村振兴战略的决策部署。深化农村土地制度改革，发挥其重要的资源保障、要素生产作用，推动乡村生产、生活、生态协调发展，建设美丽乡村，成为新的热点问题。

　　长久以来，农村土地制度的最大障碍在于城乡二元土地市场割裂所造成的"同地不同权"。国有建设用地垄断土地一级市场，集体建设用地被限制流转，阻碍了市场价格信号，扭曲了土地资源配置，造成城市土地蔓延、"土地财政"依赖、城中村等经济社会问题，所以，构建城乡统一建设用地市场是我国深化改革发展的必然要求。党的十八届三中全会提出要使市场机制在资源配置中发挥决定性作用，建立城市统一建设用地市场，实现国有与集体土地"同地同权"。2015年国家部署开展"三块地"改革试点，加速农村土地制度改革，推动城乡统一建设用地建设。可以说，构建城乡统一建设用地市场是新时代我国城乡土地市场改革的重要目标，是推动乡村振兴战略实施的重要保障，是当前亟需解决的重要课题。

　　林超博士作为优秀的青年土地问题研究者，心怀"三农"事业理想，长期跟踪我国农村土地制度改革，主持和参与了多项国家级、省级课题，在核心期刊发表文章十余篇。摆在面前的这本书就是他最近几年来研究成果的总结。本书围绕"构建城乡统一建设用地市场"主题，运用产权理论，结合大量的实践调研，对我国城乡统一建设用地市场建设进行了扎实的研究，提出了富有建设性的政策建议。研究内容既有深厚的学术理论，也有鲜活的调研实践，对我国农村土地制度中存在的难点、热点问题进行了剖析，也对当前"三块地"改革试点的经验做法进行了总结与反思。研究对我国农村土地制度改革和乡村振兴战略实施具有重要的理论贡献和现实价值。

农村土地问题是一项复杂的、综合性研究。既要考虑到我国厚重的农村历史文化习俗，又要结合当前的国家发展新形势。既要立足我国发展实际，讲好中国的土地故事，又要具备前瞻的国际视野，借鉴吸收世界其他国家的发展经验。既要有扎实的理论研究，也要有一线的实践调研。所以，对于青年研究者既是一种挑战，更是一种机遇。希望林超博士以此书为起点，在今后的研究中，俯下身子，贴近基层，多去农村走一走、看一看，发现我国农村土地管理中出现的新问题，做出更好的土地管理好文章。

谨以此为序。

山西财经大学副校长、教授

2019 年 4 月于修德楼

当前，我国正处于经济社会发展双重转型的特殊历史时期，其中最重要的是经济体制转型，即计划经济体制向市场经济体制转型，目标是建设具有中国特色的社会主义市场经济。而市场经济内在属性要求各种生产要素能够在统一、竞争市场上自由流动，才能实现市场机制的资源配置作用。长久以来，在我国土地要素市场仍然实施的是具有浓厚计划经济色彩的城乡二元管理制度，这种制度结构严重阻碍了土地资源的合理配置，造成城市"摊大饼"式发展，耕地面积迅速减少，"空心村"、农民征地上访、集体土地隐形流转等诸多现象，这些现象都表明城乡二元土地市场与当下的社会经济发展越来越不协调，阻碍了土地要素的自由流动，降低了土地利用效率，损害了农民土地权益。

与此同时，伴随新时代新型城镇化和乡村振兴战略的实施，国家发展进入新的历史时期，对于各个领域制度改革的呼声也越来越高。在构建城乡统一建设用地方面，从十七届三中全会首次提出城乡统一建设用地市场，到十八届三中全会提出农村集体建设用地要与国有建设用地"同地、同权、同价"，再到2015年农村"三块地"制度改革试点在全国33个县（区）的正式落地，可以说，构建城乡统一建设用地市场的步伐愈发坚实。所以，如何构建城乡统一建设用地市场这一命题具有重要的理论价值和现实意义，已成为土地制度改革无法回避的问题，成为学术界共同关注的话题。

在这样的背景下，本书运用产权经济学、制度变迁、土地利用转型等理论，积极围绕"三块地"改革试点的最新进展，从制度变迁的历史阶段、土地利用转型的区域差异为切入点，借鉴其他国家土地交易市场建设的经验与教训，从理论和制度设计层面对如何构建城乡统一建设用地市场进行探讨，并提出相关的制度改革措施。具体而言，本书研究内容主要分为以下七个部分：

第1章为绪论。主要介绍了本书的研究背景，在对有关城乡统一建设用地市场、集体建设用地流转、宅基地流转相关研究进行系统回顾和梳理的基础上，提出本书研究内容，勾勒出全文的研究思路和框架。

第 2 章为构建城乡统一建设用地市场的理论分析。在运用巴泽尔产权公共域理论、德姆塞茨产权残缺思想、产权生命周期模型基础上，构建不完全产权生命周期理论模型，完成城乡统一建设用地市场构建的理论分析框架，然后通过对国有建设用地、集体经营性建设用地、宅基地三者制度变迁的理论解释，揭示出城乡统一建设用地市场本质，并对制度构建进行理论指导。

第 3 章为构建城乡统一建设用地市场区域差异化分析。土地管理制度与城乡发展水平密切相关，而两者之间的互动关系表现在土地利用转型方面。通过考察城乡发展转型与土地利用转型之间的关系，揭示出土地利用转型的区域差异化规律和驱动因素，为下一步城乡统一建设用地市场构建制度改革提供指导。

第 4 章为构建城乡统一建设用地市场实践："三块地"改革试点调研。正在全国开展的"三块地"改革试点是城乡统一建设用地市场构建的重要实践。通过分析德清试点、浏阳试点、余江试点，泽州试点、北流试点、长垣试点和文昌试点，围绕乡村振兴、农村发展、集体经营性建设用地入市、农村宅基地制度改革等方面进行总结与分析，为未来城乡统一建设用地市场建设提供宝贵的实践经验。

第 5 章为国际经验比较与借鉴。国外土地市场虽然没有城乡二元的问题，但其成熟的土地市场运行和管理制度可以为我们所借鉴，本书通过比较日本、德国、越南三国有关土地市场、土地管理方面的经验与教训，为我国城乡统一建设用地市场制度构建提供更广阔的视角。

第 6 章为构建城乡统一建设用地市场路径设计。在理论分析、国内试点改革案例分析、国外土地市场经验借鉴基础上，将路径设计按照三阶段划分，并同时考虑区域城乡发展水平差异，提出相关制度改革措施，按步骤循序渐进，最终实现城乡统一建设用地市场。

第 7 章为结论与讨论。在上文研究成果的基础上，系统概括本书研究结论和存在的不足，并提出了下一步可能的研究方向。

目录
Contents

第4章　构建城乡统一建设用地市场实践：
"三块地"改革试点调研 ················· 60

1.1 研究背景

1.1.1 伴随经济体制转型，土地制度改革的步伐愈发坚实

回顾过去 40 年来的发展历程，中国经济走过了一条双重转型的道路，即体制转型和发展转型，这其中体制转型又是双重转型的重点，即由计划经济体制向市场经济体制转型（厉以宁，2013）。这一转型由农村土地承包经营制改革拉开了序幕，中国经济增长的引擎开始启动。从农村到城市，从农用地到建设用地，土地制度不断改革以适应经济社会发展，土地使用权与土地所有权实现了分离，土地利用从无偿无限期使用转变为有偿有限期使用，土地资源实现了向资产、资本的转变。国家以廉价土地要素投入拉动了经济增长，弥补了我国改革开放初期资本要素、技术要素的匮乏。可以说，土地制度改革支撑了我国社会经济的发展与转型，推动我国快速实现了工业化和城镇化（赵燕菁，2014）。但随着市场经济体制改革的深入和城乡一体化进程的不断推进，土地制度遇到改革"瓶颈"，脱胎于计划经济时代的城乡二元土地管理制度已不适应当下的转型发展，建立新时代中国特色社会主义市场经济体制需要进一步深化土地制度改革。在此背景下,构建城乡统一建设用地市场，实现土地要素自由流动，被提上议事日程。从第十七届三中全会首次提出城乡统一建设用地市场，到第十八届三中全会提出农村集体建设用地要与国有建设用地"同地、同权、同价"，再到 2015 年农村"三块地"制度改革试点在全国 33 个县（区）的正式启动,构建城乡统一建设用地市场的步伐愈发坚实。

1.1.2 市场机制在土地资源配置中发挥决定性作用的要求愈发迫切

新时代中国特色社会主义市场经济要求使市场机制在资源配置中发挥决定性

作用，围绕竞争与价格机制，使各种生产要素自由流动，实现资源的最优配置。市场之间的壁垒与割裂只能增加交易主体成本，降低资源配置效率。当下城乡二元割裂的建设用地市场阻碍了土地要素的自由流动，造成土地低效利用、耕地迅速流失等问题。同时，城乡一体化发展也要求实现城乡土地市场一体化，这样可以缩小城乡发展差距，提高农村居民收入，提升内需经济发展，实现国民经济又好又快发展。与此同时，政府提出要使新型城镇化战略成为新一轮拉动经济增长的引擎，而要实现人口大规模转移、产业升级转型、社会生产生活方式转变，离不开土地资源的保障，显然，现行的土地管理制度已不能适应新的发展需要，城乡二元土地市场管理制度与市场经济内在属性要求表现得越来越不协调，土地作为生产要素要在统一、竞争的市场上自由流动的要求也越来越强烈，构建城乡统一建设用地市场，打破城乡二元土地市场割裂的改革愈来愈迫切。

1.1.3　城乡二元建设用地市场与经济社会发展矛盾愈发突出

经过 40 年的改革发展，中国社会经济发展取得长足进步，这些发展成果的取得离不开我国城乡二元土地市场制度的贡献，政府通过征地制度，使土地要素在城乡之间单向流动，垄断了土地一级市场，攫取了农用地转为非农建设用地之后巨大的增值收益，这些收益支撑了城市快速发展。但是，伴随着经济发展方式转变，社会生产生活方式转型，原有的二元城乡建设用地市场与社会经济发展之间矛盾愈发凸显。近些年来，房价高涨，"小产权房"屡禁不止，农民征地上访事件、城市"摊大饼"式蔓延、"土地财政"依赖、集体建设用地大量隐形流转等问题就是其突出表现。这些经济、社会、生态问题显示出城乡二元土地市场已经阻碍了市场机制作用，削弱了宏观经济调控能力，拉大了城乡二元差距，加深了资源承载力与经济增长之间的矛盾，不利于土地资源的合理配置。

1.1.4　集体建设用地制度改革对乡村振兴战略的保障作用愈发凸显

十九大报告确立乡村振兴战略，这是新时代我国"三农"事业和城乡发展的重要战略部署①。乡村振兴是全世界范围内正在逐渐被重视实施的过程(Liu

---

① 参见决胜全面建成小康社会　夺取新时代中国特色社会主义伟大胜利 [EB/OL].http://www.xinhuanet.com//2017-10/27/c_1121867529.htm

& Li，2017）。在我国新时代背景下，其本质是破解特定时期乡村发展的主要社会矛盾和突出问题，推进乡村转型、实现乡村协调与可持续发展（刘彦随，2018），在这一过程中，需要紧紧抓住"人地钱"这条主线（罗必良，2017），深化集体建设用地制度改革（张晓山，2017），以"一盘棋"思维联动推进土地制度的各项改革（陈美球等，2018）。为了支撑乡村振兴发展，落实"产业兴旺、生态宜居、乡风文明、治理有效、生活富裕"总要求，需要农村集体建设用地制度改革保障，通过集体经营性建设用地入市、农村宅基地制度改革、城乡土地市场建设，释放农村土地制度潜力，进一步扩大乡村产业融合发展空间，提高乡村治理水平，激发农民主体参与积极性，改善农村人居生活环境，增加农民土地财产性收益，使土地制度成为推动乡村振兴战略实施的有力抓手（郑凤田等，2018）和制度保障（王海娟等，2019）。

1.2　研究意义

1.2.1　理论意义

近些年来，伴随着我国社会主义市场经济体制建设进程的不断推进，各个领域在围绕这一目标的前提下，都在发生着深刻的改革与变化。不可否认，在土地制度领域，其市场化改革也在不断深入，但仍存在着城乡二元土地市场，已然与当下的社会经济发展形势不相适应。城市不断扩张、集体建设用地隐形流转、耕地资源迅速减少等现象就是印证，所以改革集体建设用地流转制度、深化土地要素市场化改革的呼声不绝于耳。在前一阶段，大量学者专家调查、研究各地集体建设用地流转探索实践，从理论层面进行了大量研究，留下许多宝贵的研究成果。这些成果为我国一个阶段内集体建设用地流转制度改革作出了巨大贡献，但是伴随着宏观经济发展迈入新常态，新型城镇化和乡村振兴战略的实施，户籍、人口等制度改革已经开始，城乡二元结构逐渐松动。在这样一个新的时代背景下，改革集体建设用地流转制度，构建城乡统一建设用地市场呈现出前所未有的综合性、多面性和复杂性。在制度改革时既要充分考虑我国社会主义初级阶段的基本国情，城乡一体化水平还不高，区域发展差异大，城市与集体土地市场改革不同步等问题，又要考虑我国城市和农村土地制度变迁的路径依赖，还要考虑制度改革风险与代价等诸多问题。

所以这就需要我们应当综合考虑土地制度变迁、城乡发展区域差异、国有土地与集体土地产权差异等多方面因素进行创新研究。因此，本书研究将进一步丰富和完善我国城乡统一建设用地市场理论体系。

1.2.2 现实意义

早在 2008 年第十七届三中全会《关于推进农村改革发展若干重大问题的决定》① 首次提出要逐步建立城乡统一的建设用地市场。原国土资源部、地方政府陆续开展了许多农村集体土地流转的试点探索，形成了重庆"地票"、天津"宅基地换房"、广东南海"土地股份制"等模式经验，这些实践探索模式虽然在一定程度上为全面实现农村集体土地流转、构建城乡统一的建设用地市场方面积累了许多好的做法，但都未能在更高层次、更广范围内推开，依然还保留着许多地方发展特色和局限性，使得城乡统一建设用地市场建设依然没有取得明显进步。面对新的发展形势，第十八届三中全会《关于全面深化改革若干重大问题的决定》② 又提出要使市场机制在资源配置中发挥决定性作用，再次强调要建立城乡统一的建设用地市场。在符合规划和用途管制前提下，允许农村集体经营性建设用地出让、租赁、入股，实现与国有土地同等入市、同权同价。2015 年国务院发布《关于农村土地征收、集体经营性建设用地入市、宅基地制度改革试点工作的意见》，正式开启"三块地"改革试点，各地根据实际情况积极探索有关集体经营性建设用地入市、宅基地有偿使用、退出等制度改革，可以说构建城乡统一建设用地市场已然成为必然趋势。各地改革实践探索层出不穷，但如何从全局角度理解各地试点实践的内涵，如何进一步深化改革试点、推动城乡统一建设用地市场建设，这些问题都还缺乏较为科学、合理的理论指导。所以，本书研究对于指导各地实践，构建统一建设用地市场具有重要的现实意义。

---

① 参见 2008 年十七届三中全会报告《关于推进农村改革发展若干重大问题的决定》，详见：http://sw.mca.gov.cn/article/yw/jczqhsqjs/xzjs/zcwj/201512/20151200878578.shtml
② 参见 2013 年十八届三中全会报告《关于全面深化改革若干重大问题的决定》，详见：https://www.sohu.com/a/216562168_99914060

1.3 研究对象界定

本书研究对象包括城镇国有建设用地和农村集体建设用地。农村集体建设用地即农村集体经济组织所有的建设用地,包括集体经营性建设用地、宅基地和公共服务设施与公益用地,在本书研究中只涉及前两者。在本书表述中,集体建设用地是指农村集体经营性建设用地和宅基地,但由于宅基地具有许多特殊性,不同于一般集体建设用地属性,在部分段落与内容上会以宅基地概念单独论述。

1.4 文献综述

我国城乡统一建设用地市场构建的关键在于农村集体建设用地流转制度改革,特别是我国农村宅基地流转制度,所以本书对有关集体建设用地流转、宅基地流转、城乡建设用地市场建设相关研究进行梳理,为本书研究提供前期的研究积累。

1.4.1 有关城乡统一建设用地市场的研究

国内学者关于城乡统一建设用地市场研究主要集中在以下几方面:

1）城乡统一建设用地市场构建的必要性。学者普遍赞同构建城乡统一建设用地市场,认为这是建立和发展社会主义市场体系的客观需求,有利于兼顾城乡发展,实现土地资源最优配置（王克忠,1996；陈燕,2011）。同时,也认为这是土地市场建设的必然趋势（钱忠好等,2007；马凯等,2006、2009；马欣等,2009；张继祥等,2010）和推进新型城镇化发展的内在要求（尹伯成,2013）,可以扭转集体建设用地流转自发和无序状态,保护耕地,提高土地集约利用水平（全坚等；2011）,抑制大城市扩张,提高土地利用效率,保障农民土地权益（焦永利；2014）。

2）城乡统一建设用地市场构建的阻碍因素研究。学界认为构建城乡统一建设用地市场存在以下障碍因素:第一,产权障碍。集体土地产权主体不明确,权能不完整,阻碍了土地的市场交易（郑云峰等,2013）。第二,制度障碍。不完善的征地补偿机制、不合理的宅基地使用制度、不明确的集体土地使用年限是构建城乡统一建设用地市场的制度性制约因素（付光辉等，2008；谭卫兵等，2010；王宏娟等，2014）。第三，法律障碍。已有土地制度与统一建设用地市场之间存在一定的立法目标价值对立，阻碍了城乡统一建设用地市场构建（曹笑辉等，2014）。第四，政府职能障碍。政府目前在促进土地市场发育职能的"错位"以及"缺位"大大降低了土地资源配置效率，严重阻碍了城乡统一的土地市场发育（石晓平、曲福田，2005）。第五，观念意识障碍。农民相对较保守的思想以及对土地的依赖是城乡建设用地市场一体化发展的主体性制约因素（王亚红等，2011）。

3）城乡统一建设用地市场构建研究方面。对于如何构建城乡统一建设用地市场，学者们提出不同的路径与模式。例如，吴冠岑等（2010）提出应沿着乡镇企业集体建设用地直接入市；宅基地流转的城乡一体化；缩小征地范围的路径实施改革。陈燕（2012）从推动改革难易程度的角度出发，认为建立城乡统一建设用地市场既可以选择渐进式改革，通过逐渐提高征地补偿费，以增量改革达成制度创新；也可以进行激进式改革，即突破现行土地市场的制度框架，推进农村集体建设用地入市。姜大明（2013）认为要统一规划，统一规则，统一平台，统一管理，建立包括城镇建设用地与农村集体建设用地和宅基地在内，增量建设用地和存量建设用地，统一、开放、竞争、有序的建设用地市场体系。张远索（2013）提出在优化城市土地市场内部机制优化基础上，以集体建设用地入市和发展乡镇级城镇化为联系带，统筹城乡土地市场。张舟等（2015）认为，应以土地用途划定"间接入市"和"直接入市"的界限。"直接入市"政策适用于工商业用地，"间接入市"政策适用于独立工矿用地。宋迎昌等（2015）提出建设城乡统一建设用地市场三种模式：农村自主开发、农村自征自用、国家征地三种模式。黄珂、张安录（2016）认为，将城乡一建设用地市场的运行空间分为城镇规划区和规划区外，两个区域采取差别化的城乡建设用地市场对接模式。文兰娇、张安录（2017）提出通过对接、整合、保障三大路径实现城乡统一建设用地市场建立。同时，构建城乡统一建设用地市场需要从供给主体、土地使用权权能、流转方式、管理体制、地价体系、土地税收制度、市场监管体系七方面进行配套制度设计（谭术魁等，2009；王小映，2009；陈悦等，2014）。

1.4.2 有关集体建设用地流转的研究

1）集体建设用地流转的原因。学者认为现有法律允许集体建设用地流转并且应当流转（李全庆等，2008）。这种自发流转现象是制度安排成本与制度创新收益之差增加，并且这部分增加收益可以被分割的结果（陈利根等，2002），是农民以内生费用减少而外生交易费用增加为代价的（杨少磊，2010），改变了资源配置方式，适应了市场经济发展的内在要求；缓解了供需紧张，减少建设占用耕地的潜在威胁；实现了帕累托改进，增进了社会总福利（张梦琳等，2008）。

2）集体建设用地流转收益分配。集体建设用地流转收益分配中，应当区分：权利设定和权利转移，经营性建设用地、公益用地和宅基地三类，存量和增量来源（刘巧芹等，2013），各主体对地租的贡献程度（王贝，2014），城市规划区内与城市规划区外（宋伟，2014）等因素。对于政府是否参与收益分配，学者认为政府不宜直接参与，可以以税收方式间接参与分享（王文等，2009；陈健，2008；陶镕，2013）。对于分配比例，政府与农民集体按3：7划分有利于各主体利益（卢吉勇等，2002），农户更倾向于持续性分红（樊帆，2015）。对于分配方式，应当将集体建设用地纳入税收管理（常新等，2010），分类型、分步实施（唐燕等，2014）。

3）集体建设用地流转模式。学者从不同角度将集体建设用地流转划分为不同模式。以政府替代市场程度为依据，划分为政府主导型、市场主导型和政府与市场并重型（陈会广等，2009）。按流转主体为依据，可以划分为国家主导型、乡村基层组织主导型和农户个体主导型（程世勇等，2009）。从驱动力分析，可以划分为外驱式和内驱式（张文津，2011）。按照市场运行模式，划分为"转权让利"和"留权分利"模式（钟毅等，1995；钱忠好，1999）。实践中，各地对集体建设用地流转进行了大胆探索，学者们对天津"宅基地换房"模式（周京奎等，2010）、南海"工业化"模式和杭州"留用地"模式（张娟峰等，2009）、上海模式（张引等，2014）和成都模式（张洪松，2010）进行了总结。

4）集体建设用地流转市场构建。学者认为构建集体建设用地流转市场需要出台全国性法律法规（谭术魁等，2002），加快农村土地产权制度建设，采取集体土地股份制，保护农民土地财产权（程久苗，2002；朱新华等，2010），建立法律、权益机制、外部环境和配套制度四大支撑体系（杨继瑞等，2009），将土地权属直接交易与间接（指标）交易模式相结合（肖云等，2010），按照区域发展程度，实施差别性的农村集体建设用地流转制度（顾湘，2013）。

5）集体建设用地隐形流转。在现实世界，已经存在大量集体建设用地隐形流转（高圣平等，2007），主要分为违法市场、触法市场和失范市场三大类（朱明芬，2014）。集体建设用地隐形流转会带来价格扭曲、土地资产流失、农民权益受损等低效问题（杨秀琴，2011），会冲击正式土地市场，降低土地利用效率，增加社会矛盾的负面效应（常敏，2013）。治理集体建设用地隐形流转需要克服中央与地方的"激励悖论"（万广军，2014），分层、分类、分阶段化解集体建设用地隐形流转市场（罗湖平等，2015）。

6）集体建设用地价格与评估。集体建设用地流转价格来源于双重稀缺度、产权的可交易性和产权的细分性。现行集体建设用地流转价格形成呈现出高成本性和非市场配置的特点（刘元胜，2011）。集体建设用地价格评估方法主要有：均质区域"标准宗地"法（嵇金鑫等，2008）、多因素综合指标法（党青等，2010；杨建峰等，2013）、特征价格模型法（耿槟等，2013）、样点地价法、城镇国有基准地价修正法和成本法（杨建波等，2013）。但是，这些方法还不能形成可推广全国的做法，与国有建设用地评估相比，还需要在定级因素、地价内涵、估价参数等方面需要特别对待（崔宇，2013）。

1.4.3 有关宅基地流转制度改革的研究

1）对于宅基地制度改革方向，学者认为宅基地使用权法律制度应当兼顾保障与效率的价值取向，实现宅基地使用权法律制度双重价值取向的目标（刘俊，2007），兼顾社会保障性和用益物权性（李彦芳，2010），沿着社会保障功能减弱、经济财产功能凸显的趋势（林超，2013），去宅基地使用权身份化（张菡冰等，2015），对宅基地功能进行重构（张克俊等，2017），实施宅基地双轨制（姚如青等，2014；王媛等，2014）。在宅基地制度改革时应当考虑不同农户生计类型（王静，2016）和宅基地区位（瞿理铜等，2015；吴秋菊，2014），实施差异化制度（贺雪峰，2015），加强宅基地规划和建设管理（印子，2014），在特殊的权利安排制度、特殊的取得制度、特殊的社会目标中间取得平衡（刘守英，2015）。

2）宅基地是否流转的争论。①支持流转一方。宅基地流转既有现实的需求，符合法律正义和公平的观念，也有一定的法律和政策空间（李文谦等，2009），应当取消集体建设用地入市限制，激活宅基地市场，赋予农民宅基地及其房屋所有人以完整的物权（刘守英，2008）。禁止宅基地流转既造成利用效率的损失，又存在严重的不公平性（诸培新等，2009），丧失了公平正义的价值理念和合法性基础，应尽快进行变革（陈晓军，2011）。②反对流转一方。当前的宅基地制度总体上是合理的，符合我国的国情（刘锐，2014）。宅基地是农民基本生存权利的重要基础和社会保障福利，应当禁止宅基地流转，限制宅基地自由交易，严禁城镇居民在农村购买宅基地（孟勤国，2005；陈柏峰，2007；韩松，2011）。

3）宅基地流转意愿研究。农户宅基地流转意愿与农户生计资产（关江华等，2013）、农户职业分化和经济分化（杨应杰，2014）、户籍制度（朱新华，2014）、农户认知的锚定等心理（杨玉珍，2015）、"非正式制度"等因素限制（胡方芳等，2014）、流转方式（龙开胜等，2012）有关。但由于社会保障不足，许多农户还存在着对生活保障的担忧，所以土地依然被视作最重要的家庭保障，对宅基地保留意愿依然强烈（李伯华等，2015；杨婷等，2015）。多名学者分别对发达地区，不同代际农民工，丘陵地区，城市内层边缘区的农户宅基地退出意愿影响因素进行了实证研究，表明对于不同类型农户其影响因素不同（杨君等，2015；杨雪峰等，2015；黄敏等，2015；杨玉珍，2013）。

4）宅基地流转模式。学者分别总结了嘉兴"两分两换"、天津"宅基地换房"、成都都江堰市"味江模式"、重庆"地票"等模式运作的特点（方国等，2011；孟广文等，2012；章合运等，2010；王守军等，2009）。将宅基地置换实践划分为城乡统筹模式、城中村和园中村改造模式、宅基地整理模式和增减挂钩模式(肖碧林等,2011)。总结宅基地流转模式为村集体经济组织内部转让、外部转让、农户自由转让、地方政府主导转让四种类型（刘卫柏等，2012），实物流转模式和指标流转模式(张梦琳,2014)。比较现有宅基地流转三种模式，即政府主导模式、集体推动模式和农民自发模式（陈利根等，2012）。宅基地退出的四种模式，即城镇化村庄改造模式、村庄内部改造模式、整体搬迁改造模式、中心村建设模式（张长春等，2013）。

5）宅基地流转风险。宅基地流转中应当防范农民利益受损的风险、耕地流失与国家粮食安全受威胁的风险、破坏乡村伦理的风险、宏观调控受削弱风险、抵押风险（吕军书等，2013；林超等，2014；韦想等，2015）。

1.4.4 文献述评

系统梳理有关城乡统一土地市场、集体建设用地流转以及宅基地的相关研究，可以看出：

1）大量学者从制度变迁、城市合约理论等不同角度论证了城乡统一建设用地市场建设的必然趋势，认为统一建设用地市场是社会主义市场经济建设不可缺少的环节，有助于破除城乡二元壁垒，推动城乡一体化，缩小城乡居民收入差距，优化土地资源配置，提高土地利用效率，保障农民权益。而在这一过程中，集体土地产权不完整、收益分配机制不合理、社会保障体系不完善等原因成为阻碍统一市场建设的重要因素，所以相关学者在城乡统一建设用地市场构建过程中提出：从制度层面，完善集体土地产权，建立合理的增值收益分配制度；从管理层面，划清政府与市场管理界限，转变政府职能，培育农民权利意识；从市场方面，统一交易规则、交易平台，构建城乡统一的一、二级市场体系。

2）对于集体建设用地流转的相关研究较为丰富，大量学者从产权经济学、制度经济学分析了集体建设用地自发流转的深层次原因，并从主导力量、驱动力、空间范围等不同角度将各地流转实践进行了归类总结，提出不同的集体建设用地流转模式。对于集体建设用地流转的核心增值收益分配也从初次分配与再次分配，存量与增量，规划区内与外等角度提出了不同的收益分配模式。在集体建设用地流转市场建设方面提出要改造集体经济组织，完善集体产权，建立合理收益分配体制，建立公平流转平台，实地与指标交易相结合等方面。集体建设用地流转市场建设离不开价格评估，已有学者运用 GIS 技术等，参照国有建设用地定级与评估，在定级因素、地价内涵、估价参数等方面进行修正以适应集体建设用地，研究建立集体建设用地基准地价和评估方法。

3）宅基地是农村集体建设用地的重要组成部分，且由于宅基地自身有其特殊属性，所以大量学者专门就宅基地流转进行了研究。相关学者对于宅基地是否应当流转展开了激烈的辩论，并从兼顾效率与公平、制度与功能变迁、宅基地属性等角度提出了不同的改革方向。对于宅基地流转意愿，学者通过对不同代际、发达与欠发达地区等不同层面探讨了宅基地流转意愿受不同因素影响，而实践中宅基地流转在各地也有不同的模式，相关研究成果表明不同模式需要考虑区域经济、社会等不同因素，并且在宅基地流转制度改革过程中还要防范相关的风险。

4）综上，对于集体建设用地流转、宅基地流转、城乡统一建设用地市场构建的相关研究已有一定的基础，这些研究成果也成为本书研究的重要基础。但还存在着以下不足：①集体建设用地包括集体经营性建设用地、宅基地，二者属性不完全相同，所以构建集体建设用地市场要考虑他们之间的差异，需要相关制度的衔接与过渡，才能最终实现集体建设用地市场，在这方面的研究还比较少；②在城乡统一建设用地市场构建过程中最核心的环节在于集体建设用地市场，但不能忽视对于国有建设用地的改革与衔接。已有研究过多地侧重于从集体土地角度出发，缺少一个完整的理论框架，能够将国有建设用地、集体经营性建设用地、宅基地三者统一在一个理论框架内进行解释和指导；③由于制度变迁过程中的路径依赖，决定了土地制度改革不是一蹴而就的，对于统一市场构建过程中阶段性研究还比较薄弱。同时，我国国土面积广大，区域发展差距明显，集体建设用地制度改革的区域差异性研究还比较少见。所以本书在基于对已有研究结果梳理和总结的基础上，结合"三块地"改革试点调研，提出本书的研究内容。

1.5　研究内容

1）在理论层面，构建包含城镇国有建设用地、集体经营性建设用地、宅基地的理论分析框架，从理论层面指导城乡统一建设用地市场建设。

2）从区域差异化角度，探寻在城乡发展水平不同阶段下，所对应的土地利用现状差异分布规律，为地方集体建设用地制度差异化改革提供理论基础。

3）总结、分析最新全国"三块地"改革试点案例，为下一步全面构建城乡统一建设用地市场积累实践经验。

4）选择代表性国家，对其土地市场、土地管理制度、土地规划等领域进行相关经验和实践的对比分析，为本书制度创新提供借鉴。

1.6　研究方法

　　1）文献研究法。城乡统一建设用地市场涉及集体建设用地流转、宅基地改革等多方面问题和已有研究成果。本书通过对于城市国有建设用地、集体经营性建设用地、宅基地制度变迁文献的梳理与研究，为未来城乡统一建设用地市场构建趋势打下基础；另一方面，本书在构建理论分析框架过程中，需要综合产权公共域、产权残缺等理论，需要从文献研究中找到各自特点与内容，为综合运用二者搭建理论框架进行基础研究。

　　2）比较研究法。城乡统一建设用地市场构建需要对其他国家有关土地管理制度、土地市场、农村土地管理制度的对比与借鉴，找出各国做法的优缺点，为我国城乡统一建设用地市场制度改革提供借鉴。

　　3）案例分析法。最新的"三块地"改革试点为下一步集体建设用地制度改革开始了新的探索实践。在集体经营性建设用地入市收益分配、宅基地有偿使用、退出等方面进行全新的制度创新设计，通过对其中典型试点案例进行分析，可以为城乡统一建设用地市场构建提供实践思路。

　　4）定性与定量研究法。构建城乡统一建设用地市场理论框架涉及三类土地使用权的制度变迁及其在产权理论研究下城乡建设用地不完全产权变化趋势的定性判断；而运用土地利用/土地覆盖变化（Land-Use and Land-Cover Change，LUCC）中土地利用转型理论需要进行定量分析，得到城乡发展转型与土地利用转型之间的描述性关系，并最终通过计量经济学模型得到明确的研究结论。

1.7　研究思路

　　运用不完全产权理论和产权生命周期模型，构建城乡统一建设用地理论分析框架，并对国有建设用地、集体经营性建设用地、宅基地三者制度变迁进行理论解释，从理论层面指导城乡统一建设用地市场建设。然后，运用土地利用转型研究成果，通过实证研究城乡发展转型与土地利用转型之间关系，解释城乡统一建设用地建设区域差异化特点。在此基础上，分析国内"三块地"

改革试点实践案例,比较其他国家经验,为制度设计提供更广阔的视角。最后,在上述理论、实证、实践案例、比较分析成果基础上,提出构建城乡统一建设用地市场的制度、政策设计方案,整体思路框架见图 1-1。

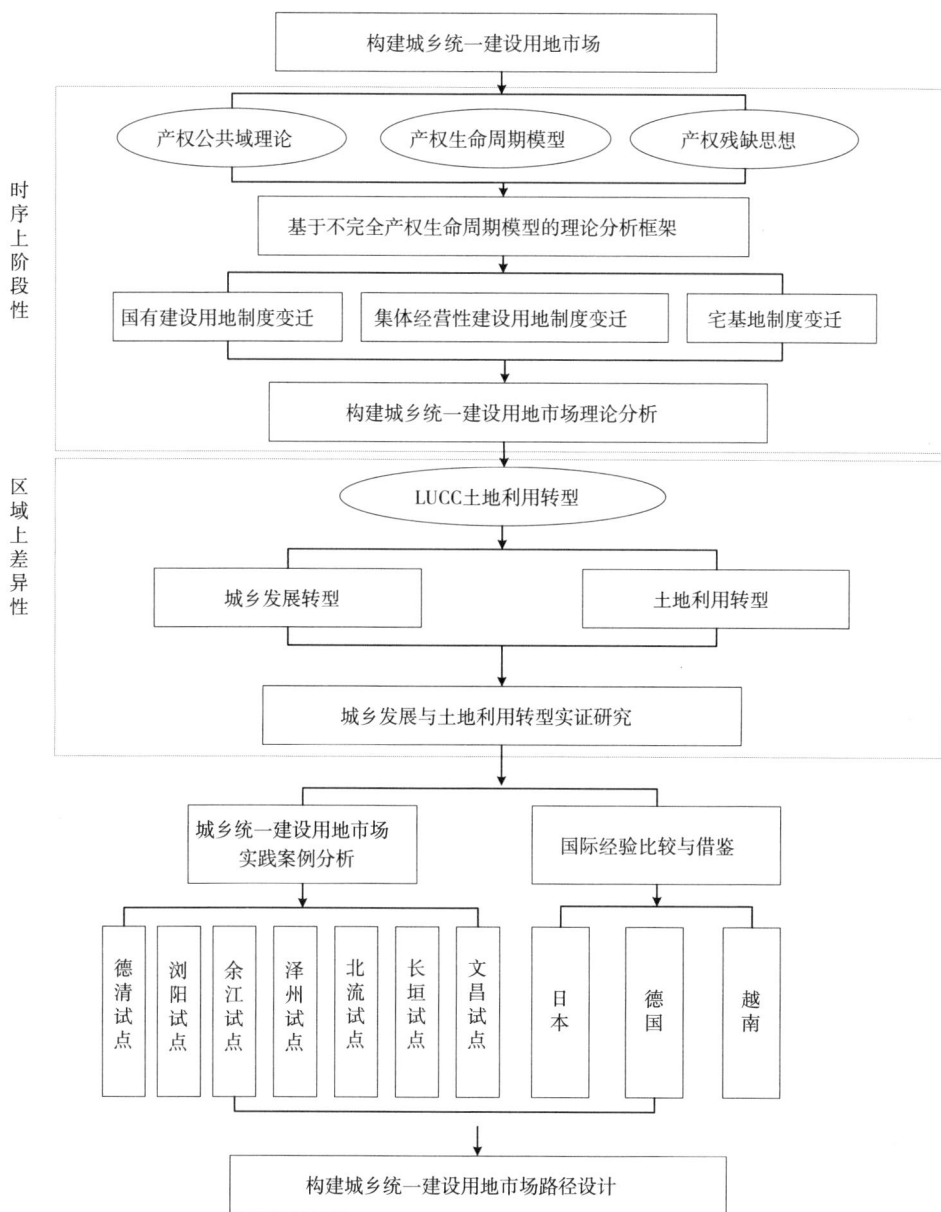

图 1-1 总体框架思路图

第2章
构建城乡统一建设用地市场的理论分析[①]

城乡统一建设用地市场建设的本质是产权市场的建设，改变过去城乡二元土地市场中不平等的产权交易关系。长久以来，由于我国特殊的土地管理制度造成城镇国有建设用地与农村集体建设用地产权不对等，形成不同的产权交易规则和范围，资源配置的市场机制被扭曲，使我国土地管理过程中暴露出许多问题。城乡统一建设用地市场建设目标是：无论国有还是集体所有制，只要土地性质相同，即为建设用地。只要符合相应的土地利用规划和土地用途管制，即可享有同等权利，不因所有权性质不同而造成用途的限制，即"同地"，另一方面，要使国有和集体建设用地实现产权一致，拥有同样的产权权能，即"同权"，建设用地的交易价格应由市场机制决定，不会因为制度的规制而引起价格的扭曲，即"同价"。所以对于城乡统一建设用地市场构建的研究其本质是探索如何实现两种土地产权的统一，已有国内学者从多角度进行研究，此处不再赘述。但历史研究表明，我国集体土地产权是在计划经济时代形成，其背负了政治、经济和社会等多重任务，对其改革也是迂回辗转。对比城镇国有建设用地使用权制度改革，其具有复杂性、综合性的特点，对于如何实现与国有建设用地的"同权同价"改革目标不是一蹴而就的，其制度改革的政策也不应是"一刀切"和跃进式的。本章运用产权公共域等理论，构建我国城乡统一建设用地市场研究的理论分析框架，以揭示城乡统一建设用地市场本质。

2.1 产权理论概述

关于产权的定义，根据《牛津法律大辞典》的定义："财产权是指存在

---

① 部分内容已发表在《中国农村观察》2018 年第 2 期。

于任何客体之中或之上的完全权利，包括占有权、使用权、出借权、转让权、用尽权、消费权和其他与财产有关的权利。不要把财产视作单一的权利，而应当把它视作若干独立权利的集合体。其中的一些甚至其中的很多独立权利可以在不丧失所有权的情况下予以出让。"产权根据《新帕尔格雷夫经济学大辞典》中定义，"产权是一种通过社会强制而实现的对某种经济物品的多种用途进行选择的权利"（阿尔钦，1992）。巴泽尔（1997）认为个人对资产的产权由消费这些资产，从这些资产中取得收入和让渡这些资产的权利或权力构成。德姆塞茨（1995）认为产权包括一个或其他人受益或受损的权利。

产权理论的核心是"交易费用"，科斯最早在《企业的性质》中对"交易费用"进行了诠释，成为西方产权理论的鼻祖，并提出了著名的科斯定理，即如果在交易费用为零的世界，产权的初始界定对于最终的效率配置没有影响。但交易费用为零的世界只是一种理想状态，实际生活中我们是处在一个交易费用大于零的世界中，所以在这之后，德姆塞茨、阿尔钦、巴泽尔、张五常、诺斯等人丰富和发展了产权理论，使产权理论的研究成为经济学研究新的分支——产权经济学（兰玲、高鑫，2012）。巴泽尔（1967）提出由于产权属性价值的不完全界定，部分产权会落入产权的公共域中。德姆塞茨在研究了北美印第安人的狩猎边界与贸易交易的关系基础上解释了产权的起源，并将产权与外部性内部化联系在一起。阿尔钦从企业产权合约研究中提出产权的可分割性和专业化分工实现了企业所有权与控制权的分类，使私有产权更有效率。张五常（2010）将交易费用和产权理论运用于中国农村土地承包土地制度研究，提出在交易费用为正的世界中，产权主体对产权界定是需要成本的，提出了产权领域"租"的概念，并且是他将产权理论引入了中国，成为研究中国经济发展的重要理论。诺斯（2010）运用产权制度分析了更广阔范围的历史制度变迁过程，提出了强制性和诱导性制度变迁的深层原因。总之，西方产权理论就如何通过产权界定和结构调整，消除市场资源配置外部性，最终降低交易费用，提高资源配置效率，实现全社会交易成本降低，进而实现社会资源的最优配置进行了大量研究（刘小红，2011）。

2.2 理论框架构建

2.2.1 基于产权公共域和产权残缺理论的不完全产权理论

巴泽尔产权公共域理论是对产权理论的极大推动，他也自认为"产权分析方法适用于一切人类行为和人类制度"。从亚当·斯密开始，经济研究就认为所有权是完整的权利，尽管广义所有权还包括使用权、收益权、转让权，但学者研究也通常将他们视作为整体，而新制度经济学家则认为产权是包含所有权、使用权、收益权、转让权的"权利束"。巴泽尔认为产权是个人对财产消费的权利，是从财产中收益并且可以让渡这些财产的权利的集合，所以财产权利包含使用、收益、转让等有多重属性。这种产权的属性化认识是巴泽尔产权理论研究的基础（张润锋，2015），也是其对产权理论的最大贡献（段毅才，2006）。他从财产属性的微观角度分析产权，既然财产权利是多种属性的，巴泽尔认为有些属性可能是在当下的经济、技术条件下我们还无法认识的，或是随着科学技术的进步，产权属性会不断增加，可以说我们对于产权所有属性的认识不可能是完全的。同时，对于每种属性的认识和测度是需要成本的，某些属性想要清晰地界定出排他性、专用性产权，其成本之高是无法实现的，所以从产权界定角度，Bazel（1974；1977）认为，产权是不能被完全界定的，必然有一部分属性被留在公共域，产权也成为不完全产权。既然产权是不能被完全界定的，那么产权的边界是哪里。巴泽尔认为产权边界就是产权界定边际成本与边际潜在收益的临界点，所以，产权界定是一个随着公共域边界不断调整的动态过程。当产权公共域内产权属性边际收益大于边际成本时，这部分属性就可能从公共域中释放，而被清晰界定。反之，有些属性会被留在公共域，成为新的公共财产。对于产权界定又分为法律产权和经济产权界定。科斯（1988）认为只要法律初始产权得到清晰界定，资源配置效率会达到最优。但产权理论研究的本质是要研究真正所用于实际经济效果的经济产权问题，而法律产权与经济产权是产权界定的两个层面，法律产权往往容易界定（国家通过法律），但对于经济产权的界定，法律产权既非充分条件，也非必要条件（Demsetz H，1967）。经济产权更强调对财产的实际行为能力，所以法律产权是容易界定的，这会有助于经济产权的行为，但由于产权的多重属性，在财产权利交易时，交易双方不可能对财产属性完全了解，所以在他们的交换中就会出现产权稀释的现象，从而造成经济产权与法律产权的不一致。

德姆塞茨关于产权残缺的思想认为，国家有一种特殊的权力，它可以对私人所有权的权利束施加限制，使得产权残缺，而他认为产权残缺是因为一些代理者获得了允许其他人改变所有制安排的权利，对废除部分私有权利束的控制已被安排给了国家，或已由国家来承担，也可以理解为完整的产权权利束中一部分权利的删除（Demsetz H，1967），所以，当国家对私有产权加以限制时，就会引起私有产权的残缺，造成产权的削弱（埃格特森，2004），产权残缺程度越大，产权的完整程度就越小（张峰，2010）。由此可以看出，德姆塞茨的产权残缺思想是认为产权在法律初始界定时，由于对所有权的管制，而造成产权的残缺。无论是产权权能还是产权结构的残缺都会影响产权运行过程中产权主体对产权价值的预期，使他们所采取的行动发生变化从而改变资源配置的结果。

巴泽尔产权公共域理论和德姆塞茨产权残缺的思想都是对交易费用为正的世界中对产权理论的拓展与延伸，都认识到了产权在实际经济活动中不完全性和渐进性，而且由于不同的因素造成不同类型的产权稀释，所以不存在完全的产权界定。两者之间的区别在于：巴泽尔的产权公共域理论侧重于对产权界定后，产权在实际经济活动过程中财产权利的掌握，也就是对于事实（经济）产权的演化形式；而德姆塞茨的产权残缺思想是从法律产权初始界定时，由于国家权力造成对产权的稀释，所以法律产权和经济产权的不完全界定有着不同的层次关系。德姆塞茨强调的法律产权残缺是对部分产权的限制，使部分财产权利没有得到界定而成为不完全产权，但这部分产权是有价值的，在实际经济运行过程中是可能获得清晰界定的，所以称之为经济产权Ⅱ，而剩余没有被限制的产权，即通过国家法律强制保护实施的产权，就成为实际生活中的法律产权Ⅰ。经济产权Ⅱ这部分权利如果在经济运行过程中，得到了完全界定，具有了排他性使用权利，则成为清晰界定的经济产权Ⅱ完全界定部分，而另一部分未得到清晰界定的就落入巴泽尔的产权公共域内，称为经济产权Ⅱ未完全界定部分；法律产权Ⅰ是法律界定后的清晰产权，但在实际运行过程中，由于产权属性的无法完全认知，所以这部分产权也会分为法律产权Ⅰ完全界定部分和法律产权Ⅰ未完全界定部分，后者也成为巴泽尔的产权公共域。由此可以看出，法律产权与经济产权的不完全产权界定关系是复杂的，会形成不同的组合类型（李宁、董银霞、陈利根，2014），详见图 2-1。另一方面，对于产权界定的渐进性，二者都认为长期看产权界定的方向肯定是沿着科斯所论，是趋向于完全产权。只不过巴泽尔认为产权公共域的变化取决于公共域内产权属性价值除去张五常所说租值耗散（Cheung S N S，1970）后的净资产价值，而德姆塞茨则认为产权界定尽管存在残缺，但公共财产的价值上升就会引起外部主体对这部分财产的要求，从而要求对于产权的进一步清晰界定。

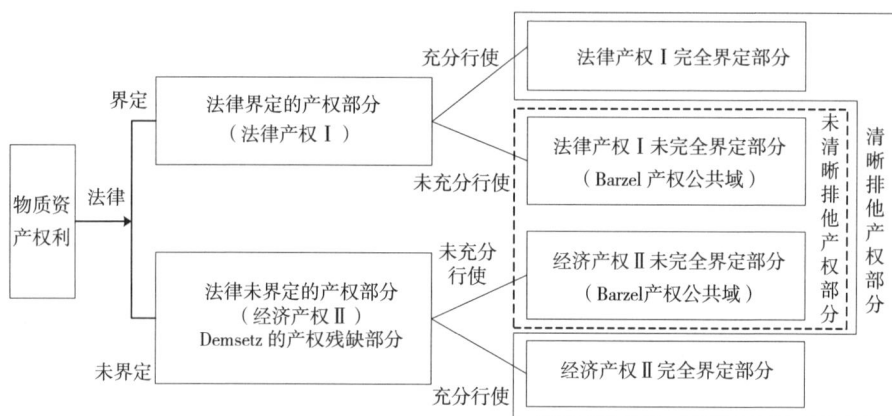

图 2-1　不完全产权示意图 [①]

2.2.2　产权公共域的构建

对于产权公共域构建的研究，国内学者在研究不同问题时都有所划分。罗必良（2011）在研究农地制度变迁时，将产权公共域划分为：纯技术层面公共领域Ⅰ，纯法律层面公共领域Ⅱ，法律歧视造成的公共领域Ⅲ，行为能力不完全造成的公共领域Ⅳ，行为能力受约束造成的公共领域Ⅴ。肖屹、钱忠好（2005）在分析我国农地征用问题时将农村土地产权公共域划分为由于正常因素导致的土地产权公共域Ⅰ和非正常因素导致的产权公共域Ⅱ。陈利根等（2013）构建公共域分析框架，将产权公共域划分为六个层次，即属性、技术性、法律性、国家性、个人性和限制性公共域。在已有学者研究的基础上，为方便分析城镇国有建设用地和集体建设用地制度，本书尝试建立产权公共

---

① 参考修改：李宁，董银霞，陈利根. 产权公共领域语境下的主体行为二重性与制度变迁研究 [J]. 当代经济科学，2014，36（3）：82-91，126-127.

域框架（表 2-1）以分析其制度变迁。

产权公共域 I：产权属性有多重维度，具有非同质性和外生给定的特征，所以在特定的时间、空间和条件下，产权只能表现出部分属性，而且受手段、技术等限制外部因素，人们也不能完全识别现有属性或预测出未来可能出现的新属性，因此对这部分属性也就无法界定和测量，这部分属性自然被放入产权公共域，称之为产权公共域 I。

产权公共域 II：对于已经能够识别的产权属性，由于技术手段的限制或是使用技术成本、法律成本过高等问题，也会造成部分属性无法界定，从而被放入了产权公共域，称之为产权公共域 II。

产权公共域 III：由于国家被赋予了限制部分产权的权力，所以使得国家在法律初始界定产权时对部分产权进行限制，而使部分产权被放入国家法律范围内的公共域，而这部分公共域随着国家行政权力与权力监督的大小而变化。长期来看，随着国家法治建设的完善，民主法治环境的改善这部分公共域有缩小的趋势。

产权公共域 IV：在对于法律清晰界定的产权，产权所有人会根据自身行为的偏好和成本收益的考虑，对部分产权不进行相应的保护和行使，使部分产权"故意"落入了产权公共域。这部分公共域会随着产权属性价值的升高和自身行使成本的相对降低，不断缩小。

产权公共域 V：对于清晰界定的产权来说，具有完全行使能力的产权主体，受乡规民约等非正式制度或国家强制性规定，其产权行使能力受限，造成部分不能行使的产权落入公共域。这部分公共域会随着国家相关规定强制程度的减弱（例如国家法律制度的完善）而减小，但它对于非正式性制度存在着路径依赖，所以，其变化趋势有一定的不确定性。

产权公共域属性表			表 2-1
种类	划分	原因	趋势
法律产权公共域	产权公共域 I	受经济发展阶段和技术条件限制，产权属性未完全显化	缩小
	产权公共域 II	显化属性由于技术或法律方面的界定成本过高而未完全界定	缩小
	产权公共域 III	政府拥有的特殊权利	长期缩小，短期不定

种类	划分	原因	趋势
经济产权公共域	产权公共域Ⅳ	产权主体的主观偏好和行为能力	缩小
	产权公共域Ⅴ	国家强制规定或非正式制度	长期缩小，短期不定

2.2.3 不完全产权生命周期模型

产权公共域具有多重属性，各种产权公共域运行机理不同，外界条件的改变会对多种属性造成不同的影响，从而影响公共域的范围，所以，产权公共域的内部结构是动态变化的。另外，尽管产权在现实生活中不能得到完全界定，但不能否认的是，随着科学技术的进步和经济社会的发展，产权界定会不断趋向科斯所描述的完全产权。既然产权界定会不断地逼近完全产权，这也就意味着产权公共域会呈现不断缩小的趋势，既然公共域是产权不完全界定的表现形式，因而，产权界定的变化也是一个渐进的过程，而且这种变化过程不是一个连续变化，而是一种均衡转换成另一种均衡的动态均衡的离散性的过程。所以说，产权制度不是一成不变的，永远恒定的，而是一个动态均衡的演化过程，是一个具有生命周期的过程（高磊，2010）。每一次产权制度达到新的均衡条件就是：产权公共域内任一种属性价值小于任何一个外部主体追逐这部分价值所花费的成本，并且任何一项资源的所有者界定（包括监督）其产权所需的成本小于该资源对它的所有者而言的价值（陈利根，2013）。产权制度的每一次变化，无论是产权权能的改变，还是产权结构的调整，都是产权公共域的变化，有些新的产权属性可能由于其价值抵不上界定它的成本或是对其法律界定执行的监督成本被放入公共域，而有些产权属性可能因为外部条件的变化，使这部分公共财产的价值增长而要被清晰界定，从公共域中释放。这一过程的背后都涉及意识形态、产权变革方式、配套制度的互补与耦合程度、利益群体之间的博弈力量、外部性价值的变化等因素，都有其制度变迁成本。基于产权变迁成本和影响产权公共域变化的有关因素，借鉴高磊（2010）提出的产权效率生命周期模型，建立不完全产权变化的周期模型。

产权由不完全界定向完全界定的过程，受社会经济变化与人类需求之间根本矛盾的作用。由于经济社会变化，人类对资源的需求更加广泛，同时科学技术的进步也使人类对资源属性的认识越来越深入。但是，资源总体上是有限的，是相对稀缺的，而人类对资源的需求是无限的，所以，才需要以产权来调节资源分配结果。而每一种新的产权制度的产生，都是对公共域的暂时划定，在一定的时间和空间内，这种公共域是稳定的，也就是说这种产权是有效率的，产权界定和行使的边际成本较小。随着外部条件的变化，公共域内属性价值的变化就会引起公共域的不稳定，产权运行的边际成本上升，产权制度效率开始下降，外部主体就会要求重新界定产权。但是，这一过程的完成是需要时间的，只有当这种价值的增值已经不能使其再留在公共域中而需要重新被界定时，旧的产权效率彻底为零，新的产权制度就会应运产生，所以，公共域变化是阶段性、循序渐进的变化过程。在这一过程中，引起产权属性价值变化的不仅有直接因素的作用，也有许多间接因素，这些因素虽然不直接作用于产权属性价值变化，但与影响其变化因素有着多重复杂的关联性，虽然不能马上改变产权属性价值的变化，但会不断扩大对这种变化的诉求，最终积累作用于产权属性价值的变化。

根据以上分析，构建不完全产权周期理论模型如下：本书选用由产权属性价值变化而导致的要求公共域变化需求的频数作为表示变量，按照经济学分析思路，提出边际需求变量，即单位时间内对于公共域要求调整的需求频数（ΔMD）。当单位时间内产权属性价值变化不大时，追逐产权属性价值的需求频数较少，对公共域变化的需求不强烈，重新界定产权的需求强度不大。随着外部条件的不断改变，这种需求不断得到积累，当单位时间内产权属性价值变化很大时，追逐产权属性价值的需求频数很高，重新界定产权的需求强度就会变得很强。在这一过程中，各方主体基于成本与收益的考量进行博弈，当这种博弈达到新的临界点时，公共域就会变化，产权会重新被界定（图 2-2）。

2.2.4 模型机理

不完全产权生命周期模型分析以产权公共域理论为基础，以边际需求为变量，从产权公共域内产权属性值变化为开端。在时间 T_0 内，产权制度以产权公共域均衡为边界，公共域内产权属性价值为 V_0，它小于任一外部主体的追租成本。此时对于公共域调整的边际需求几乎没有，产权制度大幅减少了各交易主体之间的交易成本，边际交易成本不断快速下降。随着时间的推移，在直接因素（社会经济发展与人类需求的矛盾）和间接因素（意识形态等）

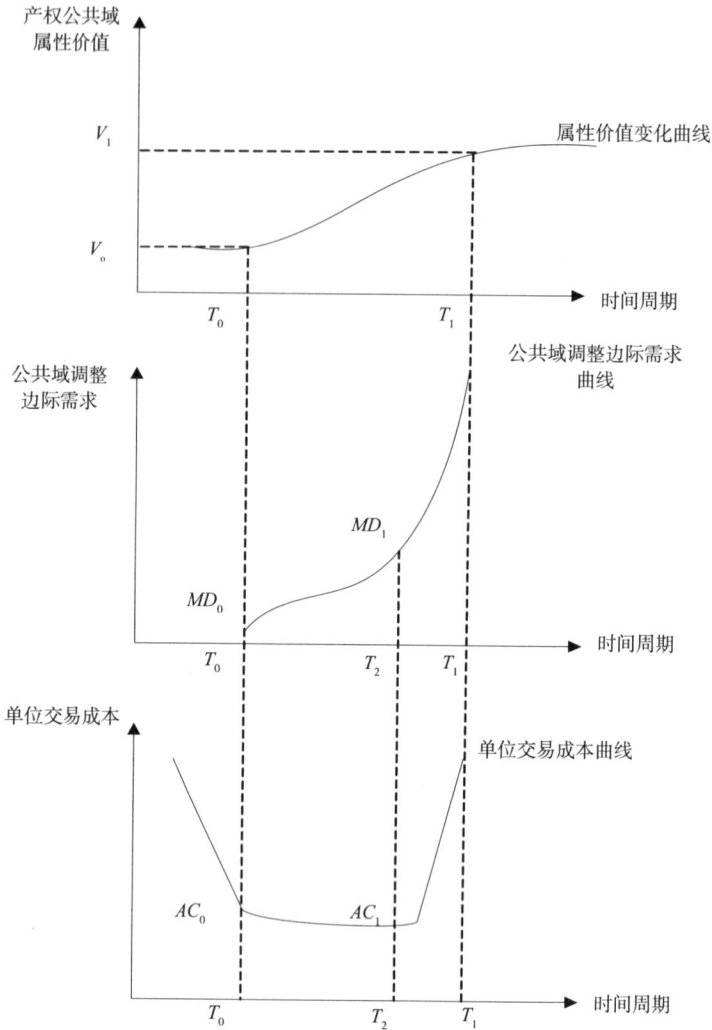

图 2-2　不完全产权周期示意图 [1]

作用下，公共域内产权属性价值以独立形式或以组合形式等多种繁复形态出现而上升，各主体的成本收益状况开始变化，部分外部主体对公共域调整有了需求，其边际需求逐渐上升至 MD_0。由于产权外部性的扩大，产权制度对交易费用的降低作用不再是大幅下降，其降幅从 AC_0 开始缓慢减小，产权效

---

① 参考修改：高磊 . 产权效率的演进逻辑与考量研究 [D]. 东北财经大学，2010.

率下降。在 $T_0 \sim T_1$ 阶段，公共域内产权属性价值不断上升，外部主体权衡追租成本与产权属性价值后，对调整公共域的需求不断增多，边际需求快速上升至 MD_1，而产权制度效率也在不断降低，直至单位交易成本下降至 AC_1。在 $T_2 \sim T_1$ 阶段，外部主体之间博弈亦愈发激烈，对于更多外部主体来说，产权属性价值大于追租成本及其法律界定执行的监督成本，产权制度开始出现对交易费用增加的趋势，旧的制度已经越来越无法适应新的经济社会等外部条件的变化，其开始阻碍交易费用的减少，最终将被新的产权制度取代，产权将得到重新界定，产权公共域得到调整，新的产权公共域再次形成，落入公共域内属性价值趋于平稳，产权制度开始进入下一轮的生命周期。从长期来看，不完全产权生命周期不断循环最终将趋向科斯所描述的完全产权。

2.3　城乡建设用地制度变迁

城乡统一建设用地市场分别涉及国有建设用地、集体经营性建设用地、宅基地。虽然三者同属建设用地范畴，但由于历史变迁的原因，造成了产权权能的差异，形成了城乡二元土地市场，下文将对三者制度变迁过程进行梳理。

2.3.1　城市国有建设用地制度变迁

新中国成立前，全国土地属于私有制，农村土地归地主和农民所有，城市土地面积比例小，主要是归政府、工商企业、私人业主、国外企业所有。土地是完全的自由市场交易，可以自由买卖、转让、继承、抵押。1949 年新中国成立后，各地政府执行《关于没收战犯、汉奸、官僚资本家及反革命分子财产的指示》和《关于没收反革命罪犯财产的规定》，将前国民政府机关、官僚资本家、帝国主义、大财主的所占有的土地房产征收为国有。对城内民族资产阶级，私营企业主和私人的地产予以保护，并没有立即实施国有化，私有土地依然可以转让、继承、抵押、典当。这从 1950 年政务院《契税暂行条例》的规定可以反映出来：所有土地、房屋产权可以自由交换、典当、买卖、赠与，但需要交纳契税 ①。此时学校、国有企业、单位等用地由政府无偿划拨，

---

① 国家房地产政策文件选编（1948-1981）内部资料〔J〕.房产通讯杂志社，1982:335-359

或是在市场上向私人购买，对于无偿获得的国有土地不得私自买卖、转让。

1953 年国家开始对资本主义工商业进行社会主义改造，通过对民族资产阶级、私营企业的房产按照定息或定租支付、赎买、入股等多种形式，阶段性完成了对城市内私有土地的国有化，1956 年中共中央发布《关于目前城市私有房产基本情况及社会主义改造的意见》要求两年内完成对城市私有房产改造任务。至 1958 年城市土地已经 90% 完成了国有化（邹玉川等，1998）。同时，土地有偿使用转变为无偿使用，根据 1954 年相关文件 [①] 明确规定：所有具有国营性质的单位或个人申请使用国有土地时，当地政府应当无偿拨给使用，单位或个人不需要缴纳地租。使用者不得将国有土地出租、出卖、转让，所以，这种土地使用权是不完整的（曾阳，2009）。

1978 年改革开放后，城市土地管理制度翻开了新篇章。1979 年国务院颁布的《中华人民共和国中外合资经营企业法》规定：在合资企业中，中方可以以经营场地使用权入股投资。若场地使用权未被列入中方投资计算范围内，则合营企业需要向中国政府交纳场地使用费（杨重光，1996）。1980 年国务院正式出台的《关于中外合营企业建设用地的暂行规定》规定：对于合营企业用地，无论是利用存量企业土地，还是新增征用土地，都要对企业所占用地收取场地费 [②]。这个规定成为中国城市土地有偿使用的开端。1982 年深圳特区最先开始收取土地使用费，1984 年、1987 年，辽宁抚顺、重庆市纷纷也开始试点土地有偿使用收费。地方试点开始逐渐显现出土地资产功能，利用土地有偿使用费可以为城市建设提供资金，但还存在着使用费收费标准低、资金量小、土地资产价值认识不足的问题。与此同时，1982 年《中华人民共和国宪法》正式宣布所有城市范围内土地全部属于全民所有制，彻底实现了城市土地全面国有化。由于之前绝大部分城市土地已经属于国有，所以宪法修正所遇到的阻力较小，也标志着城市国有和农村集体二元土地所有制格局的正式确立。1987 年，中共十三大正式提出，社会主义市场不仅包括消费品和生产资料市场，还要包括资本、劳务等生产要素市场。房地产市场正式开放，并成为社

---

① 主要为中央人民政府政务院《关于对国营企业、机关、部队、学校等占用市郊土地征收土地使用费或租金问题的批复》（1954 年 2 月颁发的政财习字 15 号文件）和中央人民政府内务部《答复关于国营企业、公私合营企业及私营企业等征用私有土地及使用国有土地交纳契税或租金的几个问题》（1954 年 3 月 8 日内地密字 13 号）。见王作堂、王文珍（1990）。

② 资料来源：https://baike.baidu.com/item/ 国务院关于中外合营企业建设用地的暂行规定 /22270621

会主义经济市场的一部分。1987 年作为中国改革开放的试验区，深圳敲下了城镇土地出让（批租制）的"第一槌"，通过协议方式将一块住宅用地使用权以 108.24 万元出让给中航进出口公司深圳工贸中心（李恩平，2010）。1988 年，上海、天津、广州、厦门、福州等城市陆续开展土地出让试点。

伴随着地方的试点改革，1988 年《中华人民共和国宪法修正案》删除了土地不得转让条款，改为允许土地使用权可以依法转让。不久《中华人民共和国土地管理法》也进行了修改，正式将国有土地有偿使用制度写入，法律规定允许土地使用权可以依法抵押、出租、转让、出让[①]。为了配合国有土地有偿使用制度的实施，1990 年国务院正式颁布《城镇国有土地使用权出让和转让暂行条例》，具体规定了城镇国有土地使用权出让、转让制度，确立了划拨和出让两种使用权取得方式。由于历史条件的限制，最初的城镇国有土地有偿使用多是用在新增土地上，而对于存量建设用地依然多是划拨、无偿、无期限使用，由此也形成了城市土地市场的双轨制，即市场经济和计划经济双轨运行体系（李建建，2002）。这种体系影响了社会主义市场经济，阻碍了土地资源市场配置作用的发挥，所以，1992 年《划拨土地使用权管理暂行办法》规定划拨用地转让必须补交出让金。同年，城镇土地定级、估价工作开始，建立完善了国有土地市场价格，为土地交易提供了基础数据支持。1994 年颁布《城市房地产管理法》进一步限制了划拨土地使用范围，扩大土地招标和拍卖方式的范围，加强了协议出让的地价管理，规定了协议出让土地的最低价。1998 年对《中华人民共和国土地管理法》再次修改，使得我国土地制度更加完善，适应我国国情，逐步建立起我国特色的土地管理制度。

2000 年以来，随着宏观经济发展，社会主义市场经济体制改革的不断深入，城市土地市场更加成熟，市场体系更加丰富，市场交易更加活跃，这一阶段土地有偿使用制度更加完善。2001 年《国务院关于加强国有土地资产管理的通知》（国发〔2001〕15 号）要求大力推进土地有偿使用制度，土地交易有形市场、基准地价、信息公开等在全国铺开。2001 年国土资源部《关于整顿和规范土地市场秩序的通知》（国发〔2001〕11 号）要求建立城镇建设用地集中供应制度，即要统一征用、统一提供城镇新增建设用地供应，掌握土

---

① 《中华人民共和国土地管理法》(1988 年修正)正式将国有土地有偿使用制度写入,允许土地使用权依法转让。

地市场主导权。2002 年《招标拍卖挂牌出让国有土地使用权规定》中正式明确了在商业、旅游、娱乐和商品住宅等经营性用地出让过程中必须采取招标、拍卖、挂牌方式。2003 年《协议出让国有土地使用权规定》（国土资源部令第 21 号）严格限制了协调出让国有土地使用范围并且要求引入公平市场竞争机制。2004 年《国务院关于深化改革严格土地管理的决定》（国发〔2004〕28 号）提出要禁止非法压低地价招商引资，要求加快工业用地市场化配置。2006 年《国务院关于加强土地调控有关问题的通知》（国发〔2006〕31 号）明确提出今后工业用地出让也必须采用招拍挂方式，且出让价格不得低于公布的工业用地最低价格。2008 年《国务院关于促进节约集约用地通知》（国发〔2008〕3 号）指出，应当提高土地资源市场化配置程度，探索包括国家机关、交通、能源、水利等基础设施，城市基础设施以及各类社会事业用地在内的土地有偿使用制度（李建建，2009）。2014 年国土资源部发布《关于推进土地节约集约利用的指导意见》（国土资发〔2014〕119 号）中进一步强调要逐步对经营性基础设施和社会事业用地实施有偿使用，完善土地租赁、转让、抵押二级市场。加快推动原划拨用地入市交易，提高土地要素市场周转率和利用效率；建立工业用地和居住用地合理比价机制，提高工业用地价格。2014 年国务院又颁布了《不动产统一登记暂行条例》，标志着国家不动产统一登记工作正式进入了实践阶段，将逐步将土地、房产、林权等多项权利统一登记，为今后统一建设用地市场建设打下基础。2016 年国土资源部等八部门联合颁布《关于扩大国有土地有偿使用范围的意见》（国土资规〔2016〕20 号），2017 年国土资源部《关于完善建设用地使用权转让、出租、抵押二级市场的试点方案的通知》（国土资发〔2017〕12 号），进一步扩大国有建设用地有偿使用范围，探索二级市场发展，继续深化国有建设用地制度市场化改革。

2.3.2 集体经营性建设用地制度变迁

集体经营性建设用地是指以营利为目的的进行非农业生产经营活动所使用的农村建设用地（韩松，2014）。现状多是二十世纪八九十年代乡镇企业发展过程中所占用的集体土地，所以经营性建设用地（乡镇企业用地）制度变迁要从改革开放后开始。

改革开放后，由于资本缺乏，国家鼓励原社队企业向乡镇企业发展，一时间乡镇企业成为推动国家工业化、吸纳农村剩余劳动力的主要力量，为国家经济建设作出巨大贡献（张红宇，1992）。1985 年国务院颁布了中央 1 号文件《关于进一步活跃农村经济的十项政策》，规定："允许农村地区性合作经济组织按规划建成店房及服务设施自主经营可出租"。1986 年《中华人民共和国土地管理法》规定农村集体土地可以作为农业集体经济组织的资本与其他企业入股联营。1988 年《中华人民共和国土地管理法》进行修订，规定集体土地使用权可以被依法转让，同时，允许符合土地利用总体规划并依法取得建设用地的乡镇企业，因破产、兼并等情形，其集体土地使用权可以转让。这为集体经营性建设用地流转提供了依据。总体上这一阶段对于利用农村集体建设用地发展乡镇企业是鼓励的，国家总体上管理比较松散。

进入 90 年代，由于上一阶段对农村土地管理的松散管理，导致农村耕地快速流失，建设用地迅速增长，国家开始收紧农村土地利用管理。加之，随着乡镇企业的改制、转型，遗留下许多集体建设用地处置问题。1995 年《中华人民共和国担保法》规定：乡（镇）、村企业的土地使用权不得单独抵押（吕晓，牛善栋，张全景，2015）。1997 年《进一步加强土地管理切实保护耕地的通知》（中发〔1997〕11 号）规定，严格限制农村集体土地使用权出让，用于经营性房地产开发，也不得出租、转让用于非农业建设。凡是用于非农业建设的集体土地，若与本集体组织外的用地主体以土地入股等形式合办企业的，或是向本集体组织以外的用地主体出租、抵押、转让地面附着物，而发生土地使用权流转的，应切实保护农民权益，按照法律程序严格审批。《中华人民共和国土地管理法》（1998 年修订）规定，任何项目工程进行建设，只能依法申请使用国有建设用地，除集体组织兴办企业、农村村民建房、村内公共设施与公益项目除外。这条规定彻底堵死了集体建设用地入市交易路径，将集体用地的用途限制在很小的范围内。

21 世纪以来，随着经济体制改革的不断深入和城乡统筹水平的不断提高，推动集体建设用地流转、构建城乡统一建设用地市场逐渐成为改革趋势。2004 年发布《国务院关于深化改革严格土地管理的决定》（国发〔2004〕28 号）规定：在符合土地利用规划的前提下，允许农村集体所有建设用地使用权依法流转。这是从国家层面第一次明确表态允许。2008 年中共十七届三中全会《关于推进农村改革发展若干重大问题的决定》首次提到：要建立城乡统一的建设用地市场，使农村集体经营性建设用地与国有土地享有平等权益。2013年中共十八届三中全会《关于全面深化改革若干重大问题的决定》具体规定了：在符合土地利用规划和土地用途管制条件下，允许农村集体经营性建设用地以入股、出让、租赁，与国有土地同等入市、同权同价（伍振军、林倩茹，2014）。2014年《关于全面深化农村改革加快推进农业现代化的若干意见》（中发〔2014〕1号）中再次强调加快农村集体经营性建设用地增值收益分配和产权流转制度建设。2015年《关于农村土地征收、集体经营性建设用地入市、宅基地制度改革试点工作的意见》提出探索存量集体经营性建设用地入市试点，集体经营性建设用地可以用于工商仓储、旅游等用途。2017年国土资源部与住房和城乡建设部联合发布《利用集体建设用地建设租赁住房试点方案》（国土资发〔2017〕100号），探索利用集体建设用地建设租赁住房，拓宽了集体土地用途。总之，这一阶段，对于集体经营性建设用地流转改革开始了大胆的尝试与探索，为城乡统一建设用地市场构建开始进行铺垫。

2.3.3　宅基地制度变迁

新中国成立最初几年，全国开展了轰轰烈烈的农村土地改革运动。根据1950年《中华人民共和国土地改革法》规定，将富农、地主的土地、房屋等不动产没收后分配给村内贫农、中农或被收归国有。由各级地方人民政府为土地所有者颁发土地证，并赋予土地所有者自由买卖、交易、出租等权利。经过土地改革运动，全国多数农民拥有了土地，兑现了共产党人"耕者有其田"的承诺。农村土地实行农民私人所有制，农民对土地拥有完整的权利。

不久国家确立"重工业优先"发展战略，农村开始展开集体化运动。从互助组，初级社，高级社直至人民公社建立，完成了农村土地个人所有制向集体所有制转换。①在互助组阶段，农民的生产、生活资料仍属个人所有，私有的房屋和宅基地制度没有发生根本性变化，只是土地的可转让性受到影响，不允许随时转让。②进入初级社阶段，农户的生产资料开始逐步集体化，由合作社统一调配使用，宅基地仍归农户个人所有，只是农房的生产性质受到削弱。③进入高级社阶段，根据《中华人民共和国高级农业生产合作社示范章程》（1956年）规定：所有参加高级社的社员必须将个人所有的土地、牲畜、各种农具等生产资料转给高级合作社，但社员自家的坟地、房屋地基不用转给合作社。同时，对没有地基或坟地的社员，如果需要新建房屋或新建坟墓，用地由高级合作社统筹解决，宅基地开始向集体所有转变。④农村集体化运动到人民公社时期进入高潮，1958年《中共中央关于在农村建立人民公社问题的决议》标志着人民公社运动开始。加入人民公社要求社员交出自留地，并将私有的房屋、牲畜、林木等转为公有。根据1962年《农村人民公社工作条例（修正草案）》规定：生产队拥有其辖区范围内的所有土地，包括生产队成员的自留地、自留山、宅基地等，这些土地严禁买卖或出租。自此，农民宅基地的个人所有权彻底转变为合作社集体土地所有权，社员只享有宅基地使用权。对于宅基地上的房屋，则赋予社员完整的所有权，允许其自由买卖、租赁。在1963年《中共中央关于各地对社员宅基地问题作一些补充规定的通知》中，官方文件首次开始使用"宅基地所有权"和"宅基地使用权"的概念。规定了农村宅基地所有权属于生产队集体，社员只拥有长期使用权，宅基地不能买卖或交易，但宅基地上房屋、树木等附着物的所有权属于农民个人，允许自由交易。至此，我国农村宅基地制度基本确立，形成了"一户两制、房地分离；无偿取得、长期使用"的基本结构（张云华，2011）。

1978年改革开放以后，农村经济有了飞跃发展，家庭联产承包责任制激发出农民的生产劳动积极性，农业生产效率显著提高，农民自由去城里打工，获取更高的非农收益，农民总体收入水平有了大幅度提高，改善居住条件的需求增加，一时间农村兴起了建房热（满明俊，2014）。但是由于原有宅基地管理制度的滞后，农民滥用耕地、在承包地上建房现象突出，耕地面积急剧减少，国家为管控宅基地、保护耕地，出台《关于制止农村建房侵占耕地的紧急通知》，要求在农村地区，农民建房要有统一规划，要对农村住房建设合理布局，做到节约用地。1982年国务院颁布《村镇建房用地管理条例》，规定了社员建房用地面积应根据不同地区设定限额，并第一次提出"出卖、出租房屋的，不得再申请宅基地"。同年颁布的《中华人民共和国宪法》（1982年）正式对宅基地所有权进行了规定：农村宅基地、自留地和自留山的所有权属于农村集体。《中华人民共和国土地管理法》（1988年）规定如果城镇非农业户口居民建设房屋，确实需要使用集体所有土地的，必须向县级政府申请，批准后方可开工。进入90年代，农民"扩宅建院"热情依旧不减，农村宅基地利用粗放，人均居住面积不断扩大，耕地迅速流失，威胁国家粮食安全。1998年《中华人民共和国土地管理法》进行修订，对农村宅基地管理开始收紧，不再允许城市居民在农村宅基地建房，而且限制农村居民每户只能拥有一处宅基地。若农民将宅基地出租或出卖后，不允许再申请新的宅基地。宅基地法定面积标准由各省、直辖市、自治区根据各地情况单独制定。1999 年国家进一步收紧相关政策，根据《国务院办公厅关于加强土地转让管理严禁炒卖土地的通知》（国办发〔1999〕39 号）规定，农村房屋不得向城市居民销售，城镇居民不能在集体土地上建房。

进入 21 世纪，农村宅基地管理愈发严格。2004 年国务院发布《国务院关于深化改革严格土地管理的决定》（国发〔2004〕28 号）指出，严格宅基地的审批与管理，加强农村宅基地管理，严禁农村宅基地向城镇居民出售。同年，国土资源部制定《关于加强农村宅基地管理的意见》（国土资发〔2004〕234 号）指出：禁止城镇居民购买农村宅基地，禁止为由城镇居民在农地购买或违法建造的房屋授予合法土地证。虽然国家三令五申予以禁止，但宅基地违法现象依然严重，城市周边"小产权房"越禁越多。2007 年国务院办公厅紧急下达《国务院办公厅关于严格执行有关农村集体建设用地法律和政策的通知》（国办发〔2007〕71 号）再次申明，农村宅基地只能分配给本集体经济组织成员使用，城镇居民不得在农村购地建房，或购买农村集体"小产权房"。同年，《中华人民共和国物权法》正式出台，赋予宅基地使用权用益物权性质，但依然对宅基地流转有很多限制条件，禁止宅基地流转给本集体经济组织以外的成员，也不能进行抵押。国家一方面收紧宅基地管理，限制宅基地自由流转，另一方面，也开始在各地展开农村土地宅基地流转试点。2010 年《进一步完善农村宅基地管理制度切实维护农民权益的通知》提出有条件的地方可以开展新申请宅基地的有偿使用试点，诸如成都"温江模式"、广东"南海模式"、天津"宅基地换房"、重庆"地票"交易等模式在各地迅速开展起来。2015 年中共中央《关于农村土地征收、集体经营性建设用地入市、宅基地制度改革试点工作的意见》正式在国家层面上选择了 15 个县区，提出试点宅基地有偿使用、退出、流转等制度改革，但同时规定宅基地流转仅限于同一集体经济组织之内，试点改革要风险可控，审慎推进。同年 8 月出台《关于开展农村承包土地的经营权和农民住房财产权抵押贷款试点的指导意见》部署开展农民住房财产权（含宅基地使用权）抵押贷款试点，进一步激活农民土地财产。这一阶段，宅基地流转开始更大胆的探索，对于运用经济手段管理宅基地制度开始进行试点与创新。

2.4　基于不完全产权生命周期模型的城乡建设用地制度变迁分析

本书基于不完全产权生命周期模型对三者产权制度变迁进行分析，为判断和预测统一建设用地市场构建的阶段性安排做出理论解释。

2.4.1　基于不完全产权的国有城镇建设用地制度变迁分析

在 1949 ~ 1953 年，全国多数地区土地仍处于私有状态，私有产权主体能够自由交易，完全实现所有权、使用权、转让权、处分权等各项权能，此时的城镇土地产权公共域最小，产权相对最完整。1953 ~ 1978 年，由于社会主义改造，国家开始对城市土地私人产权进行国有化，城市土地中大部分实现了国有化，私有土地比例极小。土地市场基本依靠行政指令按计划调拨，土地被视为服务于社会主义建设的资源，只有使用属性，没有商品价值属性，所有企业生产用地依靠无偿划拨，企业完全不考虑用地成本，造成大量土地低效利用、闲置等，产权公共域 I 、II 、III 开始扩大。同时，国有土地使用权也不允许流转，产权公共域 V 也有所扩大。所有的生产、消费都由国家安排，个人无能力、也无法更好地利用土地资源，土地产权公共域 IV 开始扩大。

从 1978 年开始，国家实行改革开放，确立了社会主义市场经济改革目标，土地要素商品属性被得到重新认识，廉价土地资源优势被用以招商引资、发展经济，产权公共域 I 开始缩小。1982 年《中华人民共和国宪法》宣布城市土地全面国有化，彻底实现了城市土地国有制，并开始了基于两权分离的土地有偿使用制度改革，国有土地使用权实现流转，产权公共域 II 、V 开始缩小。经济发展提高了人们的经济实力，人们利用土地资产的能力得到增强，产权公共域 IV 也开始缩小。

进入 20 世纪 90 年代，土地市场潜能得到释放，土地有偿使用范围不断扩大，相关法律法规不断完善，土地使用权人合法权益得到进一步保护，土地产权公共域 II 逐渐缩小。与此同时，国有企业改制过程中国有土地资产流失等问题也逐渐显现，对于大量划拨土地的商品属性的重新认识，使产权公共域 I 进一步缩小。根据 1992 年《划拨土地使用权管理办法》（国家土地管理局令（1992）第 1 号）的规定，政府可以允许划拨用地补交出让金后转让流入市场，这样既盘活了国有企业土地资产，又帮助国有企业改制转型。在城市新增建设用地中，以协议方式出让的土地所占比例逐步提高，土地的产权公共域Ⅳ继续缩小。

2000 年以来，国家对国有企业划拨用地进行了更彻底的改革，允许国有企业划拨土地以授权经营、作价入股、补交出让金等方式流转，进一步缩小了划拨用地范围，制定了《划拨用地目录》。对于有偿出让，逐渐扩大招标、拍卖、挂牌出让方式的应用范围，进一步缩小协议供地数量，扩大市场机制作用范围，并进一步探索经营性基础设施用地的有偿使用，产权公共域Ⅴ持续缩小。2014 年启动的不动产的统一登记，更是降低了不动产交易成本，缩小了土地的产权公共域Ⅱ。在同一时期，国家加强对土地资源的宏观调控，实施了更加严格的土地利用年度计划和土地统一供地制度，加强了政府对土地市场的控制力，但这种计划式的土地管理仍然阻碍了市场机制决定性作用的发挥，使土地产权公共域Ⅲ有所扩大。

基于产权公共域的城市国有建设用地历史演变分析　　　　表 2-2

不完全产权内部细分	1949~1978 年		1978~1998 年		1998 年至今	
	特点	举例	特点	举例	特点	举例
产权公共域Ⅰ	扩大	无视土地商品属性	缩小	土地要素生产功能	缩小	土地生态、文化功能
产权公共域Ⅱ	扩大	行政计划	缩小	两权分离、定级估价	缩小	不动产统一登记
产权公共域Ⅲ	扩大	国家计划指令	扩大	土地利用规划、计划	扩大	土地供应、土地储备
产权公共域Ⅳ	扩大	经济能力弱	缩小	经济能力增强	缩小	使用能力更强
产权公共域Ⅴ	扩大	处分能力弱	缩小	划拨用地逐渐减少	缩小	扩大有偿使用范围
权能完整性	完整	国有	完整	国有	完整	国有
权能完全性	不充分	—	不充分	—		—
占有权能	逐渐稀释	社会主义公有制	稀释稳定	城市土地国有化	稀释稳定	垄断一级市场
使用权能	逐渐稀释	申请划拨	稀释缩小	出让与划拨双轨	稀释缩小	招拍挂

不完全产权内部细分	1949~1978 年		1978~1998 年		1998 年至今	
	特点	举例	特点	举例	特点	举例
收益权能	逐渐稀释	无偿划拨	稀释缩小	土地有偿使用费	稀释缩小	土地出让金
处分权能	逐渐稀释	不允许转让	稀释缩小	自由流转	稀释缩小	自由流转

注：1949~1953 年国有城市土地是完整产权，但时间跨度太短，故不在表 2-2 中单列分析。

2.4.2　基于不完全产权的集体经营性建设用地制度变迁分析

改革开放之前，农村非农生产经营还比较落后，集体经营性建设用地较少。20 世纪 80 年代在资本、技术有限的情况下，国家利用土地要素刺激乡镇经济发展，带动农村经济结构转型，吸纳农村剩余劳动力，使得集体经营性建设用地大量出现。在这一阶段，对于利用集体土地发展乡镇企业，国家总体上管理比较松散，集体建设用地交易自由度较大，即土地的产权公共域 Ⅰ、Ⅲ、Ⅳ、Ⅴ 都比较小。

由于上一阶段的松散管理，造成了耕地大面积流失，严重威胁到国家粮食安全，所以从 20 世纪 90 年代国家开始收紧对农村集体土地管理，进一步强化了指标管理，强化了土地用途管制，严格了集体建设用地审批，将集体用地限制在了很小的范围内，使集体经营性建设用地使用权完全受到限制，土地产权公共域 Ⅱ、Ⅲ、Ⅴ 得到扩大，但是经过乡镇企业的发展，特别是东南沿海地区，集体经济组织的实力得到了提高，增加了他们利用土地的能力，土地的产权公共域 Ⅳ 继续缩小。

2000 年以来，随着城镇化进程的发展，土地财富的功能越来越得到人们的认识，特别是城市近郊区、城乡结合部和城中村地区，集体建设用地违法利用现象越来越明显，表明农民对土地资产属性认识更加充分，土地的产权公共域 Ⅰ 进一步缩小。而国有土地一级市场垄断模式暴露出许多不协调之处，表明城乡二元土地制度亟待改革，集体经营性建设用地合法流转成为改革趋势，集体建设用地使用权改革从理论逐渐走向实践，相关配套制度改革也已开始，土地的产权公共域 Ⅱ、Ⅳ、Ⅴ 不断缩小。

基于产业公共域的集体经营性建设用地历史演变分析   表2-3

不完全产权内部细分	1978~1988年		1988~1998年		1998年至今	
	特点	举例	特点	举例	特点	举例
产权公共域Ⅰ	缩小	大兴乡镇企业	缩小	乡镇企业转型改制	缩小	集体建设用地流转
产权公共域Ⅱ	扩大	手续不全	扩大	登记缺失	缩小	集体土地确权发证
产权公共域Ⅲ	缩小	管理松散	扩大	管理严格	扩大	符合土地利用规划
产权公共域Ⅳ	缩小	乡镇企业起步	缩小	集体经济能力增强	缩小	集体经济能力增强
产权公共域Ⅴ	缩小	允许转让	扩大	流转能力受限	缩小	不允许商品房
权能完整性	不完整	限制流转	不完整	限制流转	不完整	限制流转
权能完全性	不充分	—	不充分	—	不充分	—
占有权能	逐渐稀释	征收	稀释扩大	产权主体虚置	稀释缩小	缩小征地范围
使用权能	逐渐稀释	乡镇企业	稀释扩大	乡镇企业	稀释缩小	工业仓储、旅游用地
收益权能	逐渐稀释	租金	稀释扩大	征收补偿低	稀释缩小	征收补偿增加、流转
处分权能	逐渐稀释	可以流转	稀释扩大	不许流转	稀释缩小	试点流转、抵押

2.4.3 基于不完全产权的宅基地制度变迁分析

从新中国成立到社会主义改造前，农村宅基地有一段短暂的完全产权期，宅基地作为农民私有财产可以自由交易，产权公共域很小。随后，农村土地开始实施集体化运动，从互助组、初级社、高级社直至人民公社，最后建立了集体土地所有制。在这一过程中，农户失去了宅基地所有权，只享有宅基地使用权。与此同时，受户籍制度和粮食统购统销制度的影响，农民失去了自由迁徙权利。宅基地制度成为解决农村居民住房问题的福利保障措施，产权公共域Ⅰ减小。同时，由于存在工农产品价格剪刀差，农民收入低，降低了农民对宅基地利用的能力，产权公共域Ⅳ扩大。1953年《国家建设征用土地办法》规定，出于公益目的，可以对宅基地实施征用①。但相关法规没有规定具体公共目的和补偿标准，这造成了宅基地法律层面界定的模糊，其产权公共域Ⅱ、Ⅲ扩大。农村宅基地使用权与农民的集体组织成员的身份绑定，其财产价值无法得到体现，处分权受到削弱，产权公共域Ⅴ扩大。

改革开放后，随着乡镇企业发展和家庭联产承包责任制的开展，农村居民收入提高，其住房改善需求强烈。国家为规范农村建房用地管理，对农村居民建房面积限额做出了规定，农村宅基地产权公共域Ⅱ、Ⅳ开始缩小。同时，伴随着人民公社的解体，原有的集体经济组织名存实亡，集体土地产权主体虚置问题出现，在国家征收中的讨价还价能力降低，农村宅基地权益的受保护力度降低，即产权公共域Ⅲ持续扩大。随着农村建设用地的扩张，国家为保护耕地逐渐加强了对农村宅基地的管理。1998 年修订的《中华人民共和国土地管理法》规定，农村居民一户只能拥有一处宅基地，且农民出卖、出租住房后再申请宅基地的,不予批准,这使宅基地的产权公共域Ⅴ扩大。随着"房地产热"的兴起，国家为了防止炒卖土地，限制城市居民在农村的买房购地行为，农村宅基地流转对象被限制在同一集体经济组织内，宅基地的产权公共域Ⅴ继续扩大。

进入 21 世纪，国家继续加强对农村宅基地的管理，特别强调不允许城镇居民在农村买房，但土地的价值属性得到农民越来越多的关注，在城乡结合部、城中村等区位较好的地方，小产权房屡禁不止，表明农民对宅基地利用的能力不断增强，宅基地产权公共域Ⅳ继续缩小。长期以来，国家将农村宅基地视为农民生活的居住保障，对其改革一直比较谨慎，在最新的 33 个农村宅基地制度改革试点工作中，其流转对象依旧被限制在同一集体经济组织内。后续的"两权"抵押试点，宅基地使用权也被赋予了抵押权。与此同时，全面开展的宅基地确权发证工作也为农村宅基地改革的推进提供了支持。这些改革表明，农村宅基地产权公共域Ⅱ在减小，但产权公共域Ⅴ在扩大，而其产权公共域Ⅰ内产权属性价值逐渐凸显，产权公共域Ⅰ不断缩小。

---

① 《国家建设征用土地办法》规定，对被征用土地上的房屋、水井、树木等附着物及种植的农作物，均应根据当地人民政府、用地单位、农民协会及土地原所有人和原使用人（或原所有人和原使用人推出之代表）会同勘定之现状，按公平合理的代价予以补偿。

基于产权公共域的宅基地历史演变分析   表 2-4

不完全产权内部细分	1949~1978 年		1978~1998 年		1998 年至今	
	特点	举例	特点	举例	特点	举例
产权公共域 I	缩小	社会保障功能	缩小	社会保障功能	缩小	社保、资产功能
产权公共域 II	扩大	模糊	缩小	申请登记使用	缩小	确权登记
产权公共域 III	扩大	模糊公共利益征地	扩大	模糊公共利益征地	扩大	模糊公共利益征地
产权公共域 IV	扩大	经济能力弱	缩小	经济能力增强	缩小	财产使用能力变强
产权公共域 V	扩大	不能流转	扩大	受限制流转	扩大	成员身份性限制
权能完整性	不完整	无处分	不完整	无处分	不完整	限制性处分
权能完全性	不充分	—	不充分	—	不充分	—
占有权能	逐渐稀释	征收	稀释减少	征收	稀释减少	明确用益物权
使用权能	逐渐稀释	经济能力弱	稀释缩小	符合规划、限额	稀释缩小	一户一宅，限额
收益权能	逐渐稀释	不能流转	稀释缩小	流转限制不严格	稀释缩小	征收补偿增加
处分权能	逐渐稀释	不能处分	稀释缩小	受限制流转	稀释缩小	试点抵押、流转

注：1949~1962 年宅基地是完整产权，但时间跨度太短，故不在表 2-4 中单列分析。

2.5 构建城乡统一建设用地市场的理论解释

从上文基于不完全产权生命周期模型对城乡建设用地制度变迁的分析中可以看出，国有建设用地、集体经营性建设用地和农村宅基地的不完全程度不同，产权公共域大小不一，影响产权公共域属性的因素不同。根据上文分析，本书绘制出城乡建设用地产权公共域变化示意图，以此对构建城乡统一建设用地市场进行理论解释。

2.5.1 国有建设用地产权不完全程度最低，仍受统一供地和年度计划指标制度限制

由图 2-3 可以看出，国有建设用地的产权公共域最小，最接近完全产权，

其市场化程度最深，但是仍然存在政府行政手段（例如土地利用年度计划、土地统一供地）过强以及政府既做"运动员"又做"裁判员"双重角色等问题。虽然较强的行政干预增强了政府对土地市场的调控作用，但是，其中存在的上述问题都增加了产权稀释程度，造成产权公共域扩大，阻碍了产权在市场交易过程中的自身调节功能，增加了交易主体的交易成本和不可预见性。从产权生命周期来看，国有建设用地产权公共域表现出由小变大再逐步缩小的过程。在计划经济时代，以无偿、无期限使用为特征的国有土地产权制度造成土地的资产属性价值没有得到体现，从而落入公共域中。不完全的权能造成土地利用效率低下，阻碍了产权制度优化资源配置的作用。1978 年改革开放后，国有土地制度的各项改革不断缩小土地产权公共域，扩大土地产权权能，增强市场主体之间的竞争，加速要素流动，使国有建设用地产权制度效率不断提高，土地资源配置不断优化，其资产属性价值不断显现。目前来看，虽然国有土地的市场化程度最高，但其存量市场发育滞后、征地范围过宽等问题依然存在，外部主体对公共域内产权资产属性价值的需求逐渐增加，国有建设用地产权的边际交易成本依然有下降的空间。因此，应继续扩大国有建设用地有偿使用范围，深化征地制度改革，激活二级市场，使产权效率进一步提高，最终实现土地资源的优化配置。

2.5.2　集体经营性建设用地产权不完全程度次之，征地公权力侵害和流转用途受限阻碍其产权效率释放

集体经营性建设用地的产权公共域经历了由小变大，如今又逐步缩小的过程。改革开放初期，国家为刺激乡镇企业发展，集体经营性建设用地的权能较为完整，乡镇企业凭借土地资源优势实现了快速发展。进入 20 世纪 90 年代后，随着 1994 年分税制改革的实施，地方政府为了垄断土地一级市场，以获取巨额土地财政收入，不得不严格限制集体经营性建设用地的权能，使集体土地的部分资产属性价值落入公共域内。沿海地区、大城市郊区等发达地区土地价值的上升吸引了更多的外部主体参与对公共域内土地资产价值的追逐中，造成集体建设用地隐形流转、农村建设用地侵占耕地等问题。进入21 世纪后，集体建设用地入市制度改革试点不断推进，以释放公共域内土地的资产属性价值，提高土地利用效率。但从目前来看，集体经营性建设用地

产权权能强度依然比国有建设用地小。同时，征地制度中公共利益界定模糊，增值收益分配不均，造成集体土地权能天生与国有土地产权权能不对等，其产权权能仍易受征地公权力的侵害。加之集体经营性建设用地入市在用途上受到限制，其产权交易效率因此受到影响。总体来看，由于集体经营性建设用地具有稀缺性，其公共域内资产属性还将呈不断上升趋势，外部主体对其产权公共域调整的需求频率将越来越高，所以，呼吁改革集体经营性建设用地入市制度的要求会越来越强烈。

2.5.3 农村宅基地产权不完全程度最大，成员身份性和社会保障功能束缚其趋向完全产权

对比来看，宅基地产权公共域最大，产权不完整程度最高。农村宅基地制度作为中国特色的土地管理制度，在其诞生之初就被赋予了农村住房保障功能，无偿、无期限、有限流转的制度设计使其绝大部分资产属性价值落入公共域内，不能以产权制度来优化其配置。改革开放后，随着对土地商品属性认识的不断深入和其资产属性价值的实现，农村宅基地落入公共域内的巨大价值不断显现，而对农村宅基地产权权能的严格限制使农民丧失了获得这部分价值的合法途径，农民不得不以建造城中村、小产权房等形式来表达调整其公共域的需求。随着城镇化进程的不断推进，宅基地（建设用地）稀缺性带来的价值诱惑将吸引更多的外部主体展开对其产权公共域内属性价值的追逐，调整宅基地产权公共域的需求将愈发强烈。这表明，已有的宅基地产权制度的效率正不断下降，它已不能适应外部环境的变化，改革农村宅基地制度的呼声越来越高。与此同时，农村宅基地取得的成员身份性和其社会保障功能的束缚，都严重削弱了其作为普通集体建设用地本应享有的权能，阻碍了市场机制在土地资源配置中的调节作用。所以，一定程度上放宽农村宅基地流转对象的地域范围（例如从村集体经济成员扩展为本村以外的乡镇或县域内的农村居民），恢复其建设用地产权属性，缩小其产权公共域，扩大其权能，将成为未来农村宅基地制度改革的突破点。

2.5.4 构建城乡统一建设用地市场的整体论断——渐进式、阶段性

由上述三种建设用地制度变迁背后的不完全产权生命周期演化进程来看，

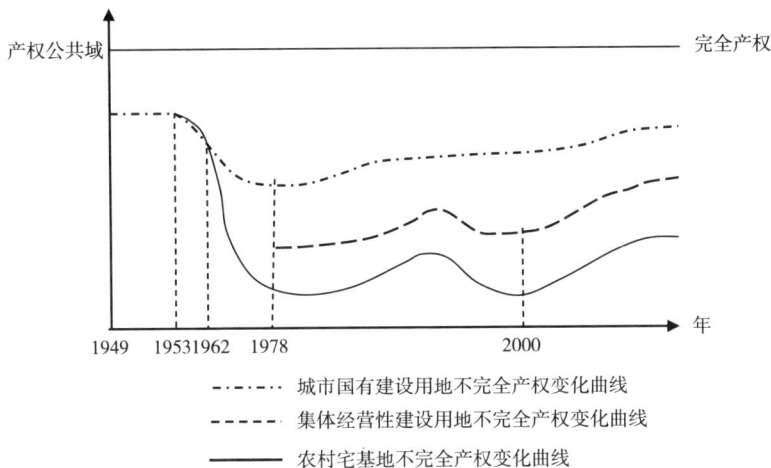

图 2-3　城乡建设用地产权公共域变化示意图

构建城乡统一建设用地市场的本质是城市国有建设用地和农村集体建设用地的不完全产权向完全产权逼近的过程，是产权公共域不断缩小的过程，是产权效率不断提高的过程，最终要实现的目标是：无论是在城市还是在农村，建设用地不因产权主体不同而区别对待，都能够按照土地利用规划和用途管制实现自由交易，使市场机制发挥在土地资源配置中发挥决定性作用。但是，从目前来看，上述三种建设用地的不完成产权程度有异，产权公共域大小不一，产权公共域属性范围不同，因此，现在谈"同地同权"，为时尚早。而且，上述三种建设用地产权处于不完全产权生命周期的不同演进阶段，所以，本书认为构建城乡统一建设用地市场将是一项长期工程，是一个渐进式的过程，需要按阶段进行，要根据各自不同产权属性，适时缩小各自产权公共域，最终实现产权的统一，进而实现市场的统一。从构建阶段看，第一阶段，通过改造产权主体和加强外部制度环境建设，培育农村集体建设用地市场（集体经营性建设用地和宅基地），继续扩大国有建设用地市场；第二阶段，深化对已有制度的改革，促进农村集体建设用地市场与城市国有建设用地市场的衔接过渡；第三阶段，打通制度的最后壁垒，实现城乡统一建设用地市场构建。

第3章
构建城乡统一建设用地市场区域差异化分析

　　土地市场是所有土地产权交易关系的总和，属于生产关系的一部分，所以若离开经济基础，空谈上层建筑的改革是空洞的，是站不住脚的。纵观国内外发展历史，包括土地市场在内的土地制度演进与社会经济发展水平是协调发展的，社会经济发展阶段决定了土地制度属性，而土地制度又反作用于社会经济发展，所以无论从理论还是实践层面，土地制度改革都离不开对区域社会经济发展阶段的考虑。城乡统一建设用地市场建设是在我国"双重转型"背景下，为实现市场机制在土地资源配置中发挥决定性作用，实现土地要素在城乡间自由流动，发挥土地资源的经济、社会、生态、文化等综合效益，提高农民收入水平，缩小城乡发展差距，推动新型城镇化而实施的综合制度改革。在改革过程中，由于我国国土面积广大，区域发展水平差距大，特别是农村地区发展更是千差万别，在制度改革中不能再重复过去"一刀切"模式（郑尚元，2014），造成土地制度改革与区域经济发展阶段的不匹配（上层建筑与经济基础不匹配）。这样不仅会造成制度的水土不服，而且会阻碍市场的统一，所以"三块地"改革在全国选择布局33个不同区域的县（区）试点，就是希望能够结合各地区域特点进行大胆探索，最终能形成有效的制度创新，而本书在对集体建设用地改革试点的调研过程中，也发现地区经济发展阶段差别会对当地的土地利用现状、制度创新动力、改革阻力方面有着明显作用，所以，在构建城乡统一建设用地时一定要考虑地域发展差异，这样才能使制度改革落到实地，才能真正实现制度改革的初衷。

3.1　理论构建

3.1.1　土地利用转型理论概述

土地利用转型是国际上研究土地利用／土地覆盖变化（Land-Use and Land-Cover Change，LUCC）的最新趋势和方向，是国家土地利用计划（Land Use Project，LUP）的重要组成部分。最早是由英国利兹大学的 Grainger Alan（1995）在研究以林业为主国家的森林资源转型变化时首次提出了土地利用转型概念，随后这一概念被国际其他国家科学家所关注。近些年来，国外学者多偏向于研究林地转型，对林地转型的机制、模式、理论进行了实证研究（Mather A.S，2004；Yeo.I-Y、Huang C，2013）。国内学者则运用该理论进行了更广范围的研究，涵盖土地利用转型与生态环境效应（Long HuaLou，Liu Yongqiang，Hou Xuegang，2014）、农村宅基地转型（龙花楼，2006）、土地利用转型与城乡关系（李菁、冯银静、夏冀，2015；龙花楼，2012）等。这些研究成果进一步丰富了土地利用转型理论，而且使得对土地利用转型概念与内涵有了更深入的理解和认识。最初的土地利用转型概念是指随着社会经济的发展，国家／区域土地利用形态在时序上的变化，它通常与经济和社会发展阶段的转型相对应（龙花楼，2003）。2012 年龙花楼研究员对土地利用转型内涵进行了拓展，认为在社会经济变化和革新的驱动下，某一区域在一段时期内由一种土地利用形态（含显性形态和隐形形态）转变为另一种土地利用形态的过程，它通常与经济和社会发展阶段的转型相适应。在此内涵的引导下，土地利用转型研究也从显性变化（数量、结构）的趋势、机理、模拟研究开始逐步向隐形变化（产权、质量、效率）规律的探索，这种隐形转型的研究与土地资源管理制度之间的关系更加紧密，其揭示了两者之间的互馈机制，即土地利用转型过程是土地管理制度政策落实与实施的结果，而其自身也对土地管理制度与政策的改革施加影响。所以，土地资源管理在制度制定过程中，应当充分考虑目标区域所处的土地利用转型阶段。既要充分了解该区域目前所处的土地利用转型阶段，又要瞄准随着社会经济发展转型即将步入的土地利用转型阶段，以增强土地资源管理决策的科学性（龙花楼，2015）。我国"三块地"改革和城乡统一建设用地市场建设是土地管理制度的重大变革，其中涉及多项土地管理制度的改革与创新，所以，本书拟在运用土地利用转型相关研究成果基础上，为城乡统一建设用地市场建设区域差异化分析提供思路。

3.1.2 城乡发展与土地利用转型

城乡发展转型是区域社会经济发展的重要内容和过程（Siciliano G，2012）。在这一过程中，由于城镇化、工业化进程的不断推进，人口、资金、土地和其他各种生产要素不断向城市集聚，城市面积扩大，建设用地面积比重不断增加。经济发展主导产业由第一产业逐渐向工业、服务业转型过渡，城市非农产业比重不断上升。伴随着产业升级，农村剩余劳动力大量被吸纳至第二三产业，导致非农就业比重的不断上升。在农村地区，农村人口的减少加速农业生产规模化水平，提高了农业比较收益，种粮大户等以农业为主要收入的农民收入水平不断提高，另外一些农村居民则由于从事第二三产业等兼业型收入不断提高，也会提高农村居民收入水平，最终城乡居民收入比不断缩小。

在城乡发展不断转型过程中，土地要素不断向城镇集中，导致建设用地比重会不断增加，耕地面积会减少，而农村大量劳动力不断被吸纳至第二三产业，会减弱农村居民对宅基地住房保障的依赖，农二代、三代子女更是已经彻底改变了生活方式，对于宅基地所提供的住房保障依赖性就更低。对于构建城乡统一建设用地市场来说，最关键的环节是建立农村集体建设用地市场，降低宅基地流转制度改革带来的社会风险，降低集体建设用地流转带来的耕地流失风险，而这些风险的规避与当地的城乡发展水平有着密切关系，这一点在笔者的实践调研中也明显观察到：在城乡发展较发达地区，对集体建设用地的经济利益更为看重，其居住保障已不是重点，农村居民大多从事第二三产业，改革动力更多地在于经济补偿是否到位；在城乡发展转型较弱地区，由于城乡发展阶段还比较初期，农民更多地依赖农业就业、农村生活，所以对于集体建设用地的经济效益不是最看重的（自身经济思维受限阻碍了对土地的利用），对于传统的集体土地所带来的就业、居住保障更为关注，所以不同城乡发展区域对集体建设用地制度改革风险的侧重点不同，规避能力也不同。构建城乡统一建设用地市场，要结合城乡发展转型与土地利用转型之间的关系，制定出差异化区域政策才能有效推进制度改革的顺利进行。

3.2　城乡发展水平阶段测度

3.2.1　数据源与指标选取

对于城乡发展水平的测度，本书认为城乡发展转型是一个合适的概念。根据已有学者的相关研究成果，城乡发展转型是农村地区向城市转化的过程，是由量变到质变的过程，包括经济、社会、人口和景观的转型（许学强、薛凤旋、闫小培，1998），是由农业经济转变为工业和服务业经济、乡村生活方式转变为城镇生活方式的过程（胡必亮、李玉祥，2008）。本书参考 Njegac（1999）关于城乡转型的描述，城乡转型为形态转型与功能转型，李玉恒（2014）等关于城乡发展转型类型的衡量研究，选择从人口转型、产业转型、就业转型和收入转型四个层面构建指标体系（图 3-1）。

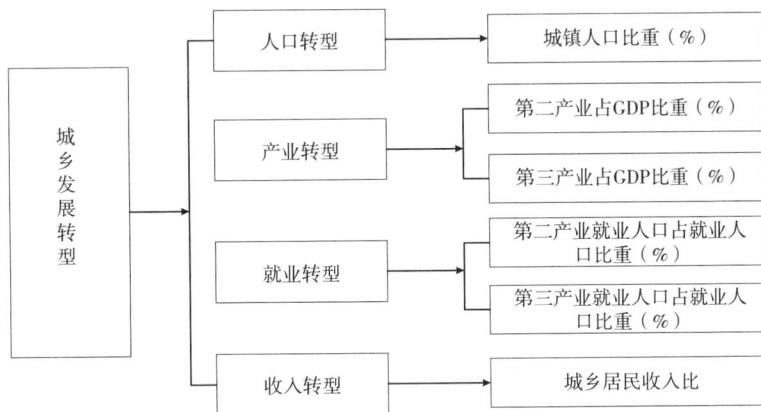

图 3-1　城乡发展转型指标体系

本书收集 2000 年和 2013 年全国各省区（不包括台湾省、香港特别行政区和澳门特别行政区）相关数据，主要来源于《中国人口统计年鉴》《中国统计年鉴》以及各省年鉴。城乡发展转型分为人口转型、产业转型、就业转型和收入转型，分别以城镇人口比重、非农产业占 GDP 比重、非农就业人口占就业人口比重、城乡居民收入比指标来衡量，城乡居民收入数据以 2000 年为基期进行可比价换算后求出。

3.2.2 权重确定

指标权重确定分为主观确定和客观确定两种。主观确定权重方法最常用的是特尔菲法、层次分析法等，这种方法虽然简单易行，但依据的多是专家的经验，带有较强的主观色彩。客观确定指标权重方法如主成分分析法、均方差决策法等，利用客观数据确定权重，有较强的客观性，所以本书选择用均方差决策法来确定指标权重。该方法是反映随机变量离散程度的最常用指标均方差，以各评价指标为随机变量，求出各指标均方差，然后将均方差归一化，所得即为指标权重。具体步骤如下：①按式（3-1）求出单项指标均值。②按式（3-2）求出这些单项指标的均方差。③最后计算各指标均方差占同一分项指标均方差之和的比重，该比重即为各单项指标的权重系数（王明涛，1999）。

1）求随机变量均值：$E(G_j) = \dfrac{1}{n}\sum_{i=1}^{n} Y_{ij}$ （3-1）

2）求随机变量均方差：$F(G_j) = \sqrt{\sum_{i=1}^{n}(Y_{ij} - E(G_j))^2}$ （3-2）

3）求指标权重：$W_j = {F(G_j)} \Big/ {\sum_{i=1}^{m} F(G_j)}$ （3-3）

3.2.3 城乡发展转型指数分析

为了研究城乡发展转型的动态变化过程，本书分别求出各指标的年增长率，然后加权求和，得到 2000 ~ 2013 年城乡发展转型指数，然后运用 SPSS 20.0 聚类分析，将 31 个省区城乡发展转型指数分为 4 类，分别为缓和型、一般型、中度型、剧烈型（表 3-1）。

2000 年、2013 年城乡发展转型指数　　　　表 3-1

	2000				2013				城乡发展转型指数
	A 城镇人口比重（%）	B 二三产业占 GDP 比重（%）	C 城乡人均收入比	D 二三产业就业占就业人口比重（%）	A 城镇人口比重（%）	B 二三产业占 GDP 比重（%）	C 城乡人均收入比	D 二三产业就业占就业人口比重（%）	
缓和	72.445	95.150	2.210	76.575	78.828	94.950	2.181	86.383	0.004

续表

	2000				2013				城乡发展转型指数
	A 城镇人口比重（%）	B 二三产业占GDP比重（%）	C 城乡人均收入比	D 二三产业就业占就业人口比重（%）	A 城镇人口比重（%）	B 二三产业占GDP比重（%）	C 城乡人均收入比	D 二三产业就业占就业人口比重（%）	
一般	42.048	81.460	3.098	49.718	51.850	88.983	2.872	62.811	0.011
中度	32.744	79.967	3.119	44.533	49.654	88.925	3.322	57.155	0.018
剧烈	32.255	80.744	2.662	44.942	51.103	88.485	3.103	63.358	0.024

城乡发展转型缓和型地区只有北京市、上海市、天津市和黑龙江省，表明这些省市近些年来城乡发展转型比较缓慢。从具体指标可以总结出，北京、上海、天津是我国三大直辖市，起步阶段经济社会发展水平较高，城镇人口比重、非农产业、非农就业、城乡居民收入差距的基础水平较好，大规模的人口转移、工业化已经完成，所以可供发展空间不大，近些年来只是小幅提高，变化率不大，所以属于缓和型地区。黑龙江省作为东北老工业基地，近些年来发展转型较慢，社会经济发展速度低于全国平均值，加之人口增长陷入停滞，所以，造成城乡发展水平较低，处于低速徘徊状态。

城乡发展转型一般地区特点是地区处于工业化起步阶段，平均城镇化率不到 50%，但第二三产值比重较高，特别是其第二产业比重较高，就业人口以农业人口为主。由区域分布来看，主要是西部地区的新疆、西藏，东北地区的吉林、辽宁，湖北和广东。新疆和西藏作为西部少数民族聚居区，农业人口占主要比例，城镇化率偏低，城乡居民收入差距较大。2000 年西部大开发战略开始实施，西部地区经济社会快速发展，但由于经济发展底子薄，总体发展水平仍处于全国下游水平。东北地区是我国老工业基地，第二产业产值比重较大、从业人口多，近些年来转型进展缓慢，所以城乡发展转型程度一般。湖北作为中部地区省份，近些年来承接东部产业转移，经济社会有了较快发展，城乡发展转型进一步加速。广东是我国经济发展发达地区，特别是乡镇企业发达，城乡转型发展基础好。

城乡发展转型中度地区，几乎都是西部省份，城镇化率低，就业人口仍以农业为主。近些年来，伴随着西部大开发战略的推进，这些省份快速经济发展，城镇化水平不断提高，大量农业人口转型进入非农产业就业。特别是四川和重庆作为全国城乡统筹改革综合试验区以来，政府在城乡统筹方面做了很大工作，加速了地区城乡统筹发展水平速度。浙江是唯一东部省份，紧靠上海经济中心，经济发展基础高，民营、乡镇经济发达，农民收入水平高，近些年来开展城乡一体化改革，大幅提高了城乡发展转型水平。

城乡发展转型剧烈地区省份分布区域特点明显，河北、安徽、山东、江苏、湖南、江西、福建基本上全部属于中、东部地区省份，都位于环渤海经济圈、长三角经济圈、珠三角经济圈。我国加入世贸组织以来，沿海地区加工制造业迅速发展，大量农民已经脱离农业生产，经济社会快速转型，已经成为我国经济发达地区，城乡一体化水平较高。山西、陕西、河南、宁夏等中西部省份，本身具有一定的工业基础，近些年来通过承接东部产业转移，也迈入了经济发展的快车道，进一步吸收农村剩余劳动力，加快了城乡发展转型速度（表3-2）。

城乡发展转型类型表 表3-2

城乡发展转型类型	省份
城乡发展转型缓和	北京、天津、上海、黑龙江
城乡发展转型一般	吉林、辽宁、湖北、广东、新疆、西藏
城乡发展转型中度	内蒙古、甘肃、青海、贵州、广西、四川、重庆、浙江
城乡发展转型剧烈	河北、安徽、山东、江苏、湖南、江西、福建、山西、陕西、河南、宁夏、云南、海南

3.3 城乡土地利用转型及集体建设用地变化测度

根据上文土地利用转型理论研究概述，土地利用转型是在一段时期内土地利用形态的变化，受自然、经济和体制三重关系共同作用（李秀彬，2002），而人类对土地资源利用形态变化在短时期内受社会经济发展影响因素最大，所以经济社会发展与土地利用转型之间有着密切关系。国内学者对于经济社会发展与土地利用转型变化之间关系已有所研究，比如乡村转型与农村宅基地转型、城市化与建设用地增长（赵可、张安录，2011）等，这些研究都为本书研究提供了许多思路与方法，但城乡统一建设用地市场建设是要从城乡经济社会发展与土地利用转型之间的关系进行考虑。既要考虑到城市扩张中建设用地变化，还要考虑集体建设用地变化，本书在已有理论和研究成果基础上，提出城乡土地利用转型，探索城乡建设用地在不同时期、不同区域的转型趋势和规律。

3.3.1 数据源、指标选取与权重

本书借鉴刘继来（2015）城乡土地利用转型指标体系，选择建设用地占总面积比重、耕地面积占总面积比重、农村集体建设用地占建设用地比重作为城乡土地利用转型指标。由于数据的可获得性，本书中农村集体建设用地以土地利用现状分类中农村居民点（2013）面积代替。收集全国 31 个省区 2000 年和 2013 年有关研究数据，数据来源是《中国统计年鉴》《中国国土资源统计年鉴》和当年土地利用变更数据库。权重确定选用层次分析法，通过建立两两指标之间的判断矩阵，最后通过计算检验一致性，得到指标权重。

3.3.2 土地利用转型分析

通过数据加权求和，全国 31 省区 2000 年和 2013 年土地利用转型度（表 3-3），并通过 SPSS 聚类分析将城乡土地利用转型分为四类，即转型程度低、中、较高、高（表 3-4），然后结合空间分布，对全国 2000 年和 2013 年城乡土地利用转型进行描述分析。

2000 年，2013 年各省城乡土地利用转型指数　　表 3-3

地区	2000	2013	地区	2000	2013
北京	0.207	0.202	湖北	0.190	0.206
天津	0.312	0.345	湖南	0.209	0.220
河北	0.269	0.293	广东	0.165	0.182
山西	0.230	0.233	广西	0.158	0.183
内蒙古	0.109	0.127	海南	0.207	0.158
辽宁	0.237	0.267	重庆	0.225	0.254
吉林	0.198	0.272	四川	0.165	0.181
黑龙江	0.174	0.240	贵州	0.169	0.216
上海	0.383	0.367	云南	0.163	0.172

续表

地区	2000	2013	地区	2000	2013
江苏	0.365	0.354	西藏	0.049	0.085
浙江	0.181	0.206	陕西	0.188	0.172
安徽	0.276	0.286	甘肃	0.114	0.154
福建	0.139	0.153	青海	0.046	0.051
江西	0.163	0.192	宁夏	0.199	0.212
山东	0.323	0.360	新疆	0.034	0.037
河南	0.333	0.373			

土地利用转型聚类分析结果　　　　　　　　　　　表 3-4

	2000				2013			
	A 建设用地面积 / 总面积比平均值	B 耕地面积 / 总面积比平均值	C 农村居民点 / 建设用地总面积比平均值	D 城乡土地利用转型指数平均值	A 建设用地面积 / 总面积比平均值	B 耕地面积 / 总面积比平均值	C 农村居民点 / 建设用地总面积比平均值	D 城乡土地利用转型指数平均值
低	0.02	0.04	0.31	0.08	0.01	0.00	0.27	0.06
中	0.06	0.17	0.48	0.18	0.05	0.13	0.49	0.17
较高	0.10	0.28	0.51	0.25	0.09	0.27	0.51	0.24
高	0.26	0.43	0.36	0.34	0.27	0.42	0.44	0.36

　　2000 年全国城乡土地利用转型特点是总体程度还比较低，从表 3-5 中可以看出，中、低度区域多集中在中西部省份，建设用地比重普遍较低而农村集体建设用地面积占建设用地比重较高，反映出这些地区工业化、城镇化水平较低，城市建设用地面积较小，而农村建设用地占地面积普遍较大。特别是西部省份由于自然生态条件限制，耕地面积占比同样较低，所以低度区域多集中在西部省份。转型度较高、高地区主要集中在环渤海经济圈、华北地区和安徽省、江苏省，省份不多，许多地区是我国重要粮食产区，所以耕地占地比重较高，建设用地面积比重较中西部地区略高，但农村建设用地面积比例依然较高。所以从 2000 年总体可以看出，由于我国工业化、城镇化发展水平较低，并且空间分布极不均衡，造成城乡土地利用转型程度不高，农村集体建设用地比重普遍偏高。

2000 年城乡土地利用转型分布表　　　　　　　　　　　　表 3-5

城乡土地利用转型类型	省（市、自治区）
城乡土地利用转型度低	内蒙古、甘肃、青海、新疆、西藏、福建
城乡土地利用转型度中	北京、黑龙江、吉林、陕西、宁夏、湖北、湖南、江西、浙江、四川、云南、贵州、广东、广西、海南
城乡土地利用转型度较高	辽宁、河北、山西、安徽、重庆
城乡土地利用转型度高	天津、上海、山东、河南、江苏

从 2013 年城乡土地利用转型分布可以看出（表 3-6），全国转型度普遍提高，空间分布上东、中、西带状分布特征明显。从数据可以看出，建设用地面积比重增加较快，特别是城市建设用地面积增加较快，全国城镇化率在 2012 年突破 50%，全国城镇化水平大幅提高，驱动城乡土地利用转型。从空间分布上，东部地区省份多数进入转型度较高序列。符合我国经济产业空间分布规律，先进工业集中在东部地区，中低端产业开始向中西部地区转移，带动了中西部地区工业化、城镇化水平，促使城乡土地利用快速转型。与此同时，随着建设用地面积比重的不断上升，其中农村集体建设用地比例也不断扩大，中西部省份占比普遍较高。北京、上海、天津等地区有所下降。

2013 年城乡土地利用转型分布表　　　　　　　　　　　　表 3-6

城乡土地利用转型类型	省（市、自治区）
城乡土地利用转型度低	青海、新疆、西藏
城乡土地利用转型度中	内蒙古、陕西、甘肃、四川、云南、广西、广东、海南、江西、福建
城乡土地利用转型度较高	北京、黑龙江、吉林、辽宁、河北、宁夏、山西、重庆、贵州、湖北、湖南、安徽、浙江
城乡土地利用转型度高	天津、上海、河南、山东、江苏

3.4　城乡发展与土地利用转型关系分析

通过上文对 2000 年和 2013 年城乡发展转型与土地利用转型的分析，可以看出，我国城乡发展转型程度不断提高，表明伴随着我国工业化、城镇化进程的不断推进，更多的农村劳动力从第一产业中释放，涌入城市，进入第二三产业就业，城乡居民收入不断提高，土地利用也不断转型，建设用地比例不断升高。研究城乡发展转型与土地利用转型的关系，可以利用长期历史数据进行分析，找出趋势与规律的判断，但迫于数据的可获得性问题，本书无法获得长时间数据进行历史趋势分析。为了克服长时期数据缺失问题，可以采用横向比较研究法。因为我国地域广大，不同地区发展水平处在不同的经济社会发展阶段，所以可以通过横向比较研究，分析区域城乡发展转型不同阶段中土地利用转型，进而探讨土地利用转型规律（龙花楼，2012）。

以 2013 年城乡发展转型指数进行聚类分析，分为四级，即城乡发展转型度低、中、较高、高四个类型，然后求取对应省份的城乡土地利用转型指数平均值和农村居民点占建设用地面积比重平均值（图 3-2）。可以看出，随着城乡发展转型程度由低向高，城乡土地利用转型指数呈上升趋势，农村集体建设用地占建设用地比重呈指数趋势的规律。从城乡转型数据中可以看出，城乡发展转型指数较高地区多是东部沿海省份和北京、上海等一线城市，土地利用转型指数也高，农村居民点占比低。中西部地区则是城乡发展转型指数较低，且农村建设用地占比较高。这个现象的背后原因在于城乡发展转型水平高的地区，第二三产业比较发达，可以将大量农村人口吸纳至城市，农村人口在城市就业、生活已经逐渐转变其生产、生活方式，对农村土地的依赖程度逐渐较小，而且这些地区土地资源相对更加稀缺，所以农村宅基地管理分配更加严格。在实际调研中也印证了这样的现象，许多地区的宅基地已经停止分配，转为"增人不增地、减人不减地"或有偿竞价等方式，所以农村建设用地所占比重会逐渐下降，直至趋于一个稳定值。中西部城乡发展转型程度较低的地区，其第二三产业不够发达，无法吸纳大量农村人口，许多地区都是点状区域大城市发展，经济辐射能力不强，周边县区与区域大城市发展差距巨大，所以农村人口无法在城市获得稳定的就业和生活，很多农村剩余劳动力还是以农民工等临时形式在城市暂居，对农村土地保障的依赖依然非常强，只能继续依靠分配宅基地解决农民住房保障问题，所以农村建设用地占地比重越来越高，土地利用转型指数较低。由此推断，城乡发展转型与土地利用转型有明显的相关关系，在下一步实证研究中将得到进一步验证。

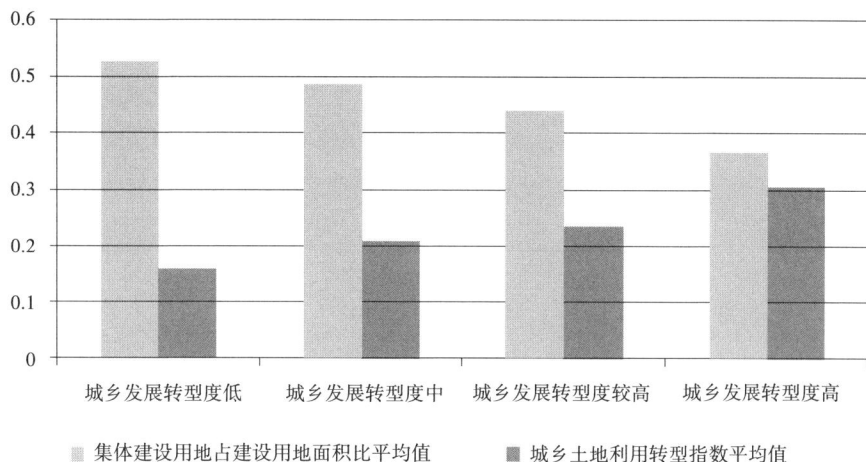

图 3-2　城乡发展转型与土地利用转型关系图

3.5　实证研究

3.5.1　模型建立

通过上一节中对城乡发展转型与土地利用转型的关系分析可知，随着城乡发展转型程度的不同，在对应空间区域内土地利用转型、集体建设用地占建设用地比重呈现一定的规律。鉴于本书中城乡统一建设用地市场中集体建设用地流转是关键，所以本节中将运用计量经济学模型探讨城乡发展转型与集体建设用比重之间的关系。依照上文的描述分析，建立实证研究模型：

$$lr = \beta_1 ur + \beta_2 nap + \beta_3 nae + \beta_4 ir + c_i + \delta_i$$

被解释变量 lr 是集体建设用地占建设用地面积比重，解释变量城镇人口比重用 ur 表示、非农产业产值占 GDP 比重（下文：非农产业比重）用 nap 表示、非农就业人口占就业人口比重（下文：非农就业比重）用 nae 表示、城乡居民人均收入比用 ir 表示，本书研究 2000～2013 年集体建设用地占比与城乡发展转型之间的关系，所以用二者数据差值构建截面数据模型。

3.5.2 变量解释

本书选取 2000 年和 2013 年全国 31 省区为样本，以集体建设用地占建设用地面积比重为被解释变量，以城镇人口比重、非农产业占 GDP 比重、非农就业比重、城乡人均收入比、非农就业比重为解释变量，结合已有相关文献（韩丹、冯长春、古维迎，2010；沈昊婧、张霭丽、张世全等，2015；冯长春、赵若曦、古维迎，2012；原野、师学义、牛姝烨，2015），选择人均耕地面积、人均 GDP、地方财政支出为控制变量。为了研究 2000 ~ 2013 年之间动态变化，本书求取各变量两年差值作为实际模型变量，为避免数据存在异方差问题，压缩变量的尺度，对变量取对数，具体解释如表 3-7。

变量定义与说明 　　　　　　　　　　　　　　　　　　　　　　　　表 3-7

变量名	表征指标	说明
lnd_lr	集体建设用地占建设用地比重变化	2013 年集体建设用地比重 –2000 年集体建设用地比重
lnd_ur	城镇人口比重变化	2013 年城镇人口比重 –2000 年城镇人口比重
lnd_nap	非农产业占 GDP 比重变化	2013 年非农产业占 GDP 比重 –2000 年非农产业占 GDP 比重
lnd_nae	非农就业比重变化	2013 年非农就业比重 –2000 年非农就业比重
lnd_ir	城乡人均收入比变化	2013 年城乡人均收入比 –2000 年城乡人均收入比
lnd_clp	人均耕地面积变化	2013 人均耕地面积 –2000 年人均耕地面积（人 /ha）
lnd_egdp	人均 GDP 变化	2013 人均 GDP–2000 人均 GDP（元）
lnd_lf	地方财政支出变化	2013 地方财政支出 –2000 地方财政支出（万元）

所有数据来源于《中国统计年鉴》《中国城市统计年鉴》和有关年份土地利用现状数据，各变量描述性统计见表 3-8。

变量统计描述 　　　　　　　　　　　　　　　　　　　　　　　　表 3-8

变量名	均值	标准差	最小值	最大值
d_lr	0.035689	0.0711644	-0.0953056	0.2215747
d_ur	14.98876	5.776024	1.29	25.25
d_nap	6.987929	4.996434	-5.4	19.9
d_nae	14.77973	7.386139	-3.45	28.2

续表

变量名	均值	标准差	最小值	最大值
d_ir	0.1898095	0.6056223	-2.426374	1.104295
d_clp	0.0096671	0.0422937	-0.049879-10594	0.1610505
d_egdp	38501.18	15797.4	8035600	82254
d_lf	3.25e+07	1.46e+07	-5460.967	6.38e+07

3.5.3　计量结果分析

本书选用 2013 年与 2000 年变化数据构成截面数据，解释变量取值变化幅度较大，可能会出现异方差现象，所以利用对变量取对数，然后通过观察散点图，初步可以判断出可能存在异方差现象。运用 White 和 BP 检验两种方法对变量进行异方差检验，检验结果分别为 0.3575,0.2177，证明在 10% 水平下仍不能拒绝原假设，证明变量存在异方差。异方差修正一般有两种方法：一是异方差稳健推断，二是加权最小二乘法。本书选择加权最小二乘法对异方差进行修正。对于多重共线性问题，本书通过 VIF 指数进行检查，VIF 值越大说明多重共线性问题越严重。一般认为，最大的 VIF 不超过 10，则不存在明显的多重共线性（王库，2013），本书 VIF 指数 6.2，可以说明基本不存在多重共线性问题。

对于加权最小二乘法计量模型结果表明（表 3-9），在控制其他变量后，在 5% 的显著水平下，城镇人口比重变化与集体建设用地比重变化呈显著负相关，说明随着城镇人口比重（城镇化率）增加，集体建设用地比重得以下降，城镇人口比重的增加对集体建设用地占比变化具有显著解释力，这也符合发展经济学原理。随着城镇化进程，农村劳动力人口向城市迁移，城市规模扩大，建设用地面积增加。已经完全实现市民化的原农村人口逐渐退出农村土地，所以集体建设用地比重下降。

在 5% 的显著水平下，非农产业比重变化与集体建设用地比重变化呈显著正相关。按照传统经济理论认为，随着非农产业比重的增加，农村剩余劳动力更多地进入第二三产业就业，农民逐渐脱离农村生产生活状态，集体建设用地（主要是宅基地）比重应当逐渐降低，但模型结果显示两者成正向相关关系，即随着非农产业比重增加农村集体建设用地比重也增加，不符合一般的城乡发展过程中人口与土地要素流动规律。这是由于我国特有的城乡二元结构和土地管理制度造成的，农村人口进入城市第二三产业工作，虽然脱离了农村生产生活，但是由于户籍管理制度，使得进城务工人员被排斥在城市公共服务范围外，无法在城市安居乐业，实现真正的市民化，成为"两栖式"农民工，造成我国城镇化水平虚高。2012年我国城镇化率统计数据突破50%，但是如果根据户籍人口统计真实城镇化率只有35%左右，所以我国城镇化进程离人的城镇化还有很长一段距离要走。由于大量农民工无法市民化，真正在城市定居，所以农民工往往在城市工作，却将资金带回农村，特别是对于年龄较大的农民工，农村依然是他们晚年的最后归宿，他们打工挣钱，修建房屋，从而造成农村宅基地扩张。同时，由于缺乏宅基地退出机制，造成旧宅基地无法退出，也会导致集体建设用地比重并没有随着人口迁徙而减少，反倒出现增加的特殊现象，符合我国当下农村集体建设用地利用现状。

城乡居民收入比变化在10%显著性水平下与集体建设用地比重呈正向显著。城乡人均收入差距越大，表明农村居民收入与城市居民收入差值增加，使得农村居民更加不容易在城市稳定生存下来，驱使迁移农民更愿意将资金投入农村地区，为自己年老后的养老留有后路，导致集体建设用地（宅基地）比重不断增加。

人均耕地面积变化在5%显著水平下与集体建设用地比重呈负向相关，解释了更多的耕地转为建设用地，造成集体建设用地比重增加。

地方财政支出变化在1%显著水平下，与集体建设用地比重成正相关，与预期不相符，可能由于是地方财政支出中更大比例是用于了城市户籍人口福利水平的提高，反倒造成户籍门槛越来越高，使得迁移农民工无法市民化，而成为两栖居住，使集体建设用地比重增加。

	计量结果		表3-9
变量	系数	变量	系数
lnd_ur	-2.702785**	lnd_clp	-0.1948231**
lnd_nap	0.9698189**	lnd_egdp	-0.4500927
lnd_nae	-0.3590618	lnd_lf	2.199858***
lnd_ir	0.8951442*		

注：***、**、*代表在1%，5%，10%下显著水平

　　通过对全国整体范围内城乡发展转型解释变量与集体建设用地比重之间的计量模型分析,可知城乡发展转型因素确实对集体建设用地转型具有显著影响,下一步将引入区域虚拟变量,研究城乡发展转型区域差异与集体建设用地转型之间的关系。为了方便模型解释,将 3.2 节中城乡发展转型分为三类,即城乡发展转型缓和、中度和剧烈。区域虚拟变量 Region1 和 Region2,以缓和型地区为参照,其余变量不变,所以对于变量之间的异方差、多重共线性和描述统计不再赘述,同样运用加权最小二乘法进行计量回归,得到结果见表 3-10。

空间区域计量结果　　　　　　　　　表 3-10

变量	系数	变量	系数
lnd_ur	-3.082135*	lnd_egdp	-1.653585*
lnd_nap	0.3983051	lnd_lf	1.868322**
lnd_nae	0.0978423	Region1	0.1069316
lnd_ir	0.9117354**	Region2	1.364743*
lnd_clp	-0.214318**		

注:***、**、* 代表在 1%、5%、10% 下显著水平

　　由计量结果可知,在 10% 显著水平下,城镇人口比重变化与集体建设用地比重变化呈显著相关,对集体建设用地比重变化具有显著解释力。在 5% 显著水平下,城乡人均收入比与对集体建设用地比重变化具有显著解释力,对于上述两者变量具体解释已在上文分析,此处不再赘述。在 5% 显著水平下,人均耕地面积变化和地方财政支出与集体建设用地比重呈显著相关,此处也不再赘述。在 10% 显著水平下,人均 GDP 与集体建设用地比重呈显著相关,对于人均 GDP 增加与集体建设用地比重呈负向显著。人均 GDP 越高,说明经济发展水平高,城乡一体化水平高,更多农村人口有能力在城市定居,造成农村集体建设用地比重下降。而非农产业比重、非农就业比重则不显著。

　　在空间区域上,城乡发展转型剧烈地区要比发展转型度缓和地区,集体建设用地比重多增加 0.107%。转型中度地区要比缓和地区集体建设用地比重多增加 1.365%。城乡发展转型中度地区要比转型剧烈地区,集体建设用地比重多增加 1.258%。这种集体建设用地比重空间差异分布可能是由于三类区域

不同的城乡转型特点造成的。由上节可知，城镇人口比重、城乡人均收入比对集体建设用地比重变化具有显著解释力，而加入区域虚拟变量后，依然显著，可以从这两个指标来揭示我国当下集体建设利用现状分布特点。分别计算三个地区的城镇人口比重变化平均值和城乡人均收入比变化平均值，依照城乡发展转型程度缓和、中度、剧烈排序，城镇人口比重变化平均值依次为 8.434、16.910、18.848，对应城乡人均收入比为 -0.14766、0.202862、0.441473，在缓和地区，涌入城镇人口数量增长没有中度、剧烈地区多，但城乡人均收入差距却在缩小，说明农民工更容易在城市扎根，从而减少对农村集体土地依赖，更多的收入将用于在城市生活投资，所以集体建设用地比重变化最小。中度、剧烈地区城镇人口大量增长，大量农民迁移城市，城乡人均收入差距却在扩大，造成农民工融入城市资金缺口变大，使得农村居民不得不投资农村为自己今后生活保障留下退路。细分中度、剧烈地区数据，发现剧烈地区农民纯收入增长率平均值为 1.697，中度区对应值是 1.664，表明两类地区城乡人均收入差距都在扩大，但剧烈地区农民收入增长率更大一点，所以导致中度区集体建设用地比重变化增加值大于剧烈区对应值。

具体来看，缓和地区包括新疆、湖北、北京、上海、天津、辽宁、西藏、广东、吉林、黑龙江。北京、天津、上海是我国经济社会发展的核心地区，发展起点较高，而且这些地区由于经济发达，土地供需矛盾严重，对集体建设用地管理非常严格，所以本地集体建设用地比重增加值小，吸引的外来人口由于户籍限制，其资金流向家乡，对于集体建设用地的增加影响不作用于当地。而吉林、黑龙江、辽宁作为老东北工业基地，近些年转型发展缓慢，加上人口外流，城乡收入差距变化不大，所以集体建设用地比重增加缓慢。对于西藏、新疆地区，自然环境条件有限，辖区面积大，经济发展水平起点较低，农村居民收入较低，无力大规模扩建宅院，导致集体建设用地比重增加较少。湖北省由数据分析可得，其非农产业增加较快，加之大规模城镇化，城市建设用地面积增长远远快于集体建设用地面积增长，造成集体建设用地比重增长缓慢。

中度地区包括浙江、内蒙古、广西、重庆、四川、贵州、甘肃、青海。除浙江省以外，其他省份都属于西部地区。近些年由于城镇化进程，城镇化率提高较快，非农产业增长较快，加之都是劳务输出大省，两项叠加造成大量外出务工人员资金回流，用于农村建房，使得集体建设用地比重增加最大。

剧烈地区包括安徽、湖南、江西、江苏、宁夏、河北、福建、海南、云南、陕西、山西、河南、山东。其中，河北、山西、河南、安徽、湖南、江西六省地处中部地区，近些年来承接东部产业转移，非农产业发展较快，增加值较大，城乡发展转型最为剧烈。由于当地非农产业发展使得农村居民收入提高，回乡建房热情高涨。同时，这些地区城市快速发展带动城市周边集体建设用地迅速增加，造成集体建设用地比例较高。江苏、福建属于东部沿海地区，经济发展水平较高，代工贸易产业发达，造成当地集体经济发达，很早就开展了集体建设用地流转，所以，集体建设用地隐形流转市场发达，造成集体建设用地增加较快，成为集体建设用地比重增加的原因。云南、陕西、宁夏则同属于西部地区，城市快速发展，城市建设用地面积增加幅度大于集体建设用地增加，所以其集体建设用地比重比发展转型中度地区增加值较少。

3.6　对构建城乡统一建设用地市场的启示

城乡经济发展阶段直接决定了土地管理制度，而土地管理制度作用的结果表现在土地利用转型，所以，通过分析城乡发展与土地利用转型，可以反映出城乡发展与土地制度之间的关系。通过上文的研究结果可以看出，由于城乡发展转型程度的不同，造成在同一土地管理制度下集体建设用地比重呈现出区域差异规律，通过探寻两者之间的关系，找出显著影响因素，对于推动集体建设用地流转制度改革、构建城乡统一建设用地市场具有重要理论价值。

3.6.1　随着城乡发展水平提高，集体建设用地比例逐渐趋于稳定值

城乡统一建设用地市场是城乡一体化建设中的重要组成部分。城乡发展水平的提高，包括城市人口增加、非农产业升级、公共服务城乡均等化等多个方面。对于我国集体建设用地流转最重要的影响在于，城乡一体化水平的提高，使得更多的农村人口流入城市，完成农民向市民的真正转变，农村人口比例降低，可以促进农村土地流转，提高农村土地的规模效益。同时，城乡工业化、城镇化水平的提高，可以使农民减少对农村土地生活、居住、养老等社会保障功能的依赖，还原土地生产要素本质，才能真正使市场机制作用于土

地要素流转。在上文研究成果中可以得到印证，随着城乡发展转型水平的提高，集体建设用地比例会逐渐下降，最终趋向一个稳定值，所以在推进集体建设用地流转制度改革设计中，要考虑当地城乡发展水平阶段，做好先期制度改革，为土地制度改革提供一个良好的外部环境。

3.6.2 城乡公共服务一体化水平差异影响宅基地退出

长期以来，从国家政策制定者角度，一直将农村土地视为农村社会的稳定器和农民生存的最后保障，所以对宅基地的流转、退出等制度改革进展缓慢。现实情况是，过去30年的城镇化发展，没有实现城市对农村人口的真正接纳，造成了大量"两栖式"农民工在城乡之间迁徙，城市非农产业发展为农村剩余劳动力提供了就业，提高其财产收入，但由于城乡二元结构下户籍、教育、医疗等制度的阻隔，使这些农民工无法真正市民化，只能将积蓄又反流入农村地区，在农村投资建房，造成农村地区宅基地扩张蔓延，使得农村集体建设用地比重不断上升，所以集体建设用地制度改革，乃至城乡统一建设用地市场建设是一个系统性工程，不仅涉及农村建设用地流转制度改革，同时离不开城市户籍、教育、医疗等配套制度改革，真正实现城乡公共服务均等化，从而削弱农村居民对土地的依赖，增加农村居民土地流转意愿，减少农村土地制度改革所带来的社会风险，这样才能真正促进集体土地流转，发挥市场机制在资源配置中的决定性作用，打通城乡建设用地流转市场，实现统一的土地市场。

3.6.3 对城乡统一建设用地市场构建的整体论断——区域差异化制度

根据上文的计量结果分析，可以看出城镇人口比重、非农产业产值比重和城乡人均收入比对于区域集体建设用地比重具有显著影响，表明各地城镇化、工业化发展水平的差异，直接对农村集体建设用地流转具有重要的影响作用，而这些因素综合表现为我国城乡发展的区域差异，不同地区的发展阶段不同，产业发展水平层次不同，所提供的城乡公共服务水平不同，对于农村剩余劳动力的吸纳能力不同，必然导致农村集体建设用地流转的供需市场、农户宅基地退出意愿、集体建设用地流转价格等方面的差异。以集体经营性建设用地入市为例，当地非农产业的发展水平直接关系到经营性建设用地入市的市场价值，在区域工业化发展水平较高地区，其经济的辐射能力较强，对于集体建设用地需求旺盛，实施集体经营性建设用地入市，可以充分发挥市场竞争机制，显化集体土地资产价值，使农村可以享受到土地增值收入带来的财富，实现城市对农村的反哺。反之，对于城乡发展水平低的地区，其非农产业的辐射拉动能力有限，集体经营性建设用地需求市场较小，造成入市交易价格不理想，如果一味地追求集体经营性建设用地入市，不仅不会实现改革的初衷，可能还会出现类似早些年的国有建设用地"低地价"招商引资所带来的问题，吸引来一些高污染、低技术产业。不但没有实现对农村经济的拉动，反倒破坏了农村的生态环境，加速耕地流失，得不偿失。所以，本书认为推进集体建设用地流转制度改革，构建城乡统一建设用地市场需要差异化制度设计思路。依据本书研究成果，划分出不同区域，根据各区域城镇化水平、非农产业水平、城乡居民人均收入比等指标，制定符合当地实际的政策逐步引导集体建设用地流转，培养集体建设用地市场，只有这样才能使得改革措施更具针对性和可操作性，尽可能降低改革风险，最终实现统一市场建设。

第4章
构建城乡统一建设用地市场实践:"三块地"改革试点调研

　　2015 年国家颁布《关于农村土地征收、集体经营性建设用地入市、宅基地制度改革试点工作的意见》,使集体建设用地改革实践进入实质性阶段,其最终目标是建立城乡统一建设用地市场。从文件发布以来,各地方根据区域特点都进行了大胆的探索和尝试,其中许多做法和制度创新为下一步在全国范围内推广、复制提供了宝贵的经验。本书作者及其团队从 2015 年以来,一直密切跟踪试点地区动态进展,并陆续赴浙江德清、湖南浏阳、江西余江、广西北流、海南文昌、河南长垣等地展开实地调研,并围绕农村集体经营性建设用地入市、农村宅基地制度改革、农村土地制度改革与乡村振兴、入市土地增值收益调节金等问题撰写相关调研报告。这些实践调研是我国当前农村土地制度改革的最新实践,在试点中对制度进行了许多大胆创意,同时也暴露出许多问题。通过对这些试点实践的总结与思考,可以比较各自试点做法的优缺点和可推广性,为本书后续部分城乡统一建设用地市场构建制度设计提供实践经验的支持。

4.1 德清试点调研 [①]

4.1.1 试点的外部环境

　　德清县是浙江省城乡一体化改革、户籍制度改革试点。2013 年以来,德清县就实现了城乡统一户口登记,将所有居民户口统计登记为"浙江居民户口",不再划分农业和非农业户口划分。积极推动农村居民进城落户政策,按照"常住地登记、人户一致"原则,对有稳定收入和居住的外来居住人口办

---

① 团队于 2015 年底前往浙江德清调研,所有数据与内容只反映当时情况。

理落户登记。保护进城落户农民的土地和集体财产收益,包括土地承包经营权、农村宅基地、集体资产收益分配权等;推动城乡公共资源均衡配置和基本服务均等化,使公共服务向流动人口、农村居民覆盖;建立居住证申请和配套制度,进一步解决暂时无法落户人口的工作、生活等方面困难,使流动人口更好地融入城市;对于已落户的农村居民,将在教育、医疗、就业等方面享受与当地城镇居民同等权益。

地权改革方面,2013 年开展了以"三改一拆"为核心的违法违规集体建设用地清理。首先德清县实现了对集体经营性资产、农房、宅基地、承包地的确权工作。农村土地承包经营权确权完成率达到 100%,同时,根据最新农村土地制度改革"三权分立"原则,对于农业经营面积超过 50 亩、承包林地面积超过 30 亩的流转农户颁发承包地经营权证。在所有农村集体,宅基地确权发证率达到 100%,但农村住房的确权发证工作还未完成。对于辖区内所有集体经营性资产全部实现了股份化改造,完成工商登记的村股份合作社 62 家。

4.1.2 试点具体做法

德清县集体经营性建设用地是指依法取得,并在土地利用总体规划、城乡建设规划中确定为工矿仓储、商服、旅游等用途的存量农村集体建设用地。改革目标是允许集体经营性建设用地使用权可以出让、租赁、作价入股、转让、抵押等,有偿使用期限为工矿、仓储用地 50 年,商服、旅游用地 40 年。使用权交易方式分为招标、拍卖、挂牌和协议。德清将集体经营性建设用地入市分为直接入市和异地调整入市两种方式。直接入市,即合法取得,符合土地利用规划和土地用途管制,具备能够直接开发利用的基础设施条件的地块可选择直接入市使用,异地调整入市,即农村零星、分散的集体经营性建设用地,可在确保耕地数量不减少、质量有提高的前提下,由集体经济组织根据土地利用总体规划和土地整治规划,先复垦后异地调整入市,调整可以在同一乡镇的集体集体经济组织之间,也可以跨乡镇调整。所有权人向政府提出入市申请。

集体经营性建设用地入市后政府收取土地增值收益调节金,分为使用权出让、租赁、作价入股和转让两种类型,见表 4-1。所收土地增值收益调节金主要统筹用于城镇和农村基础设施建设、农村环境整治、土地前期开发等支出。

调节金分配主要分为两部分：一部分是使用权转让调节金，出让时转让人缴纳部分全部交由县统一安排使用；另一部分是其余部分调节金，在县级政府和乡级（开发区）之间分配使用。

集体经营性建设用地入市增值收益分配按照集体经营性建设用地产权归属不同有不同的收益分配方式。产权归乡镇集体经济组织的，收益全部归乡镇集体所有，统一使用，用于基础设施和民生项目支出。产权归村集体经济组织的，其收益归村集体经济组织所有，但使用方式不同。产权归村内集体经济组织所有的，其收益除去相关费用后，可用于农户分配，也可以用于村级股份合作社等再投资，壮大集体经济。

德清集体经营性建设用地使用权入市土地增值收益调节金　　表 4-1

入市方式	缴纳主体		工矿用地	商服用地	征收调节金基准
出让、租赁、作价入股	出让人	县城规划区地块	24%	48%	成交价总额
		乡镇规划区地块	20%	40%	
		其他地块	16%	32%	
	受让（租）人		3%		
转让	转让人		2%	3%	转让收入总额

4.1.3　思考与总结

德清试点对于探索集体经营性建设用地入市具有重要的探索意义，其具有以下特点：

1）县域经济发达、区位条件优越、先期制度改革优势是德清土地制度变革的重要前提。德清位于东部长江三角洲经济圈，县域经济发达，列全国百强县第48位（2014年），2014年，全县财政总收入61.3亿元，比2013年度同比增长10.1%；城镇常住居民人均可支配收入39516元，农村常住居民人均可支配收入22820元，分别增长9.3%和10.5%。县内先进装备制造、生物医药、装饰建材三大主导产业发达，产业发展吸纳了大量当地农村剩余劳动力，提高了农民收入，缩小了城乡收入差距，这也成为城乡一体化改革、户籍制度改革试点的有利条件，进一步实现了城乡服务均等化，有效地提高了农村居民的生活质量，完成了农村土地确权发证。全省的"三改一拆"工作摸清了土地利用现状，消除了大量"一户多宅"等违规违法土地利用问题，为后续的土地制度改革提供了有力保障。

2）德清集体经营性建设用地制度改革先期工作准备充分,借用"多规合一"试点的机会，综合城市、土地、环保等规划，摸清了试点区域集体经营性建设用地现状，建立了农村集体建设用地基准地价。从实际调研中获知，集体经营性建设用地入市价格与国有土地出让价格基本相当，保障了农村集体经济组织土地收益，激发了市场活力。德清集体经营性建设用地入市进展较快，收益较高，离不开当地旺盛的用地需求和经济发展实力，但对于经济欠发达地区，是否可以实现与国有土地的"同地同价"，还值得怀疑，所以德清试点的推广性还有待再研究。

3）存在的不足

第一，集体经营性建设用地入市节奏仍受土地管理部门控制。土地计划指标与统一供应制度是国家管理国有建设用地基本制度，虽带有较强的行政计划色彩，但仍可运行下去的重要原因在于国有建设用地一元产权主体，政府控制国有建设用地入市地块与速度没有障碍，但对于集体经营性建设用地来说，产权主体是各个集体经济组织，政府土地管理部门要面对多个产权主体时，如何安排入市地块与速度，如果继续以行政化计划安排则是对产权主体的不公平，而且有可能再一次造成集体建设用地产权残缺，违背了市场经济原则。

第二，集体经营性建设用地是否可以纳入国有土地储备。土地储备机构主要负责城市土地的征收、开发、储备，都是挂靠在政府的行政事业单位，具有一定的行政强制力，在集体经营性建设用地市场中是否可以允许土地储备机构参与，在参与过程中，是否会出现强势垄断优势，如何平衡政府与集体经济组织二者之间的关系成为下一步改革值得深思的问题。

第三，集体经营性建设用地土地调节金的收缴比例，在德清试点方案中出让商服用地要缴纳48%的调节金，是否过高，这样必然会影响集体经营性建设用地入市积极性，增加交易成本，容易导致交易双方为躲避较高费用，而采取非市场化交易方式，所以对于调节金收取比例值需要再试点、再探讨。

4.2 浏阳试点调研 [①]

4.2.1 浏阳基本情况

浏阳地处湘东，毗邻江西，面积 5007km²，人口 143 万，是湖南省人口第一、面积第二的大县。浏阳市土地利用现状可以总结为山多地少，受地形地貌限制，农民建房较为分散。现有农户 35.4 万户，宅基地近 50 万宗（含单独的杂屋）。2012 ~ 2014 年，全市共办理农民建房用地许可 22360 宗，面积385.8120ha，其中旧宅基地和未利用地 334.8431ha、耕地 28.7331ha、其他农用地 22.2358ha。根据 2015 年 4 月份全市宅基地使用情况的最新调查统计数据显示，全市近 50 万宗宅基地中，已办理建房用地许可的 30.13 万宗，办理集体土地使用证的 12.1 万宗（其中约 2 万宗有精准的测绘成果），农民跨村建房的 8557 宗（整村移民、地质灾害隐患、选址难等原因），非农户使用集体土地建房的 5139 宗（其中属继承房产的 3793 宗，被征地转户等原因的 1346 宗），超批准面积建房的 4.37 万宗，占已办理集体土地使用证土地的 36.12%。

4.2.2 试点具体做法

1）编制村镇规划，引导村民集中居住。

按照不同区域，分区域实行不同的村庄居住模式引导。在城市和园区规划区统一建设农民公寓和农民住宅小区；在集镇或中心村规划区进行连片集中建设或多户联建；在广大农村地区，对地势较为平坦的村落尽量利用非耕地，规划多个集聚区满足农民生产生活需求；对山区则着重改善居住交通条件，避免地质灾害隐患，鼓励农民逐步迁移、集中居住。

2）创新管理制度，推动农村宅基地制度改革。

（1）结合当地文化和习俗，重新确定分户条件。由过去的"父母必须伴靠一个农村户口的子（女）建房"，调整为"父母原则上伴靠一个农业户口的子（女）建房，确需单独立户的，用地面积不超过 60m²"。

（2）为了集约节约利用土地，制定新的用地标准。根据现行湖南省宅基地面积标准：若占用耕地每户面积不得大于 130m²，若使用荒山荒地，每户占地

---

① 团队于 2015 年 11 月份赴湖南浏阳展开调研，所有数据与内容只反映当时情况。

面积不得大于 210m², 使用其他土地的, 每户占地面积不得大于 180m²。根据浏阳市宅基地改革首批 4 个试点村的测量成果统计, 试点村中主屋占地 160m² 以内占 83.2%, 总面积在 200m² 以内占 42.6%, 普遍存在着面积超标的现象, 按照对 2/3 的宅基地实行有偿使用的设计思路, 将户均使用面积统一调整为"城镇规划区范围内主屋不超过 140m², 总面积不超过 160m²; 城镇规划区范围外主屋不超过 160m², 总面积不超过 200m²"。历史形成的遗留问题按此面积标准补办用地许可手续, 所有超过此面积标准的, 或是一户多宅的, 实行有偿使用。

（3）按照区域差别化制定有偿使用标准。浏阳市属于丘陵地区, 农户居住分散, 宅基地区位差异明显, 所以在参考国有划拨用地收益金、年租金标准的基础上, 将全市各乡镇（街道）划分为六个等别, 每个等别再按照城镇规划区、村庄规划区、非规划区分等设定有偿使用费标准, 最低 3 元 /（m²·年）（第六类乡镇的镇、村规划区范围外）, 最高 20 元 /（m²·年）（城市规划区范围内）。

（4）扩大宅基地流转（含赠与、转让、出租、收储、抵押）范围, 激发宅基地财产收益。根据浏阳市农村发展的需要将宅基地流转和抵押权处置范围扩大至边远村农户（根据各村的实际区位和地理交通条件, 拟定了 87 个村为"边远村"）。突破了只允许在同一集体经济组织内部流转, 有利于宅基地用益物权益的实现。

3）鼓励农房抵押, 促进农村金融市场发展。

在 20 世纪 90 年代, 浏阳的第一大主导产业是花炮业, 产业整体进入调整期, 需要外部大量资金注入, 但由于产业特殊生产要求, 企业多处于荒山野岭, 缺乏有效抵押担保, 加之农村合作基金会强化了资金清理, 花炮企业贷款艰难, 形势严峻。房屋、厂房是农民、企业主最值钱的"资产", 用农房抵押贷款, 获得资金支持, 成为广大农民、花炮企业主的迫切期盼。浏阳率先开始试点农村住房抵押贷款, 以解决当地乡镇企业的融资发展问题, 所以农房抵押成为浏阳试点的重要特色, 在这方面积累了大量经验。

（1）政府大力倡导, 培养良好的金融生态环境。浏阳市政府大力倡导培养当地良好的金融信用, 鼓励农村信用社（农村商业银行）等多家银行参与农房抵押贷款, 并先后出台了《浏阳市农村房屋抵押贷款暂行办法》《浏阳市集体土地上房屋抵押贷款办法》等政策办法。2015 年国家发布关于"两权"

抵押贷款改革试点意见，鉴于浏阳市具备良好的制度改革基础，湖南省将浏阳列为首个农村住房财产权抵押试点，发布了《湖南省农房抵押融资浏阳改革试点实施方案》。政府在全市范围内开展信用村（镇）创建工作，有借有还、再借不难的信用观念深植人心。一切借贷行为都以信用为基础，农户讲诚信、守信用，为有效规避农屋抵押贷款的信用风险提供了根本保障。

（2）针对不同的贷款客户，实施差异化管理。第一类客户为以农村宅基地住房抵押贷款的农户。第二类客户为以集体土地厂房抵押贷款的小企业，特别是分布于乡村的花炮企业。第三类客户为城镇（集镇）建在集体土地上的门店、商住房。根据客户类别及贷款额度的不同，所要求的抵押物也相应变化，原则上在农屋抵押的同时，其他优质资产也一并纳入抵押物范围。截至2015年5月末，三类贷款余额分别为10.07亿元、31.78亿元和4.67亿元，分别占全行农屋抵押贷款总额的21.65%、68.31%和10.04%。

（3）配套机制建设。从2008年开始，浏阳市在全市范围内开展农户评级授信专项活动，从下至上建立信用户、信用村、信用镇（乡），提升农户的经济意识和信用观念，推动乡风文明，营造了浓厚的诚信氛围。目前，全市共创建信用乡镇、街道5个，信用村、社区145个，所有村庄的信用等级进行星级评估，从五星村到一星村，不同的信用等级授予不同的贷款利率折扣，进一步激发了农户的信用观念。通过评级授信、农户即可凭《农户贷款证》或便民卡、福农一卡通，在浏阳农商行辖内营业网点柜台办理无需任何担保，最高10万元的信用贷款，手续简单、操作便利，真正实现贷款像取存款一样方便。截至2013年末，全市共采集农户信息29.13万户，评级授信23.91万户，发放贷款证21.05万本，凭证放贷51912户，金额35.27亿元。

4.2.3 思考与总结

1）浏阳市作为中部县区发展典型，乡镇经济发展水平有限，城乡一体化水平较低，主导产业依然是以农业为主，外来人口不多，加之丘陵地貌，宅基地分布较散，多是利用山地、林地造地修建，所以，宅基地（包括生产生活配套住房占地）占地面积较大，宅基地流转交易主体多是一些住在远山区、交通不便利、公共服务设施缺乏的地区的改善性需求农户，城市居民和外来人口不多。由于乡镇集体经济不发达，农村各项改革多是依赖财政支持，所

66

以试点资金缺口较大。

2）农村住房财产权抵押是浏阳集体建设用地制度改革特色。由于浏阳较早就开展了集体建设用地房屋抵押贷款，积累了相当的经验。一是良好的信用环境培养，减轻了金融机构风险。一方面，由于农村土地市场一直处于空白，所以对于抵押物估值一般以房屋重置价为评估价，贷款额度有限，实际中多是以授信贷款方式，要求农户具有良好的信用；另一方面，信用村评建工作全面开展，业务经理与每个村中具有威信、熟悉本村人员事务的村民建立联系，为每人、每村评定信用等级，既可以鼓励村民信守承诺，也可以提前警示，减少风险。通过这些措施有效地降低了农房抵押贷款风险。至2014年5月末，浏阳农商行农房抵押不良贷款6689万元，不良率1.44%，高于平均水平0.45个百分点。但在实际工作中也存在着许多问题，其中最主要的问题是，由于"房地一体"原则，宅基地流转又被限制在同一村集体经济组织内，造成违约贷款处置变现难，银行即使将抵押物没收后也无法拍卖，来弥补银行损失。

4.3　余江试点调研 ①

4.3.1　余江宅基地利用现状

余江县农村宅基地现状在江西及周边地区具有普遍性和代表性，县区内有山区、平原，有传统农区和基本农田保护区，也有城乡结合部、城中村等，地域类型比较全面，所以，余江作为江西省唯一农村宅基地制度改革试点。通过对全县宅基地的普查数据可知，该县农村宅基地利用现状主要存在着"多、空、乱、违、转"等五个问题：一是"多"，指"一户多宅"、超标准占地。在该县7.33万户中，一户一宅4.4万户，一户多宅有2.9万户，在城镇拥有住房1.2万户。全县村庄建设用地面积5000ha，人均建设用地面积达170m²。二是"空"，指"空心村、空闲房"。在该县9.24万宗农村宅基地中，闲置房屋2.3万栋，危房8300栋，倒塌房屋7200栋；农村附属设施10.2万间，其中厕所2.8万间，厨房3.2万间，猪牛栏2.2万间，柴火间、仓库2万间。常年在外人口18.6万人，

---

① 作者于2016年4月对余江展开调研，报告内容与数据只反映当时情况。

常年在家人口 12 万人，房子大量闲置。村内基础设施较差，村庄环境不断恶化。三是"乱"，指农民建房布局散乱。一直以来，农民建房普遍存在只注重自己住房漂亮，不注重村庄整体规划的现象，原有村庄布局杂乱，房屋坐落无序。村民居住分散，土地资源浪费严重。四是"违"，指违法违规建房屡禁不止。部分乡镇、村、组对农民建房管理力度不够，管理不规范，未批先建、批东建西、少批多建现象存在，甚至出现在耕地里"开天窗"现象。近 3 年农民建房审批（含批东建西、少批多建）2671 户，面积 33.68 万 m^2，占用耕地 6.87 万 m^2，未批先建 860 户，面积 13.76 万 m^2。五是"转"，指农村宅基地非法买卖现象时有发生。少数农民为谋取私利，将自家的宅基地、自留地，甚至责任田作价卖于他人建房，或自建房屋后非法卖予他人，形成了自发的隐形交易市场。农民出租、转让宅基地或住房，收益基本上归个人所有，造成了集体土地资产收益的流失。

4.3.2 试点做法

1）基础准备工作

（1）宅基地确权发证。从 2014 年 5 月开始宅基地确权登记工作，全县农村地籍测量已经完成，面积达 68km²；集体建设用地、农村宅基地使用权权属调查工作已经全面结束，共 92350 万宗地，全部数据录入县国土资源局的宅基地管理系统，为宅基地制度改革提供数据支持。

（2）完善村庄规划。余江县充分利用"多规合一"成果，率先开始对村庄土地利用规划编制工作，根据村庄人口规模、产业发展、耕地数量确定村庄建设用地规模，严格控制村庄外延扩张。全县投入 1500 万元进行村庄规划编制，已编制完成 51 个行政村总体规划、25 个中心村规划、152 个自然村村庄规划、11 个乡镇的布局规划，预计年底全面完成村庄规划。在编制规划过程中，充分征求当地农民群众对村貌、村庄道路等方面规划的意见，并明确凡是没有做好规划的村庄，一律不准批准建新房，严格执行一户一宅，严格建房标准，有效保证村庄规划的实施。

（3）明确农村集体经济组织成员资格和分户条件。农村宅基地是集体所有，确定农村集体经济组织成员资格是推进宅基地制度改革工作的前提。根据《余江县农村集体经济组织成员资格认定办法（试行）》的规定该县确定五类人员为农村集体经济组织成员：一是有集体经济组织成员繁衍，并在该集体经济组织共有的土地上生产、生活的后代；二是与集体经济组织成员形成法定婚姻关系的，国家行政事业单位及国有企业录用的在编人员除外；三是父母或一方具有集体经济成员资格的子女，符合承包经营条件，但未承包到集体土地的；四是合法程序收养的子女；五是因国家政策性迁入（下放未回城的知青等）或经法定程序加入的。以下五类人员不能认定为本集体经济组织成员。一是原户籍在本集体经济组织的大中专院校学生及毕业生，国家行政事业单位及国有企业录用的在编人员除外；二是原户籍在本集体经济组织的现役军人（不含现役军官）、复员、退伍军人，国家行政事业单位及国有企业录用的在编人员除外；三是原户籍在本村的监狱服刑人员、社区矫正人员、刑释解戒人员；四是因外出经商、务工等原因，脱离集体经济组织所在地生产、生活，未曾弃荒土地、未曾自愿放弃其成员权利义务的；五是法律、法规、政策规定的其他情形人员。同时，明确了分户的条件：本集体经济组织男性成员达到法定结婚年龄可立为一户；纯女户家庭中女性成员已结婚属于入赘的可立为一户；父母原则上与一子合并一户，确需分户的，必须经村民会议或村民代表会议同意（但新分户的建房用地面积不得超过 $60m^2$）。

2）相关农村宅基地制度创新

本次宅基地改革制度试点的主要任务是各地探索建立宅基地有偿使用、退出制度，创新宅基地管理制度，以解决农村宅基地闲置、超占、一户多宅等长期存在的现象，以提高集体土地流转，推动城乡一体化建设，增加农民土地财产性收益，推动社会主义新农村建设。余江县根据区域内山区、平原、城乡结合部、城镇核心区等多种类型宅基地利用特点，在宅基地有偿使用、退出等方面进行了创新，颁布了《余江县农村宅基地有偿使用、流转和退出暂行办法》以规范宅基地制度改革试点。

（1）创新宅基地有偿使用机制。为进一步强化土地公有制性质，体现宅基地的公平使用，逐步解决因历史原因形成的宅基地超标准占用、闲置浪费等问题，实行由农村集体经济组织主导下的宅基地有偿使用，促使宅基地有序退出。宅基地有偿使用对象为因历史原因形成"一户一宅"超标准占用宅基地的，"一户多宅"的，以及非本集体经济组织成员通过继承房屋或其他方式占有和使用宅基地的。收费标准分为县城及乡（镇）规划建成区外和县城及乡（镇）规划建成区内。在县城及乡（镇）规划建成区外，对宅基地的有偿使用实行阶梯式收费。"一户一宅"的，根据其超起征面积实行阶梯式计费，超出面积 1 ～ 50m² 部分按每年 10 元 /m² 计费，超出面积 51 ～ 100m² 部分按每年 15 元 /m² 计费，超出面积 101 ～ 150m² 部分按每年 20 元 /m² 计费，超出面积 151m² 以上部分按每年 25 元 /m² 起征，每增加 50m² 标准提高 5 元 /m² 计费。"一户多宅"的，其中一宅超起征面积的，超过部分与多宅部分累计按照阶梯式计费；一宅未超起征面积的，多宅部分全部按照阶梯式计费，不扣除一宅不足面积部分。对于县城及乡（镇）规划建成区内，宅基地有偿收费标准按上述标准上浮 20%。

（2）创新宅基地退出机制。采取无偿、有偿和享受政府相关优惠政策三种方式推进宅基有序退出。对于闲置废弃的厕所、畜禽舍和倒塌的住房等建筑物或构筑物，实行无偿退出，也可根据本村以往惯例，经本集体经济组织集体决策，按宅基地退出补偿标准进行补偿。对于"一户多宅"的多宅部分，符合规划的，鼓励通过协商在本集体经济组织内部符合建房条件的人员中流转；对无法流转，但有退出愿望的可实行有偿退出。对于"一户一宅"及"一户多宅"全部退出的，补偿标准上浮 20%，但需提供有房居住的证明。非本集体经济组织成员在农村占有和使用的宅基地，如涉及"多户一宅"的，在其他户都有退出意愿的情况下，原则上退出，按标准补偿。住房按建筑面积 20 ～ 150 元 /m² 补偿；厨房和厕所等辅助用房可按占地面积 10 ～ 30 元 /m² 补偿。对于全部退出到城镇居住的村民或由宅基地申请资格村民放弃申请到城镇居住的村民，可以有限租住城镇保障性住房或购买政府优惠商品房。

（3）创新宅基地分配机制。对宅基地的分配实施择位竞价。根据宅基地的区位优势，基础设施投入、收储成本，村内宅基地退出补偿支出等情况，由村民事务理事会合理确定竞价的底价，原则上水田不得低于 280 元 /m²，旱地不得低于 160 元 /m²，其他土地不得低于 100 元 /m²。不得擅自改变底价，原则上 5 年调整一次，标准只能调高，不能调低。竞价方案由理事会制定，经村民委员会审核，报乡镇人民政府批准。竞价方案须明确竞价地块编号、面积、位置、户型、建筑限高、竞买对象、起始价、增价幅度、竞价保证金、付款方式、用途以及规划等相关要求。竞价方案经乡镇人民政府批准后，由集体经济组织委托乡镇公共资源交易所采取拍卖方式组织竞价。

3）试点阶段性成效

余江县宅基地制度改革试点工作扎实有序推进，制度体系基本建立，村庄面貌悄然变化，群众支持度越来越高，理事会内生动力越来越强，改革效果初步显现。全县 41 个改革试点村已收取有偿使用费 18.3 万元，自愿无偿退出 2.5 万 m^2，自愿有偿退出 7.1 万 m^2，已收回村庄规划内土地 1.5 万 m^2，结合新农村建设试点工作拆除违法违规建房 199 栋。

4.3.3　思考与总结

余江县宅基地制度改革试点进展较快，制度建设成熟，保障措施有力，成为宅基地制度改革中的优秀试点，其许多制度创新做法具有很强的操作性和可推广性，所以选择余江县试点改革进行分析具有一定的代表性。

1）前期准备充分。余江县宅基地制度改革的顺利开展，离不开余江县前期的大量准备工作和资金保障。从调研中可知，余江县前期投入 1500 万元用于村庄规划修编，又积极向上级部门争取资金支持，已知从省人行获得资金 2000 万元用于农民住房财产权抵押试点等，这些资金有力地推动了余江县宅基地制度的各项改革。另一方面，宅基地确权登记工作实施较早，完成率高，对全域宅基地现状分布、数量、类型，各种超占、一户多宅等情况都有了翔实的一手数据，为包括有偿使用费标准、退出补偿等各项制度设计提供了基础数据支持，建立了规划和基础数据库。同时，村庄规划编修进展快，控制住了全域宅基地变更动态，阻止了试点期间内各项抢建、抢占等突发情况，保障了试点改革风险可控、封闭运行。

2）形成完整制度体系。余江县是目前全国为数不多的对宅基地制度改革已经具有完整成熟的制度体系的试点，首先，发布了余江县《农村宅基地有偿使用、流转和退出暂行办法》《关于进一步强化村民事务理事会对宅基地管理权责的通知》《农村集体经济组织成员资格认定办法（试行）》《农村村民建房管理暂行办法》等配套文件，从农村分户标准、有偿使用、成员资格认定等方面有了依据，使得试点有法可依。其次，余江县创新对集体经济组织成员资格进行明确规定，明确了宅基地使用权主体，解决了许多历史上遗留的模糊资格问题，为下一步宅基地各种类型清理做好铺垫。再次，宅基地有偿使用实行阶梯式累进制收费，各试点村参考县指导面积标准，根据本村宅基地利用现状，在不突破上线的基础上确定使用费起征标准，收费依照阶梯式累进制收费，这种制度设计使有偿使用收费更易推广，而且充分体现了多占多交，遏制超占、一户多宅等现象的改革初衷，更加体现了公正平等。再次，对宅基地退出实行无偿、有偿和享受政府优惠政策三种方式相结合，根据不同类型实施不同的退出标准，最令人眼前一亮的是，政府优惠政策方式，鼓励有条件村民进城定居，可以享受城内保障房，不仅为宅基地退出提供了多种渠道，而且有利于城镇化推进，推动城乡一体化。最后，实施宅基地分配择位竞价，打破了宅基地无偿分配原则，而且有利于农村宅基地集约利用，保护耕地。

3）存在的问题。余江宅基地改革制度做法有了很大创新和突破，为其他地区的试点提供了思路，但仍存在一些问题。首先，村庄规划修编、宅基地有偿使用、流转、退出的启动资金，包括老旧宅基地退出后的复垦整理，这些前期资金的来源尚不明确，是政府财政还是依赖村集体经济组织，都是值得商榷的。其次，宅基地有偿使用收费标准考虑了各村实际，但由于历史上宅基地管理疏松混乱，造成历史性面积超标，是否应当考虑按宅基地取得的历史阶段进行划分。最后，宅基地流转仍限制在集体经济组织内部，对于同一集体内成员，由于乡风民约等因素，宅基地流转并没有体现出其价值。

4.4 泽州试点调研 [①]

山西省作为我国资源型经济转型重点省份，近些年来，由于国家能源结构调整、环境保护压力、产业结构升级换代等因素，旧的经济发展模式受到巨大冲击，处于资源型经济发展转型重要时期，面临着许多客观现实和迫切的发展需求，土地制度改革在这一转型过程中发挥着重要作用。泽州县作为2015年国家"三块地"改革试点县之一，其在农村集体经营性建设用地入市、农村宅基地制度等多方面展开了大胆探索，为资源型经济转型地区农村土地制度改革提供宝贵经验。

---

① 该部分内容已发表在《中国土地》2018年第9期

4.4.1　试点外部环境

泽州县隶属于山西省东南部晋城市，位于晋豫两省交汇处，是全国唯一的"有县无城"县，辖区内煤矿企业 35 座，总产能 2340t，是重要的煤炭资源基地，长期以来，晋城市包括泽州县依赖煤铁资源开发，形成了对于能源资源经济依赖，这种经济发展模式和自然地理区位条件，构成了泽州农村土地制度改革试点的外部环境。

1）泽州县环绕晋城城区，地理区位好，集体建设用地需求大

首先，泽州县位于晋城盆地，与晋城市城区形成了"荷包蛋"式的布局，地理区位好，晋城城市发展、生产开发布局与泽州县紧密相连，许多配套工业园区都位于泽州县与城区结合部，所以，集体建设用地需求大，特别是紧密围绕城区的南村镇、金村镇更是承接了晋城铸造工业园、晋城高铁站等重点工程项目，土地增值快，市场需求旺盛；其次，泽州县"有县无城"的特殊行政区划，造成泽州县城位于晋城市城区内，所以泽州县的发展也紧密围绕城区周边，其工矿企业布局与生产、生活服务配套以及县域城镇化都拉动了周边区域发展，进一步加大了对于集体建设用地的旺盛需求。

2）存量工矿废弃地土地资源多，集体经营性建设用地入市潜力大

由于泽州能源、矿产开发和生产制造业发展，形成了当地许多工业、矿业的低效利用土地，特别是 20 世纪 80、90 年代乡镇企业发展，小高炉、小煤窑等"五小"企业发展，形成了大量集体、村办、家庭作坊式企业占用集体土地，随着山西省对小煤炭企业的整顿和环境保护压力，大量企业经营效益下滑，破产倒闭停产企业较多，留下了大量闲置废弃建设用地，集体经营性建设用地入市潜力大。

3）以煤炭、矿产资源产业为主要经济增长动力，"土地财政"依赖程度低

泽州县主要围绕晋煤、兰花集团的煤炭资源开发以及中小生铁铸造企业为主，是全县经济增长的主动力，也成为地方财政税收的主要来源。根据调研数据，煤铁企业税收占到地方一般预算收入的 70% 左右，而每年的土地出让金约 1 亿~2 亿元，"土地财政"依赖度只有 10% 左右。如果再加上地方发债和上级转移支付，约 10 亿元，这个比例会更低，泽州县政府基本不开展土地储备的一级开发和融资。由此可见，泽州县与全国许多县区不同，地方发展不依赖于

"炒房卖地"，更偏向于能源工业发展，所以，这样一来就减小了地方政府对集体经营性建设用地入市影响地方财政收入的顾虑，提高了改革的积极性。

4.4.2 试点做法与成果

1）集体经营性建设用地入市，实现"以空间换时间"为资源转型提供发展时机

泽州县积极摸索集体经营性建设用地入市改革服务于当地产业转型发展。对于当地传统的铸造业等制造业，由于过去小微企业生产技术落后，环保工艺水平低，面对国家产业政策调整急需探索新的出路，若完全放弃传统产业，会造成当地经济发展剧烈下滑，若继续发展传统产业，则需要企业提升技术水平，增加环保工艺设备，而对于零散分布的中小企业无法承担扩产改造和环保升级的技术成本和用地成本。通过集体经营性建设用地入市，可以为企业转型发展提供空间支持，降低企业用地成本，以换取企业升级换代的时间。以 N 村镇铸造工业园区为例，当地 20 世纪 80、90 年代发展大量中小铸造业企业，成为当地经济发展的支柱，21 世纪以来，面对产业升级和环境整治压力，整体行业面临转型升级，单个企业生产用地面积小，无法提升技术、扩大生产，环保设备投入成本高，企业无法承担，所以，N 村镇发挥园区规模成本优势，通过集体经营性建设用地调整入市 628.64 亩土地，国有园区资产运营公司以租赁方式获取土地用于一期开发，集中平整土地，提供环保设备和基础设施，降低企业用地成本，形成产业集群，提升产业升级换代速度，从而为当地传统铸造业转型发展争取了发展空间和时间。若按传统国有土地出让方式建设工业园，运营商需要一次性缴纳出让金 1.3 亿元，对于当地财政来说根本无法承担，但按照集体经营性建设用地出租方式，企业只需每年按照 4000 元 / 亩向村集体缴纳租金就可以使全区建设起来。运营商统一规划土地，然后租给企业建设厂房（4000元 / 亩），整体上降低了企业的用地成本，并且园区还积极探索利用集体经营性建设用地进行抵押融资，扩大融资规模，开始继续二期开发建设，形成良性发展。

2）放活宅基地使用权，为发展新产业、新业态提供土地资源保障

面对资源型经济结构发展，泽州县利用自身所处自然环境以及丰富的历史文化资源，大力发展文化旅游产业，以此作为转型经济的新产业，比如泽州大阳镇、大东沟镇，都是原来的工商业重镇，利用晋东南地区的明清大院资源，

积极打造大阳古镇、徐家大院、明清古街等旅游品牌。在这一过程中，一方面，积极响应宅基地"三权分置"改革，放活宅基地使用权，提高当地农村居民财产性收益；另一方面，对许多闲置凋敝宅基地进行村庄整治入市，作为旅游开发商业配套用地。以大阳古镇为例，由北京某公司设计开发，打造晋东南地区大型明清商业街旅游。整个大阳古镇明清古街共涉及 100 余个院子，占地面积 23000m²，现状基本全部为废弃凋敝建筑，公司从农户手中租赁，对其进行修缮、翻新等开展保护性开发，然后按照"保底分红"方式进行租金发放 [1000 元 /（间·年）+20% 超额分红]。对旅游商业配套用地，通过村庄整治方式租赁 36.93 亩集体土地，租期 20 年，缴纳土地增值收益调节金 550 万元，村民人均分到 1300 元，盘活了农户手中土地资产。通过放活宅基地使用权、开展宅基地整治，一方面，节约了企业用地成本和审批时间，加速了项目的落地开发；另一方面，实现了对农村居民生活水平的提高和生活环境的改善，大阳古镇开发不仅每年向村民支付租金和分红，而且直接提供 2000 余就业岗位，优先本村村民。

3）发挥村民自治，夯实试点改革群众意愿基础，推动乡村经济发展

泽州试点中一直坚持村民自治为核心，通过建立"四议两公开"制度，充分将集体经营性建设用地入市、闲置凋敝宅基地整治等工作落实到村集体主体，由村集体提出入市申请，与用地企业进行商议，政府通过编制村庄规划、制定集体经营性建设用地基准地价、规范程序等方式做好市场的"监督者、管理者"，使得改革项目开展充分获得农村居民的理解和支持。在调研中，无论是大阳古镇旅游景区项目、N 村镇工业区项目还是 Y 村加气站项目，都是由村民表决同意后，才能上报入市申请；入市项目获批后，村民就地价评估、入市方案、收益分配等再次执行"四议两公开"，让村民自主决策贯穿入市全过程，确保入市结果符合农民的真实意愿，夯实了群众意愿基础，有利推动项目开展与实施，增强了群众对土地制度改革的获得感和参与感，提高了村集体参与集体经营性建设用地入市的积极性。

4.4.3　存在的问题与思考

1）集体经营性建设用地协议、租赁方式比例高

泽州试点截至 2018 年 6 月，已完成 42 宗集体经营性建设用地入市，土

地面积 1344.36 亩，其中协议出让 13 宗、租赁 19 宗、作价入股 10 宗，没有招拍挂方式入市。这些数据从侧面表明，当地的集体建设用地市场竞争还不是十分充分，一般情况都是企业带着项目与村集体直接协商对接，还没有形成像国有建设用地一样的激烈竞争市场。不充分竞争的市场可能会影响集体土地资产价值的释放。但从实际来看，泽州经济发展水平有限，拿地企业多为本地中小企业，它们更加青睐相对低价的集体建设用地，交易价格基本上以基准地价成交，以此降低企业用地成本，而且企业也可以选择租赁、作价入股方式用地，避免一次性支付大笔土地出让金，减轻企业现金压力，所以，从目前来看，协议出让、租赁等市场化程度不高的入市方式更加符合当地传统产业转型过程中资金、技术条件有限的客观实际。

2）村集体经济组织土地入市增值收益分配比例高

集体经营性建设用地入市增值收益分配一直是改革试点的重要环节，泽州做法是无论何种入市方式，均收取 16% 土地收益调节金和 4% 契税，其余 80% 在村集体和农户之间按 3：7 比例进行分配，从总体上来，属于 33 个试点中缴纳比例较低地地区。对于增值收益在村集体与农户之间的分配，由于泽州经济发展水平，用地市场竞争不够激烈，所以集体土地增值收益有限，特别是以租赁、作价入股方式的，每年获得的租金较少，所以如果严格按照 3：7 比例分配，实际上对增加农户收益作用有限，比如 KW 公司入市地块，以租赁方式进行入市，每年公司缴纳租金 11.75 万，可用于分配 9.4 万，按照比例向所有农户分配，每人只能分得 32 元 / 年，Y 村加气站入市案例中，村民每年增加收入 50 元，这些入市收益虽然增加了农村居民的改革获得感，但这种方式无助于从根本上、从长远层面上提高农户土地财产性收益。要想真正利用集体土地资产实现乡村经济发展，无论是新产业的培育、传统产业的升级，亦是村内公共服务设施水平的提高都需要资金的支持，村集体经济组织应当要能够"集中力量办大事"，结合当前集体产权制度改革，核定资产，将土地增值收益分配比例向集体组织倾斜，壮大集体资产经济，才能有助于实现乡村振兴。

3）集体经营性建设用地入市范围有限、用途单一

对目前泽州试点来看，入市途径方面，调整入市面积 986.9 亩，占总面积 73.4%，入市用途方面，工业用地面积 1046.5 亩，占总面积 77.8%，入市地块

分布方面，多位于县域西北部，围绕城区、经济发展较好，交通沿线或具有丰富旅游资源的乡镇，对于纯农业山区来说，地块较少。从上述数据可以看出，泽州集体经营性建设用地入市表现出入市范围有限，用途较为单一，入市地块较为细碎、分散的特点，这些特点既反映出泽州集体存量建设用地现状特征，也揭示出了下一步泽州试点改革应当加强的工作方向。作为资源型经济转型地区，一方面，具有工业发展的路径依赖。对于工业企业发展来说，必然需要产业的集聚化、规模化，所以零散的就地入市不如大范围的调整入市更加适合工业园区的用地需求，应当进一步探索异地调整、村庄整治等入市方式，加强对工矿废弃地、闲置凋敝宅基地的综合整治；另一方面，在探索以历史文化旅游等新产业过程中，这些产业的发展更加依赖本地资源，特别是古村落、古宅院，需要更多地商业配套用地，应当发挥村庄整治入市，放活宅基地使用权，增值收益分配更倾向于租金、分红、物业等长久保障，使当地村民真正能够参与旅游产业就业，实现永续发展，获得持续的土地增值收益。

4.5　北流试点调研 [①]

北流市地处广西壮族自治区东南部，县域经济发达，人多地少的自然资源禀赋无法满足当地建设用地的旺盛需求，成为阻碍区域经济社会发展瓶颈。自 2015 年以来北流市借助集体经营性建设用地入市改革试点的政策利好，大胆探索，破除集体建设用地与国有建设用地的二元壁垒，旨在打通构建城乡统一建设用地市场的"最后一公里"，有力地推动了城乡统一建设用地市场建设，缓解了城乡建设用地供需矛盾，提高了集体建设用地利用效率，增加了农村居民改革的获得感，所以，有必要对北流市做法进行总结与思考，以期为城乡统一建设用地市场建设提供参考与借鉴。

4.5.1　试点做法

1）集体居住用地供给打破土地用途"禁区"

按照原国土资源部发布的集体经营性建设用地入市试点方案，集体经营

---

① 团队于 2015 年 11 月份赴广西北流展开调研，所有数据与内容只反映当时情况。

性建设用地可以被用于工矿仓储、旅游等用途，但严禁用于商品房开发。这条限制性规定一直为学界所诟病，认为这样的用途限制，既是对集体经营性建设用地使用权权能的歧视，又进一步加强了国有建设用地市场的垄断地位，没有实现"同地同权"的改革愿景。众所周知，国有建设用地市场凭借居住用地供给市场垄断地位，在土地征收和土地出让过程中形成双边垄断，从而造成居住用地地价高涨，政府获得巨额土地增值收益，形成"土地财政"依赖，所以要进行集体经营性建设用地入市改革，就不能只允许集体建设用地被限制在低价的工业、仓储等用地类型，而让农村集体放弃对于居住用地市场参与，这样不仅会进一步放大国有建设用地一级垄断所带来的负面效应，而且不利于集体建设用地市场需求培育。北流试点勇于打破集体建设用地"禁区"，使集体经营性建设用地可以被用于商服居住用地开发。截至 2018 年 10 月，共有商住项目入市地块 69 宗，面积 3950.96 亩，分别占入市项目宗数和面积的 67.65%、68.66%，占同期居住用地供地总面积 59%，超过同期国有建设用地供应面积，这些数据突显出居住用地市场对集体经营性建设用地旺盛需求。所以，集体居住用地入市不仅可以活跃当地集体建设用地市场，而且真正实现了"同地同权"，增加了农民收入，切实保护了农民权益。

2）新增集体经营性建设用地入市突破存量潜力限制

改革试点期间要求封闭运行，风险可控，强调是对存量集体经营性建设用地的入市开发，但从长久来看，这种限制不利于集体建设用地市场培育。首先，存量集体经营性建设用地资源分布不均，对于东南沿海、大城市周边等过去乡镇企业发达地区，具备可观的入市资源，但对于广大农村地区来说，几乎没有存量集体经营性建设用地资源，所以这种试点明显带有地域的不公平。其次，伴随着新型城镇化和乡村振兴战略的实施，要实现乡村经济一二三产融合和农民就地城镇化，离不开建设用地供给，而囿于城市开发边界划定、基本农田保护等因素，城镇国有建设用地指标会愈加稀缺，乡村产业发展必然需要新增集体建设用地指标补充，如果一味地控制新增集体经营性建设用地入市，那么必然会阻碍乡村振兴战略的实施，所以，北流允许新增集体建设用地入市做法就显得尤为重要。以农民工返乡创业园项目为例，园区一期规划占地 1500 亩，涉及民乐镇会众村、南庆村等四个村集体土地，由于建设用地指标有限，除了土地征收国有建设用地出让 700 亩，还利用农转非指标

620 亩,实现新增农村集体经营性建设用地"只转不征",完成了园区用地计划。这种做法不仅拓宽了集体经营性建设用地来源,而且实现同一项目两种产权主体供地,为多主体土地供应进行了大胆尝试。

3）集体公益项目用地有偿供给缩小土地征收"公共利益"范围

集体经营性建设用地入市范围直接与土地征收制度中"公共利益"界定有关。对于完全非营利的公益项目,比如军事、外交等公益项目用地,完全符合土地征收的基本要义,就不属于集体经营性建设用地入市范围,而对于诸如高速公路、铁路等经营性公益项目用地是否全部适用土地征收,一直存在争议。那么,在构建城乡统一建设用地市场过程中,划分土地征收与集体建设用地入市范围就成为关键,应当进一步扩大集体经营性建设用地平等入市领域,缩小土地征收范围,提高市场配置土地资源效率。北流创新营利性公益项目用地供给机制,以集体经营性建设用地入市代替传统土地征收,解决项目落地问题。在北流市民安客运站项目中,由于集体成员不同意征地补偿,使 2015 年立项的客运站迟迟无法落地,入市改革后,北流市交管局以 23.08 万元协议出让集体经营性建设用地 2.87 亩,每亩土地增值收益 7.238 万元,高于土地征收价格 2.906 万元,这一创新不仅完成了项目用地计划,提高了集体成员收入,更重要的是探索出一条缩小土地征收"公共利益"范围的新路子。

4.5.2　存在的部分争议及解决办法

1）收取土地增值收益再分配金,平衡不同规划用途的集体建设用地入市

与国有建设用地一级出让市场不同,集体经营性建设用地市场具有多个入市主体,一直存在着因为规划用途不同所带来的不公平争议,特别是北流市放开居住用地入市,更是造成不同村集体之间因为工业与商住之间高额的收益差而产生激烈的冲突,阻碍了入市各项工作的开展。北流市为平衡各村不同规划用途出让地块的收益差,尝试进行土地增值收益二次调节。初次调节按照不同入市途径、用途,差别化收取增值收益调节金,从 5% ~ 48% 不等,然后,对商服、居住用地按照成交价收取 18% 的土地增值收益平衡再分配金,以弥补工业出让地块,以此对各村土地入市收益进行二次调节与平衡,最终使各种用途地块入市增值收益分配差距不大,使各农村集体经济组织基本满意,以推动域内入市工作开展。北流这一做法,既平衡域内各农村集体之间

的利益，顺利推动入市工作开展，而且降低了农村集体经济组织居住用地竞相入市的利益驱动，优化了集体经营性建设用地入市结构。

2）捆绑公共基础设施建设方式出让，降低对国有建设用地"土地财政"冲击

一直以来，入市改革都存在着集体经营性建设用地入市冲击国有建设用地土地出让金，从而影响地方"土地财政"收益的隐忧。究其根本原因在于，集体经营性建设用地入市不承担前期公共基础设施配套投入，从而可以低价出让，受让人可以以低价获得这部分投入对集体建设用地的外部溢价，损害了地方政府财政收入，降低地方政府推动集体经营性建设用地入市积极性。针对这一困境，北流市提出商住用地入市与周边公共基础设施"捆绑"建设做法，凡是获得集体商住地块受让人，须按照出让协议，完成规划蓝线范围内三通一平、给水排水、道路、绿化等市政设施以及公园、学校、医疗、市场等公共配套设施建设。这种做法是将政府所投入公共基础设施外部溢价内部化，从而既使得集体经营性建设用地顺利入市，又减轻了地方政府市政基础设施建设压力。通过测算，政府获取收益占净地价31%，转嫁企业承担基建公建配件28%，总收益比改革前略低5%，基本对地方政府国有建设用地出让收益不造成影响。

4.5.3 思考与讨论

1）政府在集体经营性建设用地入市过程中的角色与作用

在集体经营性建设用地入市过程中，离不开政府、村集体、用地企业（或个人）三者之间的相互博弈，政府应当在其中扮演什么样的角色值得思考。在国有建设用地市场，政府在买卖双方之间形成双边垄断地位，扭曲了市场供需关系，所以出现许多低效配置问题。那么，在集体经营性建设用地入市过程中，政府应当扮演"裁判员"还是"运动员"的角色？根据实地调研，在泽州试点中，许多入市案例都是用地企业与村集体协商有意后，才提出申请入市，当地政府只提供规划审批、入市审核等平台服务。而在北流试点中，政府则严禁用地企业或个人与村集体之间洽谈项目，防止私相授受。由政府决定入市地块的数量、位置和地价，用地企业只能通过公开土地市场获取土地。可以看出，在两点试点中政府扮演不同的角色。从入市特点来看，泽州试点多是工业用地协议入市，成交价格低，当地政府土地增值收益调节金比

例低；而北流试点商住用地比例高，多以拍卖入市，成交价格高，政府土地增值收益调节金比例高。通过两点试点特征对比可以看出，政府在城乡统一建设用地市场构建过程中所扮演的角色随集体建设用地市场发育阶段而不同，在市场发育初步阶段，市场规模小，用途相对单一，政府更应当发挥"守夜人"角色，尽量让供需双方直接博弈，逐渐培育起市场的内生动力，促进市场发育；而在市场高级阶段，市场交易活跃，交易价值大，市场的投资投机风险加大，就需要政府更多地干预，以克服市场机制的负面作用。

2）集体经营性建设用地入市与多主体土地供应

集体经营性建设用地全面入市是否会成为多主体土地供应改革的"钥匙"。在现行国有土地市场管理中，政府作为国有土地市场的垄断主体，完全控制土地市场供给，无论存量还是增量建设用地都需要统一收储、统一供地，这样的做法极大扭曲了市场供需关系，那么伴随着集体经营性建设用地入市，建立多主体土地供应制度是否成为可能？首先，对于存量集体建设用地入市，如果依然坚持现行的统一供地制度，那么，政府将横亘于村集体与用地需求者之间，集体建设用地入市方式、数量、位置、时序将直接受到政府土地供应制度的管理，村集体作为新的土地供应主体，其要求将无法得到科学、合理的表达。其次，对于新增集体建设用地，受制于城市优先发展偏好的新增建设用地指标分配模式，如何能够平衡新增建设用地指标在城乡之间的分配，使乡村经济发展得到空间保障将成为首要解决的问题。如果农村地区获得新增建设用地指标，那么在现行统一供地制度中，需要建立城乡土地储备机构将新增集体建设用地纳入储备，统一供地，村集体无法获得平等的土地供应主体地位，实现多主体之间的市场竞争，集体经营性建设用地入市不过成为政府统一土地供应的新来源。

3）试点改革与后续法律、政策衔接的相关问题

"三块地"改革试点已进行多年，北流试点许多试点做法与后续法律、政策衔接成为地方改革试点者关心的焦点。首先，对于集体居住用地供给的商品房开发与建设，其供地面积超过同期国有土地市场供给量，这些具有合法不动产登记产权证的商品房将在2019年陆续竣工、上市、交易，这些房屋的交易能否得到市场的认可和后续法律政策的"认同"，将直接影响着改革试点成果的推广程度与范围。其次，对于公共基础设施捆绑建设做法，需要开发

企业进行大量前期垫资，资金量需求较大，而对于集体经营性建设用地抵押贷款相关政策目前并不明朗，导致集体建设用地企业开发资金压力较大，增加了市场观望，后期是否有相关金融政策的出台，将直接影响这种做法的推广。最后，对于土地增值收益再分配金做法，已经突破了改革试点期间关于土地增值收益分配调节金的相关规定。虽然是对不同村集体之间利益的再平衡，有利于入市工作开展，但与国有建设用地征收补偿原则不兼容，比如国有工业用地出让与集体工业用地出让两者补偿平衡的问题，这将成为下一步构建城乡统一建设用地市场法律制度构建过程中值得思考的问题。

4.6 长垣试点调研 ①

土地是农村地区最重要的资源和财富，乡村振兴战略实施离不开农村土地制度改革的支撑。自 2015 年以来，长垣县作为中部地区工业强县，从土地征收、集体经营性建设用地入市、农村宅基地制度三项改革试点入手，积极探索如何运用农村土地制度改革解决乡村振兴战略实施过程中"人地钱"的问题，积累了许多好的经验和做法，为中部地区乡村振兴与崛起提供了鲜活样板，值得总结和探索。

4.6.1 试点做法

1）农村宅基地有偿退出与综合整治相结合，保障农村居民住房权益

长垣县开展农村宅基地退出和整治，充分盘活农村闲置宅基地资源，按照城中村、城郊村、远郊村（规划区外）类型，实施差异化农村闲置宅基地利用策略。对于城中村，以改造和入市为抓手，打通农村宅基地流转与集体经营性建设用地入市，引入外部资本，对旧村实施改造，提升农村居民居住环境，提高农村集体土地利用效率，以孔场村为例，改造之前，房屋破旧，生活环境脏乱差。改革后,公司通过 40 万 / 亩价格入市 24.73 亩集体建设用地使用权，建设 6 栋 7 层、2 栋 11 层住宅小区，户均补偿 2 套住房，居住环境得到极大改善。对于城郊村，通过农村宅基地整治，构建农村新型社区，落实"一户

---

① 该部分内容已发表在《中国土地》2019 年第 2 期

一宅"，适度引导农民集中居住，改善农村公共服务设施水平，提高宅基地利用效率，以西郭社区为例，集中整合梨园、南孔桩等 9 个村庄，新宅户均占地 267m²，共 900 亩，比原占地面积减少 74%。对远郊村，严格按照"一户一宅"政策，推动农村宅基地有偿使用和退出，对面积超标、一户多宅以及非集体经济组织成员实施梯度有偿收费，发挥村民理事会主导地位，运用经济手段，盘活闲置宅基地资源，保障农户住房权益。后参木村作为宅基地改革示范村，改革前户均宅基地面积 0.53 亩，目前已复垦 101 亩，收取有偿使用费 9.98 万元。大浪口村实施旧村改造时，坚持"修旧如旧"和有偿退出，16 户农户按照规划修建豫北风格民居，保持与原村庄建设风貌一致，不仅改善了旧村人居环境，而且成为特色乡村民俗旅游资源。

2）集体经营性建设用地入市与放活农村宅基地使用权相结合，拓展乡村产业发展空间

长垣县灵活运用集体经营性建设用地入市和农村宅基地制度改革，为乡村产业提供了发展空间保障。其一，运用集体经营性建设用地就地、调整入市，创办乡村创业园和小微企业孵化产业园，灵活组合出让、租赁与作价入股等入市方式，缓解了乡镇建设用地指标紧张，降低了小微企业用地成本，提高了产业集聚和规模化效应，综合实现对乡村企业生产发展空间扶持。比如，樊相镇创业园项目，2017 年和 2018 年两次共调整入市 234.12 亩集体经营性建设用地用于镇级卫材产业园区，带动乡村产业发展。其二，盘活闲置农村宅基地资源，放活宅基地使用权，助推乡村新业态发展。闲置农村宅基地及其房屋已经不承担居住保障功能，而其特殊的风土人情和建设用地空间成为乡村新产业，新业态发展资源，以云寨村和大浪口村为例，两村都是利用农户闲置宅基地资源，放活宅基地使用权，由村集体经济组织统一规划、整理、设计、运营，打造长垣县文创小院和豫北民俗风情园，发展当地特色旅游，带动集体经济发展，提高农村发展收益。而樊相镇胡庄村则利用自身区位优势，积极推进宅基地有偿退出，统筹村域范围内闲置宅基地指标，规划打造包括商贸、婚庆、采摘、民宿等多业态的田园综合体，推动乡镇经济发展。

3）集体经营性建设用地入市抵押和农村宅基地复垦指标交易相结合，激活农村土地资产财富

长垣县通过集体经营性建设用地入市和农村宅基地有偿退出指标，不仅

提高了农民收入，而且为乡村发展增加了资金来源。首先，长垣县对征地制度与集体经营性建设用地入市实施联动改革，缩小征地范围，加大集体经营性建设用地入市范围，规定凡是城镇规划区以外地区，除公共基础设施以外，都通过入市来满足用地需求，且不断提高土地征收补偿标准，尽量使两者收入差距不大，但由于集体建设用地增值收益调节剂的倾斜，使得农村居民相比较土地征收提高。2018 年以来，25 个村集体和农民分享 3208 万元土地增值收益。其次，长垣县利用集体经营性建设用地入市抵押贷款，为乡村发展提供资金来源。长垣县联合当地农商银行，为当地一宗商业用途集体经营性建设用地使用权抵押发放贷款 400 余万元，极大地缓解了企业的资金压力。最后，利用农村宅基地退出，复垦为耕地指标，鼓励乡镇政府自行调配使用指标，或是进行指标交易获取资金。县土地储备中心以最低收购价 10 万元 / 亩进行购买，乡镇政府利用这部分资金修建园区基础配套设施，服务于企业生产，促进发展当地经济，涵养税源，扩大财政收入税基，形成财政的良性循环。

4.6.2　存在问题和受到的制约

1）农村基层组织的主体作用发挥还不充分

乡村振兴要发挥农村居民集体智慧，提升农村居民主导地位，只有使农村基层组织发挥出内生的领导作用，才能为乡村振兴和土地制度改革提供不竭之源。在长垣"三块地"改革试点中，为了培育农村基层组织，在县域范围内建立 601 个村级集体股份经济合作社，作为农村土地集体资产处置代表。虽然这些合作社吸引了部分优秀村民代表和乡贤返乡带动农村发展，但是，长久以来，长垣县不存在集体经济组织，这些合作社是为改革而建立，不如东南沿海地区经历了改革开放大潮 40 年捶打历练的农村集体组织，政府的主导作用更加明显，村民自治，资产运营的意识和能力还比较薄弱。调研中，许多村民理事会或合作社反映，分到的入市增值收益调节金或宅基地有偿使用费，不知如何运营与管理，即使投资了一些项目，但对项目的长期规划和发展也缺少较为清晰的规划。由此可以看出，中部内陆地区乡村内生的基层组织发展较为滞后，应当借这次土地制度改革试点，积极培育农村基层组织的村民自治、资产管理，产业发展等能力，更重要的是鼓励其投入真正的改革开放市场大潮中去磨炼，才能使农村基层组织真正成为乡村振兴发展的主体。

2）村级规划编制还不够全面

乡村振兴要以规划为"龙头"，全面、科学地编制村级规划，才能为乡村未来发展勾绘科学蓝图。长垣县在农村土地制度改革过程中，重视村级规划编制，对全县 501 个村进行了规划编制，统筹农村土地各项制度改革，发挥了一定的作用，但距离推动乡村振兴实施还存在差距。首先，现行村级规划更多地还是停留在旧的土地利用规划编制思维上，更多地侧重于对于农村建设用地范围、指标的确定，没有考虑到与空间规划的衔接和山、水、林、田、湖、草全域自然资源管理的过渡，使规划对于农村自然资源管理改革缺乏系统指导性，其次，缺少对于乡村振兴战略实施相关系统内容的编制，乡村振兴需要考虑产业发展、农村居民点布局、文化保护、道路交通设施、农村公共空间、乡村防灾减灾等多项内容，需要对相关专题进行研究编制，才能使乡村振兴战略落到实地，最后，村级规划编制思维存在与新型城镇化的割裂，只是单纯地就农村谈农村，就土地谈土地，没有将新型城镇化与乡村振兴统筹思考，应当将工业化、城镇化发展、布局与乡村发展衔接起来，所以，现行村级规划没有为乡村产业发展、城乡公共服务均等化等提供可持续性解决方案。

3）相关部门协调改革还不到位

农村土地制度改革是一项系统性改革，需要多部门协同配合，而不只是依赖于某个部门的单兵推进。在长垣改革试点调研中，发现在集体经营性建设用地入市过程中，缺少相关部门的协调改革，削弱了改革试点的深度和力度。以集体经营性建设用地整治入市用于商品房开发为例，开发商虽然在国土局合法办理了集体土地使用权证（商住），但由于住房城乡建设、金融、人防、棚改等部门缺少人大授权或上级规定，导致开发商无法办理预售证，所以购房者无法办理按揭贷款，从而影响了商品房开发销售，使开发商企业投资风险压力加大。对于集体经营性建设用地抵押贷款，同样是缺少银行、金融管理部门规定，导致四大国有银行不能给予企业抵押贷款，只能由本地的小型农商银行等提供贷款，使得企业资金需求无法得到满足，集体建设用地的抵押权能无法得到充分实现，增加了企业对集体建设用地市场观望，不利于"同地同权"的城乡统一建设用地市场发育。

4.6.3　思考与讨论

1）在战略思维层面，应当坚持乡村振兴与新型城镇化战略相统一

乡村振兴和新型城镇化是实现"两个百年"的重要战略部署，是我国未来很长一段时间发展的"双引擎"，两者是相互统一的有机体。在乡村振兴过程中，不能排斥城镇化、工业化所带来的产业冲击和生产生活方式转变，而一味地坚持传统农业、农村和农民，应当要根据乡村发展规律科学判断各个村落发展阶段，结合城镇化布局和人口迁移规律，优化农村居民点结构与布局，提高城乡服务均等化水平，发展特色乡村产业，使新型城镇化成为乡村发展与转型的动力。而在新型城镇化进程过程中，要正视乡村与城市发展地位，两者之间既是独立又是相互补充的发展空间，不应当简单复制城市化建设经验进行乡村开发，更不能将农村土地资源视为城市建设指标来源，变相执行改革政策，套取农村建设用地指标，挤压乡村发展空间，使乡村成为城市发展附庸，而应使乡村成为具有内生增长动力的生产空间，同时成为具有特色乡土风情的生活、生态空间。

2）在实施理念上，应当坚持乡村发展与保护相平衡

在乡村振兴过程中，对于农村"空心村"整治和开发应当注重发展与保护相兼顾原则。在调研的许多乡村地区，由于迫切摆脱落后的帽子的意愿，对"空心村"等旧村落进行大拆大建，以换取建设用地指标的手段，引入许多不符合当地风土人情的商业开发计划，也使得开发项目千篇一律，乡村特色缺失，造成"城不城、乡不乡"的尴尬局面。但同时，也不能因为古村落、古文化而过度强调保护，而影响了乡村发展，应当对全域村庄进行多学科、多部门评价，确定各个乡村发展路径与特色，因村施策，编制乡村振兴规划，要容忍部分乡村的消失，但对于要保留、要发展的农村，应兼顾乡村文化保护，实施综合农村土地整治，充分整理、规划和利用农村土地资源，挖掘存量资源潜力，使乡村发展得到健康可持续发展，既要融合到城乡一体化发展趋势中，又要坚守住本地特色的乡村风貌与文化，建设成为生产现代、生活便利而又原汁原味、各有千秋的美丽乡村。

3）在行动主体上，应当坚持政府引导与村民自治相协调

农村土地制度改革离不开政府的引导和培育，但同样需要村民组织的自

我管理。一方面，构建城乡统一建设用地市场，对集体土地资源和资产的盘活利用，需要政府在村镇规划、基准地价、平台构建方面进行宏观顶层设计，为培育集体建设用地市场提供健康的外部制度环境，打通城乡土地市场二元壁垒，真正实现国有与集体土地"同地同权"。但对于如何在微观层面利用土地资源，如何发展特色乡村，则需要村民基层组织发挥出主人翁的作用，既要考虑历史文化传承，又要结合当下发展趋势与规划，发挥基层农民智慧，培养村民对农村土地资源、资产和资本利用的意识与能力，才能真正让土地改革红利作用于乡村发展。另一方面，对于土地增值收益分配，政府通过增值收益调节金，既要向农民让利，让广大农民享受到土地改革的红利，缩小城乡土地增值收益分配差距，使土地要素价值更多地惠及于农村发展，又要坚持收取公共投资产生的土地增值部分收益，使公共投资得到正常市场回报，才能可持续推进乡村振兴进程，而村民也应当加强自治能力，提高集体组织在土地增值收益分配谈判中的博弈能力，以及获得收益后长久的投资运营能力，使土地资产收益发展成为乡村振兴的可持续资金来源。

4.7　文昌试点调研[①]

文昌市地处海南岛东北部，位于海澄文城市发展圈，是琼北地区的重要节点城市，也是我国第四座航天发射基地和三沙市物资保障中心，作为海南省唯一的"三块地"改革试点，是海岛经济和特色旅游发展区域农村土地改革试点代表。自 2015 年以来，文昌运用集体经营性建设用地入市、农村宅基地制度和土地征收制度改革红利，先行先试，建设共享农庄和特色小镇，在发展乡村旅游方面积累了许多经验值得总结，为建设海南国际旅游岛、自贸港（区）背景下农村土地制度改革提供参考和借鉴。

4.7.1　试点改革外部环境

1）房地产业是当地经济发展支柱，"土地财政"依赖度高

海南整体处于热带亚热带地区，椰岛风情，具有非常多的海洋和热带雨林

---

① 该部分内容已发表在《中国房地产》2019 年第 7 期

等特色旅游资源，所以，文昌市相较全国其他 32 个改革试点县（区），地方经济发展和财政收入都更加依赖旅游及房地产开发，这同样也是海南省整体发展现状。2017 年文昌地方一般预算收入 13.7 亿元左右，房地产业相关税收和土地出让金占到 50% 以上。造成这一局面的原因：一方面是国家对于海南生态保护区域定位，限制工业发展，加之海岛自身原料和市场两头在外，交通物流距离远，成本高，所以一直没有形成支柱性产业，另一方面，从 20 世纪 90 年代以来，海南省房地产就一直受到全国其他省市地区居民投资买房的青睐。自 2010 年发布海南国际旅游岛建设政策以来，又掀起一波房地产开发热潮，造成地方政府对于房地产业开发"挣快钱"的路径依赖，这也是文昌政府对于推动集体经营性建设用地入市积极性不高的原因。

2）村庄规划编制滞后，集体建设用地存量潜力无法释放

文昌集体建设用地潜力大，一方面，文昌市农村居民宅基地用地粗放，海南作为热带亚热带地区，森林植被茂密，当地农民习惯在房前屋后闲置土地上种植椰子树、槟榔树，也都被视作建设用地，所以，文昌市在"二调"过程中，将农村房屋之间的坡地、空地等全部认定为村庄用地。2014 年底文昌市村庄用地面积达到 38.3 万亩，其中农村宅基地约 19 万余亩，11.12 万余亩集体建设用地，存量潜力巨大，但由于村庄规划编制未做到全域覆盖，所以现阶段具备入市条件地块不多。另一方面，海南土地确权历史现状，95% 确权给村民小组，3% 为村委会，2% 为镇政府，所以村民小组为集体土地产权主体，且只有较为平坦的耕地参与承包分地，而林地、园地等地类不进行承包，都确权给村集体，按照村民使用需求和历史既定使用习惯，村民只有使用权，不发证，所以，村集体掌握有大量村庄用地，方便推动集体建设用地入市工作。

3）闽南传统文化保留多，农村乡土文化氛围重

文昌虽然地处海南，但历史上是福建闽南移民聚居区，所以保留有浓郁的闽南文化。其一，闽南人大胆敢闯精神，海外移民早、数量多，成为著名侨乡，海外侨民 120 余万人，远大于 60 万本地居民数量，所以大量侨民落叶归根，年老回乡定居或亲戚继承等原因，对于在农村老宅有很强的感情寄托，对农村宅基地分配具有刚性需求。其二，文昌闽南文化对于祖宗崇拜的传统文化和乡土情结较重，对宗室祠堂、祖宗地、老宅等的保留、保护持较为保守的态度。在调研中，许多破旧房屋内摆放有祖宗牌位，农村居民不情愿放

弃闲置老宅。在谭牛镇大庙村，有一户农村居民房屋已有 90 余年历史，特色鲜明，保护完好，民宿开发企业多次商谈未果，老人依然坚持百年以后老屋祭奠的风俗习惯。

4.7.2　试点做法与效果

1）集体经营性建设用地入市，方便乡村旅游配套设施用地供应

发展乡村旅游需要餐饮、住宿、商场等商业配套设施用地，但是文昌市倚重房地产业发展，建设用地指标多向国有建设用地市场倾斜，对发展乡村旅游形成制约。而且乡村旅游多位于规划区外，用地需求零散，选址不符合规划等特点更是不满足国有统一供地模式，所以，依赖国有土地市场供应无法满足乡村旅游设施用地需求。文昌充分利用集体经营性建设用地入市和农村宅基地整治，灵活就地与调整入市，将村庄零星闲散宅基地复垦，异地调整入市，解决了乡村旅游发展配套设施用地问题。以好圣村航天特色小镇为例，该项目采用零星分散调整入市和就地入市，用地性质为批发零售用地和住宿餐饮用地，面积 14.029 亩，使用期限 40 年，用作海天一舍区块链餐厅、航天商业街、航天创客民宿建设。谭牛镇吾乡共享农庄项目，由海南吾乡田园旅游产业发展有限公司以就地入市方式竞得 8.792 亩建设用地，挂牌价格 43 万元 / 亩，商业用地 40 年，用于建设民俗酒店项目，并计划于村内现有的农家乐和民宿改造建设联系起来，打造海南吾乡大庙村共享农庄。

2）盘活闲置农村宅基地，打造共享农庄

文昌乃至海南全省，作为全国著名旅游区，其清洁的空气、湿润的气候、蜿蜒的海岸线和新鲜的热带水果都成为大城市人群躲避雾霾、过冬养老、放松休闲的理想去处，特别是具有当地建筑文化特色的民宿旅游逐渐成为新的旅游热点。文昌农村保留有许多有特色的琼北民居，其中许多闲置多年，房主进城或去外地居住。文昌市实施农村宅基地"三权分置"，放活宅基地使用权，盘活农村闲置住房资源，推动农村住房财产权抵押，助力发展乡村旅游经济。以谭牛镇大庙村为例，村庄位于海文高速路谭牛镇入口处，距海口 40 公里，交通便利，现有建筑 21 组，共 53 栋，其中建筑质量较好 16 间，建筑质量一般 17 间，建筑质量较差 15 间，废弃破损建筑 5 间。海南途居有限公司以平均 3.5 万 / 年租金租赁其中一处闲置住房，房龄 80 余年，租期 15 年，投资改造建设

琼北特色民居"鹿饮溪"，特别保留原有房屋主要建筑结构，聘请知名设计师进行主题设计，并利用互联网+，以自媒体营销为销售渠道，目标北上广白领人群，打造集餐饮、交通、观光、休闲为一体的共享农庄，取得了巨大成功，院子整体租金 8000 元 / 晚，春节前后已经全部预订。公司对此项目经营乐观，目前正在实施其余 3 处的改造设计工作，希望能够在海南复制该模式。

3）以安置留用地为主，多种手段结合，调节集体经营性建设用地入市与土地征收收益分配

在海南省严格的房地产调控政策下，文昌集体经营性建设用地入市严禁用于房地产开发，所以，入市 16 宗土地，用途全部为商服、旅游用地。对于商服用地，特别是县镇城区周边，入市地价较高，农民获得收益高，增加了政府土地征收难度，如何平衡入市与土地征收收益分配成为改革难点。文昌市利用海南省土地征收留用地安置手段，结合其他政策工具，实现了文昌入市与土地征收收益之间的平衡，其一，利用入市调节金比例，文昌对于国有留用地入市需要补交 40% 地价，而入市只需要缴纳 20% 地价款，两者之间差价形成不公平，2019 年将对入市调节金比例进行调整。其二，留用地安置。对于区位好的商业用地，村民入市收益分配比土地征收补偿高，但土地征收会有 10% 安置留用地，村集体可以优先选择位置，决定是国有划拨留用地或是集体留用地。如果将留用地市场价值计算在内，那么土地征收补偿与入市收益差距就不大。其三，土地用途规划。对于入市土地商服用途价格最高，集体入市土地要想获得较高收益必须依赖用途规划，所以在用途规划上可以在国有征收土地和入市集体土地之间进行平衡。其四，政府与村集体协商。对于区位好、价值高的地块，如果允许村集体建设用地入市，那么，村集体必须允许村内另一块土地被政府征收。两者进行充分协商、沟通，以取得双方较为满意的方案。

4.7.3 思考与建议

1）点状供地，灵活乡村旅游用地供地方式

海南省要建设国际旅游岛，发展共享农庄、特色小镇等乡村旅游产业离不开土地供应保障。首先，特色乡村旅游发展不再是过去的规模化、同质化、商业化的建设开发模式，而是要追求有特色的、有品位的、有参与体验感的、

慢生活式的旅游产品，这些产品需求反映在旅游项目配套设施用地要求上，就是不再追求规模化成片开发，比如采摘基地的设施用地、浪漫休闲的特色民宿、小规模垃圾回收和污水处理设施、手工 DIY 制作坊等，所以，需要编制乡村旅游用地规划，通过集体经营性建设用地入市，灵活点状供地。其次，盘活闲置农房资源，增加乡村旅游发展空间。对于地理环境优越、交通便利的乡村，保护特色农村民居，以租赁方式实施供地，由村集体或外部企业对其内部进行现代化改造，深挖文化主题，形成"一院一品"的特色民宿。最后，对于区位条件差、完全破败的宅基地，应当开展农村宅基地有偿退出和整治，实施集体建设用地异地调整入市，集中指标到旅游资源丰富区域建设商业服务配套设施，复垦后耕地可以作为特色农业种植和养殖，提供采摘体验或有机农产品。

2）培育壮大集体组织经营管理能力

文昌改革试点中，无论是集体经营性建设用地入市还是土地征收留用地经营都考验着集体组织的资产运营与管理能力，但在调研中，许多村集体负责人表示缺乏经营能力，都倾向于现金交易，将土地增值收益一次性分配给村民，这种做法没有能够发挥出盘活土地资产、壮大集体经济实力的作用。在下一步建设海南自贸区（港）和实施乡村振兴战略过程中，需要培育集体组织的资产经营与管理能力。首先，村集体持有大量土地资源，可以有效地提高集约节约土地，降低企业招商过程中"一家一户"的谈判成本，应当发挥出集体组织的土地资产多、组织成本低的优势，壮大村集体经济。其次，在推进改革试点中，政府应当多以底商物业、入股经营、留地安置等方式增加村集体参与资产运营与管理的机会，磨炼、培育村集体组织参与企业和市场经济的意识和能力。最后，利用文昌海外华侨多的优势，鼓励海外致富侨民回乡创业，发挥新时代新乡贤的带头作用，引项目，拉投资，促管理，拓宽村集体资产管理者视野，拉动乡村经济发展。

3）平衡房地产开发与旅游发展，增加地方政府土地改革动力

截至 2018 年底，文昌共入市集体经营性建设用地 16 宗，面积 144.66 亩，成交价 9050 万，收取土地增值收益调节金 1810 元。与德清、长垣、北流等改革试点相比，入市规模小，收益低，造成这种现状的部分原因是村庄规划编制还未全覆盖，所以许多地块还不具备入市条件，但更重要的原因在于，

文昌过度依赖房地产开发，缺乏强劲的产业用地需求，政府和企业都还是依赖房地产业，缺乏入市动力。在调研中，许多集体商服用地受让企业没有明确的产业发展规划，试图迂回变相房地产开发，钻政策的空子。所以，在新时代海南省建设国际旅游岛、全岛建设自贸港（区）背景下，房地产市场调控空前严厉，地方政府应当借此机遇探索发展转型，平衡房地产开发与旅游发展。首先，适时推广文昌"三块地"改革经验，大力发展乡村旅游业。通过集体经营性建设用地入市，盘活农村闲置宅基地及住房，发展共享农庄等特色旅游，增加旅游产业链的长度和深度，使乡村旅游成为海南发展的重要产业。其次，扩大海口集体建设用地建设租赁房试点向全岛推广，释放本轮房地产"限购"造成的库存压力，将商品房转为人才引进房、旅游度假房等租赁住房，探索旅游租赁地产，这样既可以为集体建设用地入市提供新空间，而且可以实现房地产市场向租赁住房市场转型。

4.8 集体经营性建设用地入市土地增值收益调节金制度调研 [①]

自 2015 年试点以来，各地都已有地块入市交易，也探索了许多新的做法，但同时也暴露出入市主体不积极、入市地块用途较为单一、入市方式市场化程度不高等许多亟待解决的问题，其中最为核心的就是集体经营性建设用地入市土地增值收益分配问题，可以说这是关系到改革成功与否的问题（何格等，2016）。

4.8.1 土地增值收益调节金制度比较

建立农村集体经营性建设用地入市制度是《关于农村土地征收、集体经营性建设用地入市、宅基地制度改革试点工作的意见》（以下简称《意见》）的主要改革任务之一，其目的是针对农村集体经营性建设用地权能不完整，不能同权同价入市、交易规则亟待健全等问题，赋予农村集体经营性建设用地出让、租赁、入股权能，明确农村集体经营性建设用地入市范围和途径，建立健全市场交易规则和服务监管制度。目前参与试点的县（区）已出台了比

---

① 该部分已发表在《湖南农业大学学报（社会科学版）》2019 年第 1 期

较完整的入市办法和土地增值收益调节金细则，本书根据经济发展差异性和地理区域代表性原则，选择德清、郫县、海城和南海作为案例样本，对其土地增值收益调节金制度及其实施特征进行分析。

1）德清土地增值收益调节金制度

德清县位于东部长三角经济圈腹地，县域经济发达，农村集体经济组织经济力量较强，农村土地流转市场活跃，供需矛盾比较突出，在本次集体经营性建设用地入市试点中推进速度较快，具有一定的典型性。在德清试点方案中，以成交价总额为基准，考虑到县域土地开发程度不同，主要基于土地的不同用途，分规划区内和区外确定不同的调节金征收比例。其中以出让、租赁或作价入股方式入市的工矿用地，按县城规划区、乡镇规划区内和其他地区三类，分别对出让人或转让人按成交价 24%、20% 和 16% 征收，商服用地则相应按成交价 48%、40% 和 32% 征收；以转让方式入市的地块，不分区内区外，对工矿用地征收成交价的 2%，商服用地征收成交价的 3%；对受让人，则不管其入市方式与土地用途，区内区外均征收成交价的 3%。

2）成都郫县土地增值收益调节金制度

成都郫县位于我国西部地区，一直是我国西南地区农村土地制度改革的先锋，在城乡统筹、集体建设用地流转制度改革方面曾开展许多大胆探索，并建成覆盖城乡的基准地价体系。郫县的土地增值收益调节金制度最大的特色是，基于成都市城乡统筹综合改革试点、城乡建设用地增减挂钩等先行政策，突出农村零星建设用地的整治异地入市，将基准地价作为征收类别设定依据，更好地体现出"同地同价"。其征收基准分两种：出让方式入市的地块以入市成交价为基准；转让或出租方式入市的以使用权转让或出租收入为基准。在征收比例上：招拍挂出让的工矿用地征收 13%，协议出让的工矿用地征收 23%；招拍挂出让的商服用地按基准地价分三级分级征收，比例分别为 30%、24% 和 15%，协议出让的商服用地也按基准地价分三级分级征收，比例分别为 40%、33% 和 25%。以转让或出租方式入市的地块不管其土地用途，一律只征收土地收益资金 1%，基础设施建设资金 1%，耕地保护资金 1%。

3）鞍山海城土地增值收益调节金制度

鞍山海城作为东北地区农村集体经营性建设用地入市改革试点代表，地区经济发展水平较低，集体经济实力较弱。在集体经营性建设用地入市过程中，政府起着重要推动作用。该地土地增值收益调节金制度最大的特点是入市方式仅有出让与作价出资入股两种，其土地增值收益调节金设置考虑政府与村集体之间的分配，较为单一。征收基准均为扣去成本后的增值收益。征收比例上：工矿用地按出让、作价出资入股两种方式，分别对政府征收 30% 和 20%，对村集体和农民征收 70% 和 80%；商服用地也按出让、作价出资入股两种方式，分别对政府征收 40% 和 20%，对村集体和农民征收 60% 和 80%。

4）佛山南海土地增值收益调节金制度

佛山市南海区位于珠江三角洲地区，自改革开放以来，乡镇经济蓬勃发展，集体经济不断发展壮大，对土地需求一直比较旺盛，因此当地从 20 世纪 90 年代就已经开始了集体建设用地流转，对农村集体经济组织股份合作化改造、集体建设用地基准地价建立等方面形成了完善的配套政策体系。在本次改革过程中，南海结合广东省城市更新（即"三旧"改造），积极拓宽当地产业项目用地渠道，进一步推动集体经营性建设用地入市试点，改革中充分调动城市改造的土地整备和农村居民点的综合整治，将零散、规模效益低的集体土地集中整治规模入市。其土地增值收益调节金征收制度较为复杂，已经考虑到相关税收征收问题，对于不同入市方式的集体建设用地实施不同的纳税方案，开始谋划与国有土地税收相统一的问题。对租赁、作价入股和出租方式入市的土地不收调节金，但需要比照国有建设用地缴纳一定税费；以出让方式入市的土地以土地出让收入为基准征收调节金，但不缴纳税费；以转让方式入市的以土地或房产转让收入为基准征收调节金，且征收除土地增值税以外税费。征收比例将整理（城市改造、农村土地整治）地块与其他地块相区别，分别土地用途实施不同征收比例，具体见表 4-2。

南海集体经营性建设用地使用权入市土地增值收益调节金征收比例（单位：%） 表 4-2

土地用途	出让		转让	
	城市改造或农村综合整治项目	其他地块	土地使用权	土地使用权及其附着物
工矿仓储	5	10	2.5	1.5
商服用地	10	15	3.5	3.0
公共管理与公共服务设施	5	10	2.5	1.5

通过对上述四地试点县市土地增值收益调节金征收制度分析可知，四地制度在征收机关、征收基准、缴纳主体和调节金用途上大致相同，但在征收类别和征收比例上存在较大差异，见表 4-3。

试点地区土地增值收益调节金征收方案对比   表 4-3

	德清	郫县	海城	南海
征收机关	国土局	国土局	国土局	国土局、地方税务部门
征收基准	入市成交价	入市成交价	纯增值收益	入市成交价
征收类别	规划区内外	基准地价等级	出让、作价入股	是否是整理地块
征收比例区间（%）	16 ~ 48	15 ~ 40	20 ~ 40	5 ~ 15
缴纳主体	出让、出租、转让、受让方	出让、出租、转让方	出让、出租、转让方	出让、出租、转让方

注：为突出各地试点特点，征收类别仅列出除土地用途、入市方式等通用划分依据以外的特色类别；征收比例仅指出让方式的征收比例。

四个试点县市土地增值收益调节金征收制度的共同之处有：①征收机关以当地国土资源局为主。土地增值收益调节金征收机关有国土局和地方税务部门，以国土局为主。这与《农村集体经营性建设用地土地增值收益调节金征收使用管理暂行办法》（下文简称《暂行办法》）第二章第五条所规定的"调节金由试点县财政部门会同国土资源主管部门负责组织征收"保持一致。仅南海试点中，转让调节金和相关税费由地方税务部门负责。②征收基准按比例对纯收益征收。集体经营性建设用地入市土地增值收益，按照《暂行办法》规定应指扣除入市过程中土地开发成本后的纯收益，所以其调节金征收基准应是按比例对纯收益征收。但是，仅海城试点的调节金征收基准严格按《暂行办法》执行，其余三地均以入市成交总价为征收基准。③缴纳主体大体相同。按照《暂行办法》规定，调节金原则上由农村集体经营性建设用地的出让方、出租方、作价出资（入股）方及再转让方缴纳。从四地试点县市实施方案梳理可发现，除德清经营性建设用地出让过程中受让方需要缴纳一定的调节金外，其他各地试点都仅对出让方、出租方、转让方收取调节金，受让方、承租方没有缴纳调节金的责任。④土地增值调节金用途相同，即主要用于集体经营性建设用地入市前期的土地开发整理投入、农村基础设施与环境的改善和公共与公益事业发展。

四个试点县市土地增值收益调节金征收制度的不同之处有：①征收类别多样。四个试点县市基于《暂行办法》中所规定的土地用途、土地等级和交易方式进行比例设置的通用原则，根据各地特点划定了不同的征收类别，实施不同的征收比例。德清试点以规划区内外为依据，在县（镇）规划区内的地块出让征收比例较高，规划区外的其他地块出让比例则较低；郫县试点以地块基准地价等级为调节依据，等级越高则比例越高；海城试点以出让和作价入股方式不同，收取不同比例调节金；南海试点则配合城市更新土地整备和农村土地整治政策，对这一部分地块实施较低的征收比例。②征收比例差距较大。根据《暂行办法》规定，土地增值调节金征收比例是土地增值收益的20% ~ 50%，还需按成交价款的3% ~ 5%征收与契税相当的调节金。但所选的四个试点县市的实际实施却与《暂行办法》规定的比例有较大差异。德清、郫县、南海均以成交总价为基准征收，其中德清的征收比例最高，其县规划区内商服用地的征收比例高达48%；其次是郫县试点，在15% ~ 40%之间；南海征收比例最低，在5% ~ 15%之间。海城试点则是以土地入市纯收益为征收基准，其征收比例在商服用地入市中，政府提取纯收益40%作为调节金，而对于工业用地入市，则收取30%作为调节金，政府将纯收益的绝大部分留给了村集体组织，只收取少部分纯收益作为调节金。

另外，笔者也了解到其他各试点地区的土地增值收益调节金制度设计上大同小异。多数试点均基于土地用途，以土地出让成交价作为征收基准，但在征收类别、征收比例等方面各地试点差异较大，如北流市征收类别需要考虑是否为新增非转用土地，陇西则将土地区位细分为城市规划区、乡镇规划区和乡镇规划外等"三区"实施不同的土地增值收益调节金征收办法。

4.8.2　土地增值收益调节金制度存在的问题

通过4年多的改革试点，各地建立了具有地方特色的土地增值收益调节金制度，基本做到了土地征收与入市收益大致相当，基本实现了"同地同价"；进一步健全了包括土地增值收益调节金制度在内的一整套集体土地入市交易规则，规范了集体土地交易市场，为最终的相关立法工作提供了不同样本，为建立正式的集体经营性建设用地入市收益分配制度打下了基础。但是，由于《暂行办法》较《意见》出台晚1年多，文件的指导作用被弱化，各地试点在土地增值收益调节金制度实施上还存在着以下问题：

1）以成交价代替土地纯收益作为征收基准，导致土地增值收益分配不公平。参照国有土地出让金，以成交价作为集体建设用地入市调节金征收基准模糊了政府与集体二者在土地增值收益形成的贡献度，使政府、集体在土地增值收益分配中出现不公平。比如德清政府收取县城规划区内商服用地入市成交价 48% 调节金，其中政府投资成本回收与集体土地自然增值的分配不清晰，明显有损增值收益分配的公平性。

2）征收类别划定缺乏长效性，制约了农村土地制度改革。试点方案中的征收类别划定各异，本书所分析的四个试点地区就有以规划区内（外）、基准地价等级、是否为整治项目土地等三种，这虽体现了试点地区当地的用地特点和政策环境等差异，但欠长远考虑。如以是否为整治项目土地为标准，对于集体存量建设用地入市较为合理，但对于不具备存量潜力资源地区明显不合适。以规划区内（外）为划分依据，沿袭了城乡二元土地管理思维，与城乡统一建设用地市场建设趋势相违背。

3）征收比例差异幅度较大，阻碍了城乡土地市场建设。调节金征收比例过高必然会影响集体经济组织入市积极性，增加交易成本，导致交易双方为躲避较高费用而采取非市场化交易方式，不利于集体建设用地市场培养与发育；调节金征收比例过低虽然将绝大多数的土地增值收益留在了集体经济组织内部，但未能体现出公共投资对集体土地增值的贡献作用，且较高的收益比例使集体经济组织盲目追求入市，增加政府土地征收难度，阻碍了许多非营利性公共项目落地。

上述问题的出现除了与各地经济发展状况、土地市场现状、各地政策背景的差异外，其背后更深层次的原因是：

（1）集体经营性建设用地入市范围不够明确。试点《意见》仅规定在符合土地利用规划和土地用途管制前提下，允许存量集体经营性建设用地入市，并未规定其他细节问题，因此具体征收实施上各自为政。比如征收类别的划分是否考虑规划区"圈内"与"圈外"，规划区"圈内"与"圈外"的划分直接影响了土地价值，从而影响到土地增值收益的分配（陈红霞，2017）。因为在我国现行城市规划体系内，规划区内是城市经济社会未来优先发展空间，政府的基础设施、招商引资、民生改善等投资、规划、项目会重点配置在该区域，诸如轨道交通、输电供水、学校、医院等，所以在规划区内的土地价格会随着预期收益而大幅增加，而规划区外的土地利用短期内不是政府重点优先投资区域，其价值只能随着城市发展而缓慢增长。再如，对于集体经营性建设用地是以规划用途还是以现状用途入市，若以现状用途入市，则为存量集体经营性建设用地，其涉及面多分布在东南沿海和大城市周边，全国范围内入市范围有限；若是以规划用途入市，则为新增集体经营性建设用地，违背了《意见》中存量建设用地范围，引发土地征收与入市范围的冲突。因此，由于集体经营性建设用地基本范围规定不明确，造成了各地政府中征收类别划分和征收比例设置的巨大差异。

（2）对土地增值收益调节金性质把握不准确。按照马克思地租理论和土地利用外部性理论，集体建设用地增值收益既包括土地自然增值部分，也包括外部投资创造的经济增值部分，增值收益应当对各部分进行严格区分，才能实现公平分配。土地增值收益调节金制度旨在建立兼顾国家、集体、个人的土地增值收益分配机制，保障农民公平分享土地增值收益。但《暂行办法》中对于土地增值收益调节金的规定是对土地净收益的调节分配，需要扣除前期土地取得成本和开发支出，仅对土地增值收益进行了剥离，体现出对政府投资成本的回报，未考虑到集体和个人的分配。在试点中，各地则按照国有建设用地与集体建设用地"同地同权同价"精神，同时为规避入市用地成本核算的复杂性，未对集体经营性建设用地入市与国有建设用地出让进行区分，将土地增值收益调节金简单等同于国有建设用地的土地出让金，造成增值收益在各主体分配不均。

（3）《暂行办法》对征收实施办法规定过于宽松。《暂行办法》文件是为有效落实《意见》的配套办法，因而只提出了调节金征收的指导意见，并未作具体规定，以充分发挥地方制度创新的能动性。比如第六条规定调节金征收基准是土地净收益，但第九条又允许地方制定按成交总价款一定比例征收调节金的简易办法。这些规定既给地方制度创新提供了空间，也给地方制度制定造成了误区，导致各地征收类别和征收比例差异巨大，且形成了制度多样化执行局面。虽说试点是中国政策制定过程中特殊而重要的一项机制，是不断试错、学习总结与推广的过程（薛澜，2014），允许地方试点进行一定的突破和试错（杨宏山，2014）。但因能动性过大所形成的复杂多样的地方政策势必加大对实践经验的总结难度，不利于形成可复制、可推广、利于修法的改革成果。

4.8.3　土地增值收益调节金制度的完善建议

　　集体经营性建设用地入市是探索构建城乡统一建设用地市场的重大制度突破，其入市增值收益分配改革是关系到改革成功与否的重要环节。土地增值收益调节金是目前平衡集体经营性建设用地入市收益在国家、集体经济组织、农户之间分配的唯一工具，根据对各试点方案的比较分析，笔者认为应当从以下几方面对集体经营性建设用地入市土地增值收益调节金制度进行完善。

　　1）进一步厘清集体经营性建设用地入市的一些理论认识问题。明确集体经营性建设用地入市是否包括新增建设用地、土地增值收益调节金是否能够等同于土地出让金等一系列入市的基本理论问题，提升制度设计的精准性，明确各业务部门职责，使制度更具操作性。

　　2）实施统一规范与灵活差异相结合的征收办法。首先，统一征收基准。征收基准是调节金征收的基础，必须统一规范。根据《暂行办法》，土地增值收益调节金与土地增值税类似，应当以土地增值纯收益为征收基准，可以通过测算地区过去 3 年内所有国有建设用地成本的平均值作为该地区集体经营性建设用地入市成本，从而获得土地增值纯收益。其次，统一设置征收类别。因区位、用途和规划造成的价值差异均可反映在基准地价评价体系中，应当尽快建立集体建设用地基准地价体系，以此作为征收类别。最后，灵活设置征收比例。在科学测算各地试点比例的基础上，制定出相对集中的比例范围，避免过于宽泛的区间，各地根据当地地价水平、市场供需等来确定设置征收比例，调节增值收益分配，以促进城乡统一建设用地市场建设。

　　3）进一步规范征收实施行为。在集体建设用地税收体系没有建立起来之前，统一全国土地增值收益调节金征收机关为当地自然资源管理部门。被征收主体除了出让方、出租方、转让方以外，还应包括受让方。此外，对于调节金支出，应参照《国有建设用地出让金管理办法》，坚持收支两条线，严格执行财政、审计、预算制度，各地可以根据区域农村发展现状，将资金有重点地投入农村教育、医疗、社保等公共服务以及农村道路、排水、排污、垃圾处理等基础设施，提高城乡公共服务均等化水平，真正使集体土地入市收益贡献于农村发展。

第5章
国际经验比较与借鉴

他山之石,可以攻玉。在我国短短30多年的土地制度改革过程中离不开对外部经验的借鉴和学习,从土地使用权出让(批租制)制度、基本农田保护制度、土地督察制度等都可以看到其他国家先进制度的影子,所以在构建城乡统一建设用地市场过程中,也需要向其他国家的相关做法进行学习、比较,取其精华、去其糟粕,形成能为我国制度建设所需要的宝贵经验。

5.1 国外土地交易市场管理介绍

中国土地市场改革已经走过30多个年头,土地市场从无到有,从小到大,以巨大的土地红利杠杆支撑了中国经济的腾飞,可以说中国经济发展离不开土地市场改革。回顾中国土地市场建设与改革历史,可以看出,从新中国成立时建立的社会主义土地制度,到改革开放后,学习借鉴香港土地"批租制",敲响了深圳"第一槌",可以说我国土地市场的每一次重大变革离不开向先进经验的学习与借鉴,所以,要实现土地市场进一步改革,建立城乡统一建设用地市场离不开对他国做法经验和教训的借鉴。本书选取了与我国人多地少国情类似的日本、联邦体制的德国、社会主义国家越南作为参考对象,介绍了其相关土地交易、土地管理制度方面的做法,以期为我国城乡统一建设用地市场构建制度设计提供参考。

5.1.1 日本土地交易制度

1)日本土地管理基本制度

日本是高度发达的资本主义国家,土地实行私有制。根据日本宪法规定"土地属于私人财产,归私人所有"。但私有制不意味着全部土地归日本私人所有,全日本私有土地占到 65%，其中个人所有占 57%，法人所有地占 8%；国家和公共团体所有地占 35%。国家、地方公共团体所占土地，多为不能用于农业、工业的森林、原野。根据《日本统计年鉴》，日本土地利用用途分类为农用地、水面（河川、水路）、森林、原野、道路、铁路（港口）、宅地、室外土地、未利用地、其他用地（吴亮等，2010）。

土地利用规划制度是日本土地管理制度的龙头。在日本从上到下，不同等级行政区域适用于不同等级规划，分为全国性国土利用规划、都道府县国土利用规划和市町村级的国土利用规划。根据地域划分，在城市地区实施《都市计划法》，在农村地区实施《农业振兴地域整备法》，在森林地区实施《森林法》，在自然公园地区实施《自然公园法》，在自然环境保护区域实施《自然环境保护法》。在农村地区，《农地法》是农地区域管理的根本法。针对特殊区域有《农业振兴地域整备法》《集落地域整备法》。在农业区域内部，又细分为以渔业为主地区、山林地区、大城市周边农村地区、纯农业地区（分为兼业的农业地区和专业的聚集地区），针对不同类型地区，对应不同的规划。集落规划是农村的基础规划，包括集落农业振兴地区规划和乡村区域规划，与我国的农村宅基地规划相似（董景山，2014）。

农用地转用审批制度。日本由于人多地少，对于农地的保护格外严格。根据《农地法》规定，农地转为非农用地审批机制分为两种：一种是根据农地的区位进行审批，另一种是与农地的区位无关的、无论在任何情况下都适用的标准。对于第一种审批标准，即根据农业振兴地域建设规划中所规划的农用地区域，因为这部分土地被规划只能作为农用，所以这个区域的农用地转为非农用申请在原则上是不予批准的。第二种是指不在专门划定的农用地区域内的农地，分为第一类、第二类和第三类农地。第一类农地是最适宜农业耕作的土地，原则上不予转用，审批极其严格。第二类农地不同于上述类型，是在城市规划区范围内的农地，其农转非除了转为设施农用地这种情况外，只能是国家或地方政府在实施某些必需项目时需要使用，且周边没有无法替代的农用地时才能批准。第三类农地是指城市建成区内或规划区内的农用地，未来是城市发展方向内的土地，其农转非申请没有特别限制，只要符合一般规则就行。

土地登记制度。根据日本《民法》规定，土地及其附着物属于不动产，土地的得失、变更要进行登记。根据《不动产登记法》规定实行不动产登记制度。不动产登记制度是指国有机关对不动产的物理状态管理和权利变更进行登记的制度（张宁宁，1999）。登记簿上面记载有土地及其附着物的现状、所有者及其他权利的设定、变更等。土地登记信息要向社会公开。

土地征收制度。虽然日本宪法保护私有土地产权神圣不可侵犯，但同时也规定，在正当补偿条件下，公民财产可以用作公共目的。日本据此建立了征地制度。《土地收用法》作为土地征收制度的根本法，对公共利益认定、补偿要件、征地程序等进行了详细规定。日本和世界其他国家一样，政府为公共利益而实施某个项目时，被法律赋予征地权，这种权利的主体只能是政府。因为征地是国家强制实施所有权转移的行政手段，不以土地所有权人的个人意愿为转移，所以法律规定国家必须对被征地主体予以补偿，而且为了避免这种权利的滥用，规定了必须以公共目的才能行使征地权利。日本征地补偿内容为：对土地的补偿、对残地的补偿、对通常损失的补偿、对土地征收或使用相关其他措施的补偿。补偿标准根据政府公告的基准地价进行评估，以货币补偿为主，但也存在现物补偿（倪家，2014）。

土地税收制度。日本自明治政府时期就仿效欧美国家建立了土地税收制度，用税收杠杆不断地调控和管理土地市场。20世纪80年代日本地产价格疯涨，最后酿成房地产泡沫。政府更是下大力气通过调整土地税收制度来有效遏制土地市场的疯狂交易。土地税是日本地税的一种，是整个税收体系的重要组成部分。日本土地税体系是根据土地交易的不同阶段分别针对土地取得、土地持有和土地转让而实施的税收。在土地取得阶段，涉及遗产税、赠与税、不动产取得税；在土地保有阶段，涉及固定资产税、地价税，特别土地保有税；在土地转让阶段，为了遏制房地产投机交易，政府鼓励居民长期持有房屋。所以，对于保有期不足5年的土地转让收益，征收税率高达30%，并加征9%的居民税；对于保有期超过5年的土地转让收益，其税率只有15%，并只加征5%的居民税（苏畅，2013）。

2）农村宅基地管理方面

在日本对于住宅用地更多的是对城市建设规划范围内的宅地有着细致明确的划分和建筑标准，而对于农村宅基地的管理则涵盖在农地管理的相关法律中。

首先，《城市规划法》针对的是城市化区域，包括城市化区域和城市调整区域（未来要发展为城市或已经明显城市化区域）。《农业振兴地域整备法》中农业振兴地域主要是指定专门作为农用地利用的区域，所以城市化区域不能包括农业振兴区域，而在城市化调整区内则可以指定农业振兴地域。《村落建设法》中村落建设地区则是指存在于农业振兴地域和城市地域中，刨除城市化区域后两者重复区域内的村落区域。

其次，有关宅基地的管理政策散落在相关法律中。根据 1980 年《农住合作社法》，在城市化区域内的农地所有权人之间可以组织农住合作社，主要任务是宅基地的修整及住宅的建设、管理或转让，与住宅地相关的各种设施的建设、管理或转让，土地权利的交换合并，必要的共同利用设施的设置或管理，为利用和保护土地及其他农地所需实施的事业。根据《村镇地域建设法》规定村落规划基于村落地域建设基本方针，制定位置、区域及面积、计划目标及其他有关建设和保护该区域的方针与村落地区建设规划（主要是供居住者利用的道路、公园及其他设施的配置及规模、建筑物用途的限制、建筑面积占地面积的最高比例限度、建筑物高度的最高限度等有关土地利用的事项）。如果要在村落地区计划区域内，进行改变土地的区划性质、新建建筑物、增建或改建建筑物的，则需向市町村长提交申请（关顾骏作，2004）。与《城市规划法》对应的城市规划范围，日本大部分农村地区被划入了农业振兴区域，所以按照《农业振兴整备法》第十五条规定，在农用地区域内采取开发行为（修建宅地、开采土石及其他改变土地的性质、新建、改建或增建建筑物及其他工作设施的行为）的主体，根据农林水产省的有关规定，须事先取得道都府县知事的许可。

3）日本土地市场管理制度

（1）土地供应与总量控制。日本土地交易实行土地供应和总量控制，土地供应面积由土地利用总体规划控制。在日本土地利用规划体系分为五个层次和三个等级。五个层次是指依照国土综合开发规划、国土利用规划、区域规划、土地利用基本规划和城市规划；三个等级是指按照规划区域等级划分为全国层面规划，都、道、府、县规划和市、镇、村规划三级，每一层级规划是对应区域内土地利用管理组织的措施与设想。截至 2013 年，日本已经实施了 5 次国土综合开发规划，每一次规划修编都根据项目的公益性质，建设选址和规划的实施程度评估进行调整。除此之外，政府还制定了整备规划，其目的是确保土地顺利开发，以保障公益事业项目用地。在日本由于人多地少，可开发土地资源有限，政府鼓励集约节约用地、高层住宅开发、鼓励开发利用存量土地利用，合理开发地下空间资源，综合提高土地利用效率（刘文贤，2006）。

（2）土地交易许可制度。这项制度是日本政府对土地市场交易进行直接管理的制度设计之一，这项制度设计目的是控制某些区域的土地交易价格水平。根据日本《国土利用计划法》（National Land Use Planning Act）的规定，在地方政府确定的限制区域内实施。所谓限制区域，包括三类：一是指土地交易中投机活跃地区；二是指土地交易价格快速上涨的地区或有可能出现这种现象的地区；三是那些不易实现合理利用或是不易控制的区域。在这些区域中划定的限制区域时效一般只要5年。过了5年后，有两种情况：其一是继续作为"限制区域"，另一种情况则是取消限制区域，不再进行直接的管理与限制。在限制区域内，假如土地交易规模或标准超出一定的范围，就必须向政府申报，政府要对土地交易价格和土地使用目的进行审查后，一般以交易地区周边地价水平和政府颁布的限制价格为依据，审查通过后，政府颁发土地许可，交易双方才能签订合同，最终使交易达成（杨忠学、续元申，2001）。

（3）土地交易申报劝告制。这项制度是日本政府对土地市场交易进行间接管理的制度，这项制度设计的主要目的在于控制土地垄断和投机。交易许可制度是对特定区域土地交易活动的特殊管理，而申报劝告制度是适用于一般地区的土地市场交易活动的管理。根据相关规定，首先，土地交易面积管理的标准。在城市规划区外购地面积大于10000m²；在市区以外城市规划区以内购地面积大于5000m²；在市区购地面积大于2000m²，上述三种情况都被列为属于大规模交易，需要进行交易申报。交易双方需要向交易发生区域的政府申请交易申报，申报内容包括土地交易的价格和用途。有关部门根据相关的规划、建设等法律对该笔交易实施审查。若该笔交易被政府认作交易价格不合理，或是土地用途不当，则会向交易主体提出交易暂停或终止等劝告。交易双方若听从政府劝告建议，则会修改交易价格或土地利用目的。如果当事人不听从政府劝告，政府将把有关情况予以公布，利用社会舆论阻止其交易。

（4）交易区监视制度。自1983年以来，日本东京商业区的地价飞涨，带动城市圈周边的商业区和住宅区地价也飞速上升，给国民经济带来巨大负面影响，所以在 1987 年日本建立土地交易地价监视制度。根据《国土利用计划法》（1987 年版）第 27 条规定，在地价快速上涨地区或是有上涨趋势的地区，大于一定交易规模的土地交易需要向当地政府进行申报。对于过去不需要申报的交易对象，如小规模的土地交易，也有申报义务。对于监视区域内土地交易进行劝告。区域面积由地方政府设定，根据经济形势和地价走势，监视区域可以扩展和收缩。

（5）地价公示制度。地价公示的目的是以形成正确的地价为目的（邹兆平，1991）。1969 年日本政府通过并颁布了《地价公示法》《地价公示法执行令》《地价公示法实施细则》等法律文件。根据这些法律规定，由国土厅设置的土地鉴定委员会在全国城市规划区域内，选定标准地，并由不动产鉴定人员根据其代表性、中庸性、稳定性和确定性等原则，每年对标准地价格进行一次评估，并向社会公布。地价公示制度主要用来为一般土地交易提供标准，为征收委员会补助金额提供计算标准，为土地继承评价及固定资产税评价提供价格基准，明示地价动向。由于公示地价具有较高的可信度，因而被全社会所承认（王秀莲、王静，2004）。

5.1.2 德国土地交易市场相关制度

1）土地交易相关法律

德国作为发达市场经济国家，对土地交易有着一套严格、完整的法律体系，以保障土地及其附着物所有权神圣不可侵犯、自由交易的权利。《基本法》规定德国土地权利可以自由交易但不能影响公共利益，如遇公共利益，政府依法有权可以征收，但应对被征收人予以补偿。《民法典》《土地交易法》对土地交易权利、交易手续、程序、部门责任等进行详细的规定，同时要求德国所有的土地都实行土地登记，即地籍登记。《土地登记法》则对土地交易登记的程序、内容、作用，对土地权利设立、变更、转移和废止都有着详细规定，与《民法典》共同构成德国不动产登记的法律体系（贺超，2015）。《联邦建设法》则是具体规定了土地评估工作的相关程序、内容、方法、工作形式等，为土地交易提供了有力支持（方西屏，1994）。

2）土地登记

德国土地登记制度即权利登记模式，不动产物权的变动非经登记不发生效力。不动产物权的变动必须由相关机关进行严格审查后，履行法定的登记形式才能产生物权效力（李茂，2014）。根据德国《民法典》第873条规定，任何不动产物权转让，或是设立其他权利都需要在不动产登记簿上进行登记。权利登记模式具有登记生效主义、实质审查主义、登记具有公信力、强制登记主义的特点。所以在德国任何不动产（土地及房屋）的交易需要进行土地登记，这是德国土地交易程序的必需环节。

3）土地税收

德国具有成熟的土地财政税收制度。根据现行体系，土地税收不属于联邦政府，而完全属于地方征收即州政府和市镇政府所有，是地方政府税收收入的重要组成部分。土地税征收采取统一土地单元法，土地单元分为两类用地：征收农用地土地税 A 和建设用地土地税 B。对于农用地征税依据是土地产出价值，国家根据对农用地评价产值将农用地划分为 6 等，依照土地不同质量确定土地单元价值。建设用地征收依据则是土地的市场价值，土地市场价值须由州专家委员会进行评估（朱秋霞，2006）。土地税收纳税额计算分为三步，首先，确定土地单元价值。然后，根据联邦统一税率的出计税价值，农用地的联邦统一税率为 6‰，建设用地为 3.5‰。最后，根据计税价值乘以税率得到纳税额。

4）德国地上权制度

德国地上权是指在他人所有的土地上进行建筑并拥有上述构筑物的权利。在地上权交易合同所规定的合同有效期内（通常是 75 ~ 99 年），该地上权可随地面构筑物一并被出让和继承。实际中，在这么长的合同期内，土地使用权与所有权形成了事实上的分离，而且由于法律对所有权的种种限制，极大地扩大了地上权权能，使地上权能够在土地市场顺畅流转。根据德国《民法典》的相关规定，地上权包括土地所有权上的限定物权和房屋所有权，根据合同约定，地上权权利人每年要向土地所有权人支付土地价格 3% ~ 5% 作为租金，然后就可以使用他人土地，建造拥有独立产权的房屋。这样的权利制度设计不仅使地上权人不必因为要建设自己的住房而要承担大笔土地出让金的支付压力，与此同时，对于土地所有权人，不仅可以保有土地所有权，而且可以持续性获得土地增值收益（付颖哲，2011）。若在地上权合同到期时，地上权权利人有三种选择：其一是继续延长地上权；其二是可以将自己所有的房屋产权折价 60% 向土地所有权出售；三是向土地所有权人提出购买土地所有权（付颖哲，2011）。德国运用地上权制度不仅满足了住房建设的需求，而且为控制土地投机、调控房地产市场提供了有力的制度工具。

5.1.3　越南土地管理制度

1）越南土地管理基本制度

《土地法》是越南国家土地管理的根本大法，从 1986 年以来已颁布四部，最新的版本是 2014 年的《土地法》。根据越南《土地法》（2014）规定，越南土地归全民所有，中央政府代表所有者行使土地所有权。任何个人或企业只能获得土地使用权，土地使用权取得方式分为分配和租用两种[①]。土地使用权可以交换、流转、租赁、转租、继承、捐赠、抵押、出资入股。越南土地管理实行严格的土地用途管制，依照土地利用规划，不允许随意改变土地用途的行为，特别是农用地，即使农户想将水稻田转为鱼塘等也不被允许（李昌平，2009）。同时还实行土地登记、土地收回、征收、土地基准地价公示、土地调解等制度。

越南土地利用分为农用地，非农用地，未利用地。农用地包括一年生作物种植地、多年生作物种植地、经济林林地、防护林林地、特殊林林地、一般耕地、盐田地、其他农用地。非农用地包括居住用地（农村宅基地和城市居住用地）、办公建设用地、国防安全用地、非商业设施建设用地（非营利组织建设用地、教育文化健康培训体育运动科学技术外交设施和其他非营利设施用地）、非农生产和商业用地（工业园区、出口贸易、服务贸易、建筑材料生产、陶器、采矿、非农业生产设施）、公共设施用地（交通、灌溉、历史文化遗迹保护点、社区活动、公共娱乐休闲、能源设施、邮政、电信、市场、污水排放处理和其他公共设施）、宗教设施用地、殡葬用地（墓地、殡葬服务中心、火葬场用地）、水面及其他用地（河流、渠道、喷泉、其他水面）、其他非农用地（仓储、农用工业生产等），未利用地。

2）越南农村宅基地管理制度

《土地法》（1993）首次明确了农村宅基地和城市宅基地的分类。并对农

---

① 　Vietnam Land Law No. 45/2013/QH1. http://www.itpc.gov.vn/investors/how_to_invest/law/Law_on_land/view

村宅基地管理设置了具体管理制度。

（1）宅基地取得：根据《土地法》（2014）规定，家庭或个人建房用地是由国家分配，但需要交土地使用税（Article 55），无限期使用（Article 125），宅基地面积定额标准由省人大决定，定额标准要符合当地实际条件和风俗（Article 143）。旧版《土地法》（1993）对农户宅基地使用面积进行规定，农村宅基地法定标准由各地按照实际情况自行设定，但最大面积不得超过 400m²，对自然条件特殊的地方或有多代同堂习惯的地方，法定面积可以适当提高，但最大面积不能超过当地标准的两倍[①]。根据越南《土地使用税法》（2004）规定，获取宅基地使用权交费根据农村宅基地获得的历史阶段、获取方式、面积等因素不同收取（Article 8）。根据 2010 年 120 号法令[②]，如果家庭或个人不能立即缴付宅基地使用税，可以以书面形式将所欠使用税以债务形式写进土地使用权证，可以在 5 年内以分期付款的形式偿还债务。

（2）宅基地规划：农村宅基地必须坐落于城市规划和土地利用规划划定的居住用地范围内。在越南《建筑法典》中农村居民点规划有着详细、具体的规划要求。选址一定要远离工业废弃物、疾病易传染、易发洪水、龙卷风区域、自然资源开发区或人类遗迹。严禁在历史文化遗址、风景名胜和国防区域规划建设。农村居民点区域面积要符合当地实际条件。选址应当与公共服务设施规划相协调，保证农村居民的生产生活方便，生活环境卫生、现代化。对居民点区域中各地类规划面积要求如表 5-1 所示。

越南农村居民点用地规划面积　　　　　　　　　　　　　表 5-1

地类	占地面积（m²/人）
居住用地（宅基地）	≥ 25
服务设施用地	≥ 5
公共交通和技术设施用地	≥ 5
公共绿地	≥ 2

每个居民点区域内应当划分有居住区（宅基地）、村（社）中心、生产服

---

① 越南土地制度改革进展与简评 . http://blog.sina.com.cn/s/blog_565221f10102veaz.html?tj=fina

② Decree No. 120/2010/ND-CP: Land use levy adjusted. http://vietnamlawmagazine.vn/decree-no-120-2010-nd-cp-land-use-levy-adjusted-2373.html

25

务区、社会服务设施区、技术服务设施区，确保居住区域内相关交通、生产、休闲、娱乐和公共活动等配套，建筑要与当地文化、历史、民俗和习惯相协调。每户宅基地应当修建在居住用地范围内，包括主屋和附属设置（厨房、仓库、辅助生产区）、通道、花园、储粮、柴火房、车库、篱笆、池塘等，这些附属设施要满足农户日常生产生活的便利性。《建筑法典》中还对农村居民点内的绿化、交通、供水、排水、固体垃圾、电力分别进行单项详细规划。每户宅基地面积必须严格服从当地政府对户均宅基地面积规定。国家应当采取政策创造条件使农村居民充分利用已有宅基地，严格控制在农用地上规划、新建居民住房。

（3）宅基地管理：①土地登记。根据越南《土地法》规定，土地登记是土地使用权人必须履行的义务，政府对符合相关法律规定的土地使用权人进行登记发证。任何农户或个人长期所使用的土地若能提供 1993 年 10 月之前的相关合法文件资料的，都予以发证。确实无法提供相关文件资料的农户或个人，若事实上是在当地长期居住且直接从事农林生产，社会经济条件有困难的，由当地乡镇人大确认情况后也予以发证。②用途变更。越南执行土地用途管制制度，即使农业用地之间分类用途的变更也要进行审批，而如果非居住用地向居住用地用途变更，也需要主管部门批准（Article 57）。③收回补偿。国家因国防安全或公共利益，可以收回土地使用权，需要对土地使用权人补偿。如果土地使用人在本集体、村或镇拥有不止一套住房，必须采取货币补偿；如果土地使用人在本集体、坊或镇没有其他住房的，政府要向被收回人重新分配住宅用地或住房。如果被收回人选择不要住宅用地或住房，也可以进行货币补偿（Article 79）。④有偿使用。根据越南《非农用地使用税法》（2012）规定，城市与农村宅基地都是课税对象。允许一人可以拥有多处宅基地，但根据宅基地的定额标准和超出部分面积的比例征税[①]，见表 5-2。⑤宅基地流转税收。根据 1994 年《土地使用权流转税法》规定，宅基地使用权在同一家庭内部转让或继承，可以免征土地转让税。1999 年该法进行修正，强调土地使用权流转在祖孙、收养父母与孩子、兄弟姐妹之间转让都属于税收免征

---

① LAWON NON-AGRICULTURAL LAND USE TAX. 详见：http://www.itpc.gov.vn/investors/how_to_invest/law/Law%20No.48_2010_QH12/view

范围。随后在 2007 年越南政府颁布《个人所得税法》，将土地使用权转让收入作为个人所得进行统一征税管理，针对农村宅基地交易税收为转让增值收益的 25%。若宅基地原买入价和交易相关费用无法清晰剥离，则按交易卖出价 2% 征收，同时，在继承原《土地使用权流转税法》基础上首次强调，如果只拥有唯一宅基地或房屋的个人，在进行土地使用权及其附着物转让时免征个人所得税。由此可见，对于农村宅基地交易收入要进行税收管理，但若只是用于家庭内部继承、转让等情况，没有以此投机炒作而谋取巨额利益，政府都会对其实施免税。⑥价格管理。从 2014 年开始越南政府每 5 年公布一次基准地价，农村宅基地价格由各省根据土地法规定的评估方法进行评估，其价格标准按照距离交通道路等级（国道、省道、县道），距离农村市场、离镇（集体）中心等不同要素分成不同等级。由于不同省份、区域之间的经济发展水平差距影响，导致宅基地价格差异巨大。以 2014 年土地价格框架结果为例，最高宅基地价格是位于红河三角洲的农村宅基地高达 29 000 000VND/m^2（约合 8700 元人民币 /m^2），最低价格是越南中部高原地区宅基地价格仅有 15000 VND /m^2（约合 4.5 元人民币 /m^2）①。

越南居住用地征税参照表

表 5-2

税级	征税面积（m^2）	税率（%）
1	额定面积内	0.03
2	超出额定面积 3 倍以内	0.07
3	超出额定面积 3 倍以上	0.15

3）越南土地制度变迁

第一阶段：越南统一前（1945 ~ 1975 年）

在越南独立之前，越南土地大部分是由地主和法国殖民者庄园所控制。20 世纪 40、50 年代，在越南北部，胡志明领导的革命队伍开始进行反帝反殖民革命，在革命区开展土地改革。1958 ~ 1965 年北越快速实现了土地集体化，集体化经过互助组、初级社到高级社。私人土地所有权被废除，生产用地被国有企业、组织所垄断，农民可以保留自留地。在越南南部地区，在"越战"

---

① Vietnam land price framework: dividing in two groups.http://vietlaw4u.com/vietnam-land-price-framework/

期间，在美国指导下由南越政府开展农村土地改革，城里则出现了反地主运动，在二者的双重作用下，原先由地主控制的土地所有制逐渐弱化。1975 年越南统一，在越南南方地区也开始土改运动，这些地区农村也走上了农业集体化道路，但由于南方特殊的历史发展和经济环境背景，南方合作社失败的比例较高。到 1980 年整个南方只剩下 173 个中等规模的合作社，许多合作社和生产集团已经名存实亡[1]。

第二阶段：革新开放之前（1975 ~ 1986 年）

1970 年 ~ 20 世纪 80 年代初，集体农业和国家计划经济导致了农业减产、生产效率低下等大量问题。1981 年越共中央颁布第 100 号文件，决定集体土地交付农民耕种，农民只要向政府缴纳部分产品，其余全部留给自己。越南开始实施土地承包责任制。1980 年宪法规定全国土地归全民所有，个人只允许拥有土地使用权，且由国家分配无偿使用，国家在特定条件下有权收回土地。

1986 年越南开始启动"革新开放"（DoiMoi），开始了由计划经济向市场经济的转型。土地制度被认为是保证政治稳定、社会公平、经济发展的重要因素。1987 年 12 月越南国会通过了首部《土地法》，正式建立起现代土地管理制度。根据规定越南所有土地归全民所有，即全部土地实施国有化。国家代表全体人民行使土地所有权，国家向个人、组织分配土地使用权。在这部法律中也正式确立了越南家庭土地承包制，农用地无偿分配给农户使用，农户与国家签订生产合同，租期为 20 年。这一改革极大地刺激了越南稻米生产，使越南从原来的粮食短缺严重的国家迅速成为世界第三大稻米出口国。

1992 年宪法修订，依然保留土地全民所有制。在宪法基础上，1993 年颁布第二部《土地法》，赋予农民长期土地使用权，并颁发《土地使用权证》，稳定农户土地使用的产权预期。同时，要求国家定期公布土地基准价格，用以指导土地市场交易。土地使用权可以交换、流转、继承、租赁、抵押。1998 年《土地法》补充修订，国内经济组织可以从国家得到分配土地来从事房地产开发和工业园区开发。

2003 年颁布第三部《土地法》规定政府代表全民拥有土地处分权，可根据社会经济发展规划确定土地用途、土地交易量和使用期限，决定土地使用、

---

① 　Lâm Quang Huyên. Vấn đề ruộng đất ở Việt Nam [M]. Hà Nội: NXB khoa học xã hội, 2007: 207

出租、回收、变更用途等事宜。在这部《土地法》中对于许多大量历史遗留问题提出了解决办法。经济组织可以将土地使用权在市场交易，国内和国外投资人在土地权利和义务的平等性得到改善。

《土地法》（2014）在越南国会2013年11月通过，将于2014年7月生效。对于新版《土地法》主要修改内容是：延长农业用地使用期限，将土地承包期从20年改为50年；每5年一次公布地区土地价格框架，如果市场主要交易价格高于最高价格20%以上或比最低价格低20%，政府要对价格框架进行调整；土地价格框架要引入专业机构咨询提供服务；完善了土地征收程序，设置了土地纠纷、上访的协调机制。

4）越南土地市场

农地市场方面：《土地法》（1993）延长了土地承包期，进一步稳定了农户土地使用的产权预期，并且土地承包权可以抵押、租赁、继承、流转、交换。政府希望利用市场经济手段力量来促进农地规模化，提高土地生产效率。政府鼓励农户自愿流转土地，使面积破碎的土地能够逐渐集中整理成大面积、容易机械耕作的农场。在这样的制度背景下，越南大量农地进行了流转，出现了土地集中的庄园经济。

房地产市场主要分为两个阶段：

（1）在2003年之前。1980年后越南宪法宣布土地国有化后，非正式城市住房市场依然存在。在当地政府的默许下，城市居住用地和住房主要通过地下黑市的私人隐形交易，导致土地市场混乱。尽管政府定期公布土地价格作为国家土地分配、租赁、转让、补偿、税收的基础，但这种政府公布价格与市场实际交易价格差距很大，未能有效引导市场建设。

（2）2003年以后。《土地法》（2003）规定允许越南本国企业所拥有的土地使用权可以被视作财产在市场进行交易，赋予了政府在土地供应方面对房地产市场的调控职能。土地管理和土地登记权利由中央向地方政府转移，政府鼓励国有企业进行地产开发。2006年《不动产商业法》开始有条件地允许外国人和海外越南人进入越南不动产市场，但仅限于开展房地产相关业务，包括销售、估价、房地产经纪、房地产咨询、拍卖、广告、物业管理等[①]。2007

---

① Hironori KATO, Le Hong NGUYEN.Land policy and property price in Hanoi, Vietnam.

年补充法令规定，允许外国企业可以从事以营利为目的的房地产开发，享受与本国企业相同的权利与义务 [1]，宣告外资正式进入越南房地产市场。

5.2　对我国构建城乡统一建设用地市场的启示

5.2.1　日本经验——严格细致的乡村规划；完善的土地交易配套管理制度

日本与我国国情有类似之处，人多地少。作为发达国家，已完成工业化和城镇化进程，其土地管理值得我们借鉴。日本土地属于私人所有制，国家保护私人土地所有权。"二战"后日本进行了彻底的土地改革，农村封建土地制度被彻底摧毁，借用土地借地权（地上权）等土地制度完成了现代化国家转变。在日本快速城镇化过程中，由于国土面积狭小，逐渐形成了以三大城市圈为核心的城市带，国内主要人口和经济集中在这些城市带中，导致 20 世纪 80 年代末日本大城市土地价格快速上涨，并带动地产市场虚高，形成地产泡沫，最终日本地产泡沫破灭，经济陷入长期低迷状态。可以说，日本地产经过了一个过山车式的发展，在这过程中积累了许多经验，形成了完整的法律制度体系。

第一，日本土地可以自由交易，为防止局部地价过快上涨，日本建立了土地交易许可、土地交易申报劝告、交易区监视、地价公示等制度。将土地交易价格快速上涨地区划为监视区，对监视区内土地交易规模和价格实施审批备案，如果认为交易价格过高，会提出交易劝告，以此来调控土地交易。或是在限制区域内建立交易许可，只有在交易方案获得许可后才能实施。这些制度设计为我国农村宅基地制度改革提供了借鉴，那就是为避免区域内不同地区宅基地流转价格差距过大可以采取交易监视、劝告等制度。对城镇居民购买农村宅基地可以建立交易许可制度，划定可交易范围，只要在可交易区域内宅基地才能向城镇居民开放等等，都是可以值得借鉴的制度。

第二，日本虽然没有农村宅基地的概念，但是对于农村宅地管理非常严格。在规划区内，对宅地类型进行了细致划分，对建筑物的容积率和占地面

---

① Vietnam Land Administration - The Past, Recent and for The Future. Vietnam Land Administration - The Past, Recent and for The Future

积等有着细致标准，所以在宅地上建房要严格遵守各项规划和标准。对于农村地区住宅。村镇规划对农村建房的区域、面积有明确规划，特别是对占用农用地需要特别审批。可以看出，日本的住宅建设管理严格，并且无论是规划、建筑物标准，都有着完整的、细致的法律体系，使得宅基地管理过程具有可操作性。

5.2.2 德国经验——加强空间规划体系建设；借鉴地上权制度

德国作为老牌发达国家，其政治体制为联邦制，土地管理被认为各州议会权利，联邦政府只在宏观层面颁布概念性规划，并制定基本法律，对于各州土地管理具体事务由各州负责具体实施，这一特点在德国空间规划体系中体现地最为明显。联邦政府只负责全国的战略空间规划发展，与欧盟空间规划衔接，并协调跨区域规划等，州政府也只是负责各州内的发展空间规划，产业布局规划等。真正将土地利用管理落实到实践中的是市镇政府，主要依据土地利用规划和建筑法典，详细规定了土地利用的类型、程序、权利与义务等，具有很强的可操作性。

从德国土地管理经验中，可以看出德国作为成熟的民主法治国家，对于土地交易有着成熟的法律体系，每一步骤有着明确操作，只要符合相关法律，任何土地都可以交易。在德国城市发展历史中，地上权制度发挥了巨大作用。在保护土地所有权的情况下，尽可能充分利用土地，德国扩大了地上权权利，使得土地所有者不仅不会损失土地所有权，而且可以分享城市化进程中土地增值收益。对于地上权使用人，可以免去土地出让所需的大笔资金，实现住宅需求，使更多的资金用于产业生产中。这种制度对于我国转型期国有建设用地到期后自动续期提供了思路，是否可以将现行的批租转为年租。对于宅基地制度改革，可以引入地上权制度，在保留集体经济所有权的前提下，以地上权制度来提供农村住房保障，从法理上来解决宅基地使用权无偿分配、农户缺少处分权等改革难点问题。

5.2.3 越南教训——忽略区域发展阶段差异，一刀切式的宅基地自由交易酿成地价悬殊

国内外土地管理制度经验借鉴的有关研究中，西方发达国家的经验介绍

较多，但西方国家在基本土地制度、管理形态、社会文化与我国社会经济环境有着显著差别。所以，发达国家制度经验固然先进，可以提供参照和示范，但有时也会出现"水土不服"的现象，使得参考借鉴的意义大打折扣。基于此，本书选择越南土地管理作为研究对象。越南与中国同属社会主义国家，同样经历了社会主义改造，建立了公有制土地制度，并且两国都在 20 世纪 80 年代开启了经济改革与转型，亦在土地管理制度方面进行了改革，所以梳理越南土地管理的相关做法与措施，可以使我们既能吸取先进的优秀经验，又能避免一些失败的教训。

越南在 20 世纪 80 年代初首先在农村实行了土地承包制，调整生产关系，提高了农地生产力。而后伴随着革新开放，越南宪法宣布所有土地"国有化"，所以越南不存在二元土地所有制，这为越南以后的土地改革减少了许多阻力。由于土地所有主体单一化，土地市场交易客体只能是土地使用权，政府是土地一级市场的唯一主体，这是与我国城乡二元土地市场最根本的不同之处，所以越南土地后续制度改革一直沿着扩大土地使用权权能，激活土地市场机制方向进行，政府依然在土地市场中处于绝对优势地位。

我国集体建设用地制度改革中，宅基地是重中之重，不仅因为其占农村集体建设用地的比例大，而且涉及农村社会稳定，所以学界对其改革争论较多，政府改革政策也比较谨慎。反观越南对宅基地改革比较彻底，其制度具有"规划先行，确权登记，有偿获取，自由交易"特点。这种宅基地制度实现了国内部分学者所设想的改革，农村集体不再无偿分配宅基地，宅基地有偿购买，自由交易等，赋予了农民自由处分的权利，但确实也出现了国内另一部分学者所担心的，宅基地流转价值的区域巨大差异，其宅基地基准价格最高与最低之间相差 1900 多倍，容易导致"土地食利"阶层出现。而且由于越南没有经历乡镇企业发展阶段，未能给农村经济转型提供缓冲。市场经济改革后，农村集体经济组织凋谢，农民收入只能依靠在大城市打工，收入增长缓慢。宅基地有偿购买直接导致农村建房成为农民巨大负担，这一点应引起我们的足够警示。与此同时，越南宅基地改革比较彻底，完全依靠规划制度管理，农民只能在农村居住规划区内购买宅基地，然后办理土地登记后才允许建房。宅基地基准价格根据离市场、离公路距离等条件实施了差异化价格。这些制度都为我国宅基地制度改革提供了参考和借鉴。

第6章
构建城乡统一建设用地市场路径设计

　　城乡统一建设用地市场构建路径设计应当在统一与平等对待城市和农村土地这一总体目标指导下进行（国务院发展研究中心中国土地政策改革课题组，2006），回归建设用地本身属性，以土地利用规划为龙头，打破土地所有制的"二元""双轨制"制等管理歧视，按照市场经济内在要求使城乡两个土地市场接轨（王小映，2005），转变政府职能，完善土地产权制度，改革征地制度（郑振源，2012）。在这一过程中，要统筹考虑国有建设用地、集体经营性建设用地、宅基地产权公共域变化规律，依据土地利用转型不同程度实施时序阶段性、区域差异性制度设计，才能保证制度设计符合经济社会发展阶段，降低制度改革风险，稳步推动城乡统一建设用地市场建设。

6.1　总目标

　　在新型城镇化和乡村振兴战略背景下，构建城乡统一建设用地市场不仅是为了推动土地要素在城乡市场之间自由流动，土地资源按照市场经济原则得到最优配置，而且要以最小的社会风险代价，实现集体建设用地（包括宅基地）制度改革，以此推动工业化、城镇化进程，缩小城乡差距，实现乡村振兴。所以，本书路径设计以此为目标，在不完全产权理论框架和土地利用转型理论指导下，坚持土地公有制不改变、耕地保护红线不动摇、农民权益不受损，结合其他国家土地管理经验和启示以及全国"三块地"改革实践基础，提出完整的政策、制度设计方案。

6.2　构建路线图

　　根据产权公共域理论分析，构建城乡统一建设用地市场的本质是一个不完全产权向完全产权趋近的过程，是产权公共域不断缩小的过程，而在这一过程中，由于产权发展阶段不同，属性各异，需要分阶段开展制度改革，在每一阶段的制度设计中要考虑区域发展差异，综上，本书路径设计框架如图 6-1 所示。

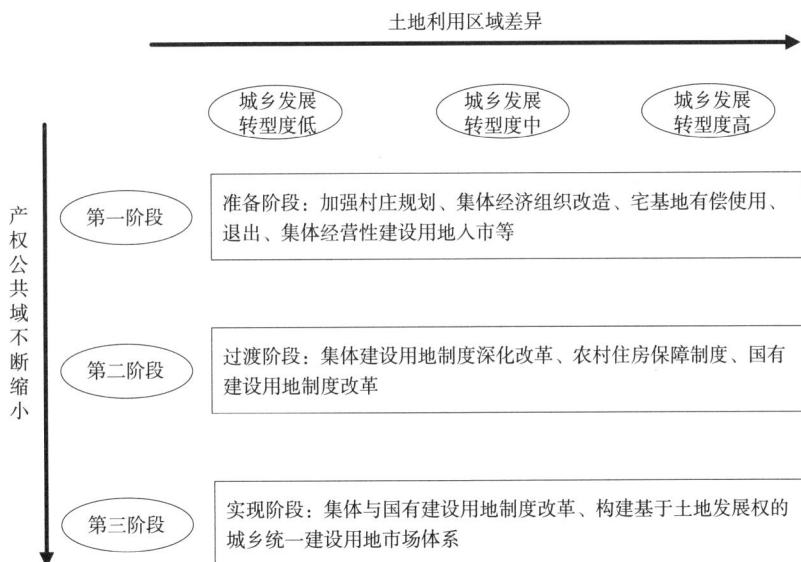

图 6-1　设计路线图

6.3　第一阶段：准备阶段

　　由于我国长期以来城乡土地的二元管理体制，国有建设用地已经可以实现高度的市场化配置，而农村集体建设用地却依然受到区别对待，没有形成对等的土地交易市场，而是存在大量的隐形交易，造成农村建设用地蔓延、管理混乱、农民土地权益无法保障等问题，所以根据前文中不完全产权理论的解释，在这一阶段中，现阶段依然是城市与集体两个土地市场，应当以培育集体建设用地市场为主要目标，培育市场主体，对集体经济组织进行股份化改造，缩小产权公共域Ⅲ，弱化宅基地成员身份属性，加强和完善村庄规划，建立集体建设用地地价体系等方面着手实施改革准备工作。

6.3.1 加速编制和完善乡村规划

长期以来，我国规划编制与管理都是重视城市地区忽视农村地区。对城区规划技术与管理都有许多成熟的做法和研究，而农村地区的村庄规划和土地利用规划则都处于管理的薄弱环节，许多地区甚至没有编制相应的乡村规划，或由于规划编制粗糙，无法对农村土地利用形成有效的管理。在实践调研中，某地区不成文的管理潜规则是"三不"原则，即农民建房建筑面积不超过300m²，资金不超过300万元，不超过3层的情况都不予管理。所以缺乏规划管理的农村土地暴露出许多问题。加之近些年来，工业化、城镇化推动，农村人口的迁移和流动，造成农村人口老龄化、村庄空心化，普遍存在着村容脏乱差、土地利用浪费、公共基础服务设施匮乏等问题。集体建设用地中最大比例就是宅基地，由于缺乏农村居民点的严格详细规划，农民私搭乱建、超占多建、占用耕地等问题更是成为顽疾，导致出现农村人口不断外流，农村建设用地面积不降反升现象，威胁到耕地保护红线，造成土地利用浪费，阻碍了城乡一体化进程，所以要遏制当下存在的集体建设用地问题，首先要从村庄土地利用规划着手，坚持多规合一，在全国范围内编制大比例尺村级规划，加强村级规划管理和执行，为下一步集体建设用地流转和市场构建打下坚实基础，这一点在部分集体建设用地改革试点方案中得到了印证。

乡村是不仅是农民生产、生活的聚居区，也是与城市对应的生态文化景观单元，所以，乡村需要生产、生活、生态、文化等多方面的综合管理，编制乡村规划应从以下几方面着手：

其一，从规划内容角度。国家正在大力推行"多规合一"改革，在准备阶段，应当全面开展乡村规划编制工作，乡村规划应当将村庄规划、村镇土地利用规划、生态保护规划、农村土地综合整治规划、特色乡村文化保护规划等多种规划合一。特别要强调的是，借鉴国外农村管理经验，应当编制农村住房建设规划，对农村房屋的容积率、建筑面积、用途、样式等制定出具体标准。总之，要统筹考虑乡村的产业发展、生活服务、功能设施、居住保障等问题，协调跨部门合作，整合各方资金投入，将规划的"最后一公里"打通。

其二，从规划范围角度。依据已有研究成果和本书土地利用转型理论可知，不同经济发展水平区域，土地利用转型程度不同，所以在规划编制时要考虑区域差异，使规划更具有针对性。在全国层面上，对于东部城乡发展转型程度较高的省份，农村居民收入较高，所建房屋历史较短、投资较大，所以规划编制应当突出存量土地潜力挖掘，充分调动土地综合整治、增减挂钩规划等制度工具，进一步提高村庄内部的各项公共服务设施水平，宅基地用地标准适当偏紧，对乡村产业用地可适当增加。对于中西部欠发达地区，城乡发展转型度较低，应当加快空心村整治，引导村民适度集中居住，构建重点镇、中心村等农村居民点空间布局体系，对宅基地用地标准可适当放宽。利用建设用地增减挂钩，做好建设用地动态平衡。在同一省域层面上，在城市规划范围以内地区，由于乡村距离城市距离较近，各项公共基础设施配套较好，农民收入水平较高地区，应当参照城市规划编制的技术标准体系，结合当地的产业规划发展，按照产业发展、公共服务设施、生活配套，严格控制各类用地标准，特别是对农村宅基地要严格控制占地面积，可适当提高房屋的容积率、建筑面积等标准。在经济发展较好地区，应当控制农村宅基地用地总面积，不再继续规划分配宅基地，只预留少量村庄产业发展用地，鼓励有条件的村庄以建设用地增减挂钩、土地综合整治等手段，拓展存量集体建设用地，划定村庄土地利用红线；对于城市规划外地区，考虑人口迁移趋势，适度引导村民集中居住，重构农村居民点空间布局体系，降低公共服务设施建设成本，提高村内公共服务设施用地比例，结合耕地保护、基本农田划定工作，大力开展土地综合整治规划，提高耕地数量与质量，提高农村生态环境改善。

其三，从规划编制期限角度。乡村规划分为短期规划和中长期规划。短期规划以 2 ～ 3 年为期，最主要目的是快速将全国乡村土地利用做到全覆盖，将现状建设用地面积锁死，遏制住当下农村建设用地蔓延之态势，为制度改革提供基础数据支持。中长期规划以 10 ～ 15 年为期，重点是引导农村中心村建设，鼓励村民集中居住，改善农村生产生活环境，缩小城乡公共服务之间的差距，为最终城乡统一建设用地市场最好铺垫。

其四，从规划编制方式角度。鼓励参与式乡村规划编制方式，过去的规划编制是从上而下式的，更多体现的是规划师思想。对于乡村规划，由于规划师缺乏当地生活生产经历，只是简单的收集资料然后凭借自己的"书本知识"就为村民进行了规划，造成规划多会出现"水土不服"，从而降低了规划执行效力，所以对于村庄规划应该鼓励采用参与式规划编制方式。从规划编制初期就将当地村民吸收进来，以问卷、访谈、宣传等方式探求村民真正需求和村庄发展出现的问题，然后向村民宣讲规划的原理与概念，鼓励村民提出规划的想法，再由规划人员按照科学原理进行编制，将规划方案向村民宣讲、解释、答疑，然后反复修改，最后以民主投票的方式表决乡村规划方案。这样使得规划编制更具地方特色，更具可操作性。同时，在规划编制过程中进一步向村民宣传了土地管理的基本政策和知识，提高了农民对政策的认识，有利于推动下一步制度改革。

其五，从规划管理角度。过去农村地区各种规划、资金、管理比较分散、混乱，要实现"多规合一"编制和规划管理，就必须要加强规划管理结构职能。在基层镇、村级，各种原有的涉农规划部门应当统一整合至国土管理部门或某单一部门，统一规划编制的技术体系、用地分类标准、数据库，人员编制机构。这样不仅从底层打通多种规划数据基础，方便分享利用各自数据，而且在规划执行过程中严格监督乡村规划执行，对任何房屋违法建设、土地违法利用、破坏生态环境、毁坏乡土文化等问题采取拆除、罚款、起诉等强制执法措施，真正使规划得到落实，树立规划权威，发挥规划的龙头作用。

6.3.2　集体经济组织股份化改造

影响集体土地流转制度改革诸多因素中最重要的是集体土地产权主体虚置。根据《土地管理法》规定集体土地产权应当由集体经济组织所有。但集体经济组织是计划经济时代人民公社解体后的产物，随着家庭联产承包责任制的推行，原集体组织经济组织功能被瓦解，集体提留也不再存在，《土地管理法》中所规定的"农村集体经济组织"恰似空中楼阁，一直未能落地。在许多地区，原集体组织的经济功能由村民自治组织的村委会所代替，造成了政治管理、村民自治、经济组织、服务保障混为一体，使得集体土地产权主体一直比较混乱。而由村委会代替行使的集体经济组织功能，村民对其信任感较低。

伴随着工业化、城镇化进程的不断推进，集体土地价值的不断上升，特别是东南沿海地区，大力兴办乡镇工业，集体土地的供需矛盾更加突出，由于产权主体虚置所带来的问题也愈来愈多,所以各地纷纷探索对于集体经济组织改造办法。土地股份(合作)制是其中最早、最主要、最成熟的方式。最初在广东南海等地,乡镇企业发达,为方便乡镇企业土地租赁等需求,当地开始探索土地股份合作,现在这种形式已经在北京、上海、江苏、浙江、四川等多地开展,其中有土地承包经营权入股、集体建设用地入股,或是以土地权利入股、技术入股等多种形式,不一而同。对于集体经济组织改造而言主要有以下几种途径:合作社法人、公司法人、股份合作制法人(何嘉,2014)。合作社最初是在土地承包责任制实施后,由农户自愿组织起来,为成员之间提供农业生产资料购买,农产品销售、加工、储藏、运输等服务而成立的专业合作社,但这种组织依然没有解决集体土地产权不明确的问题,而且更适宜于依靠农业生产地区;公司法人则是按照现代企业制度,以农民入股方式构建起新型经济组织,农民以股东身份成为企业的所有人,明确了农民与集体财产之间的关系,农民以股份分红参与利益分配,但企业经营依赖于对集体资产经营,对于纯农区、工商业不发达地区不适宜;股份合作制则是兼具了合作社和股份制两者的优点,既明确了农民与集体财产之间的关系,又可以在一定程度上实现所有权与经营权分离,但存在成员退出机制不健全、土地产权不完整、股权静态与人口动态变化矛盾等问题(张毅、张新宝等,2014),仍是当下最主要的集体经济组织形式。

对于构建城乡统一建设用地市场的准备阶段,就是要培育发展市场主体,改变过去产权主体虚置出现的问题,并且为今后增量集体经营性建设用地入市,宅基地管理做好准备。主要分为三种情况:第一,对于完全处在城市核心区域的城中村、村集体经济组织或社区(村改居)大多数已经成立了相应的股份制企业,这些股份制企业处于城市范围内,由于土地征收、留地安置、物业租赁、集体企业经营等原因已经具有一定的经济实力。在这一阶段内应当确定一个改革时点,规定在这个时点之前的户籍村民(居民)可以享受集体经营性建设用地、宅基地资产入股所享受的股权分红。在此之后的新村民(居民)可以获得本村或社区成员身份,但不能拥有股份制企业成员身份,不再新增股份,不能享受集体经济组织分红,但可以继承股份,这样鼓励已经在城市稳定就业的村民(居民)融入城市生活而不是依赖于集体经济组织分红。集体股份制企业在将集体成员个人股比例确定后,可以扩大外部人员入股比例，壮大企业融资规模，促进集体经济发展，降低企业所承担的福利保障成本，使企业逐渐向真正的股份制企业过渡。

第二，对于城乡结合部农村，由于村庄距离城市较近，工商业发展比较成熟，村集体具有一定的不动产经营收益，村民基本不从事农业或农业收入比例极低。这些村庄成立股份合作社，应当在某一时点将集体经营性建设用地作为集体股、宅基地作为个人股纳入股份制企业中，宅基地使用权入股以合法标准范围内宅基地面积价值折算入股，未来宅基地使用权抵押、转让、继承都只发生股权变动，不发生宅基地实物变动，且新增人口享有村股份合作社成员身份，按照村民平均股价折算股份，但不分配实体宅基地。有条件地区可以提供公租房用于住房保障，或是村集体物业提供住房保障，或是以股份在村集体内部存量宅基地中换取。

第三，对于城市规划圈外、远郊区、山区、纯农业地区的农村，工商业微弱，基本以农业生产为主。存量集体建设用地面积较少，大多数为农村宅基地。这类村庄成立股份合作社，应当在某一时点，将存量集体经营性建设用地入股为集体股，对于宅基地则以合法标准面积内的宅基地使用权价值折算入股，未来宅基地使用权抵押、转让、继承也只是发生股权变动，不发生宅基地实物变动，新增人口享有村股份合作社成员身份，分配实体宅基地和新增股份，方便集体组织统筹土地管理和未来土地增值收益分配，又对农户住房进行了保障。

6.3.3 集体建设用地制度阶段性改革

建立城乡统一建设用地市场的准备阶段是培育、发展农村集体建设用地市场。过去长期以来，由于土地市场的"二元"割裂，以产权主体性质区别对待国有和集体土地，使集体土地产权不完整，不能够自由交易，没有形成正规市场，存在大量隐形交易，造成集体建设用地市场畸形发育。同时由于缺乏平等权利地位、缺少交易中介组织等外部市场环境，使得集体建设用地市场的土地价值不能得到充分释放。在农村建设用地市场中占最大比重的宅基地，由于其成员身份性、保障功能等存在，对其流转限制更加严格，所以宅基地市场更加不成熟。这一切的背后原因是集体建设用地制度改革的滞后，国家从2015年开始实施了"三块地"改革，希望借此打破改革坚冰，为集体建设用地制度设计积累宝贵实践经验，本书在前期调研中，对改革方案、若干试点的经验做法进行了梳理与研究，结合本书有关理论研究成果提出对集体建设用地制度阶段性改革的思路设计。

6.3.3.1 集体经营性建设用地制度改革设计

集体经营性建设用地制度改革在本次改革试点中力度较大，赋予了集体经营性建设用地流转权利，已经几乎与国有建设用地同等地位，从产权公共域属性分析图中也可以看出，其产权不完全程度与国有建设用地最接近。从实际调研中也发现，集体经营性建设用地入市制度改革进展较顺利，最主要的问题还是存在于土地增值收益分配即土地调节金的收取比例是各地重点探索方向。作者根据调研案例分析和理论研究提出集体经营性建设用地入市制度设计。

1）现阶段集体经营性建设用地入市前提是存量土地，且对于商品房开发采取模糊态度[①]，这是现阶段制度改革前提。培育集体建设用地市场，其基本制度建设如下：

（1）允许集体经营性建设用地使用权可以流转、抵押、租赁、转让等权利，且参照国有建设用地使用权设置使用权有偿使用期限，比如工业用地 50 年，商业旅游用地 40 年等。

（2）集体经营性建设用地出让可以采取协议、招标、拍卖、挂牌方式，对于历史形成已经实际占用，并具有良好生产效益的地块可以采取协议出让；其他情况应当尽量采取招拍挂方式。

（3）目前来说，集体经营性建设用地入市增值收益分配主要依靠土地收益调节金形式。对于增值收益调节金的思考详见本书 4.8 节。在目前阶段，应当尽快总结各地试点经验，明晰基础理论概念问题，设置更加合理的征收比例。

（4）对于集体经营性建设用地调整入市形式，即对于分散、不适宜直接入市地块可以通过土地整治、增减挂钩形式等间接入市。需要涉及地块所有权主体互相协商同意后实施，前期整理成本由入市申请人承担，政府土地管理部门验收合格后才能办理入市。

（5）对于集体经营性建设用地涉及征地程序的，可参照国有房屋拆迁安置补偿条例对集体土地使用权受让人进行补偿，对集体经济组织进行土地征

[①] 对于集体经营性建设用地入市用途是否允许商品房开发，官方文件没有明确表达。实践中，根据作者了解，北流、泽州和长垣有商品房开发项目，但其他试点地区入市地块没有此用途开发。

收补偿。

2）建立土地储备优先收购制度。调研中德清县由于县域经济发达，对集体经营性建设用地需求高，流转价格与国有建设用地出让价格差距不大，可以基本实现"同地同价"，提高了农村土地财产收益。对于经济欠发达地区，城乡转型发展度较低地区，本身经济辐射能力有限，对于集体建设用地需求不大，或流转价格较低，甚至低于当地征地价格时，地方土地储备机构应当具有优先收购权利，且必须以不低于征地价格进行收储，且不改变所有权性质，保障当地农民土地权益。

6.3.3.2 宅基地管理制度改革设计

现行试点的重点是有偿使用、流转和退出，以遏制宅基地蔓延，解决"空心村"问题。由于宅基地涉及集体组织成员身份性和居住保障功能，加之乡村熟人社会属性，导致宅基地制度改革与集体经营性建设用地入市改革相比推进比较缓慢。根据宅基地制度变迁和不完全产权理论分析，本书认为宅基地管理去身份化和去保障功能化是未来趋势，所以在准备阶段，对宅基地管理制度改革措施如下：

1）加强宣传宅基地管理制度与政策。长期以来，农村社会多数村民认为宅基地属于私人财产，随意占地、随意建设，缺少规划、审批意识。在全国范围内应当大力宣传农村土地管理政策，树立农村土地节约集约利用意识，加强对宅基地一户一宅、有偿使用、有偿退出的宣传。对一户多宅、超标准面积占用等违法行为进行宣传讲解，为今后的各项制度改革做好心理舆论铺垫。

2）宅基地取得方式。在城乡发展转型程度较高地区，建议不再新增宅基地，以某一时点，锁定宅基地面积，不再无偿分配宅基地。主要通过宅基地集中整治，提高建筑容积率方式提供住房保障。有条件地区可以提供公租房用以居住保障，但不再继续分配宅基地；在城乡发展转型程度中度地区，宅基地分配实施有偿竞买，按照土地利用规划，留取少量宅基地发展用地，然后由宅基地申请人之间实施有偿竞买方式取得；在城乡发展转型程度低、经济不发达地区，宅基地依旧可以实施无偿分配，但必须严格按照土地利用规划和标准面积审批。除了新增宅基地取得方式外，继承也是宅基地取得的另一种方式，也是造成许多地区一户多宅的重要原因，应当允许宅基地继承，但对于"一户多宅"要实施有偿使用，且房屋自然灭失后宅基地自然收归村集体。

3）宅基地使用权。宅基地使用权是计划经济时代国家为保障农民居住、提供的一种低成本社会保障措施，其目的是为了给予在农村生产生活的居民类似城市居民福利分房的一种居住保障用地。但随着经济社会形势变化，宅基地设计初衷的外部环境已经发生巨大变化，所以对于宅基地使用权制度也应当进行调整。

（1）在准备阶段，宅基地使用权可以流转、继承、抵押、租赁，实施宅基地有偿使用制度，借鉴江西余江经验，对所有宅基地收取土地使用年费，法定标准面积内收取 1 元 / 年，村内五保户或生活困难的农户可以免收，对于超占面积和一户多占情况，按面积累进制阶梯式收费，收费额度由各省拟订。若不愿缴纳的农户，村委会应当积极劝导宣传宅基地管理政策。若再不听从劝说，应当从其村集体经济组织股权分红中自行扣除。对经济欠发达地区，由于集体经济组织几乎没有分红收益，则从其宅基地股份中扣除。

（2）宅基地有偿退出。由于宅基地使用权是无偿、无期限使用，许多宅基地空置，造成土地资源利用浪费。在准备阶段，鼓励一户多宅或常年闲置，已完全在城市定居村民腾退宅基地，村集体经济组织给予货币补偿。有条件地区可以为全部退出宅基地农户提供当地优惠商品房或保障性住房，用以鼓励宅基地有偿退出。

（3）宅基地使用权抵押。现行农村宅基地管理体制是农户只拥有宅基地使用权和房屋所有权，但由于宅基地被限制抵押，造成农村房屋也无法抵押贷款。2015 年国家开始试点农村住房财产权（含宅基地使用权）抵押贷款，以促进金融对"三农"建设支持。对于农村住房财产权抵押（含宅基地使用权）要向农村居民加大宣传金融与风险知识，提高其信用意识和风险防范能力，按村建立农户个人信用账户，加强同一集体组织的风险信用共担责任感；基础工作是要完成对宅基地的确权登记，只对宅基地登记面积实施贷款，对于超占、"一户多宅"面积不予认定；严格审核抵押贷款农户条件，是否有一定的经济偿还能力和居住保障，必须提供在当地除宅基地外的住房证明；可以探索村民联保，或政府建立担保公司等多种形式，降低抵押违约风险；探索建立土地储备兜底机制，增强放贷银行信心。对于金融机构处置抵押物时，由于现阶段宅基地使用权流转只限于集体经济组织内部，限制了其抵押权实现。可以放宽宅基地流转范围，允许同县范围内其他农村居民购买。若仍无农村居民购买，无法实现抵押偿还，可申请由当地土地储备机构偿还贷款。由土地储备机构将宅基地复垦征收，其建设用地指标转入土地储备机构，土地储备获得农转非指标，这样既可以实现农户住房财产权抵押，又可以降低金融机构风险，还可以增加土地储备机构用地指标。

6.3.4 缩小征地公共利益范围，完善不动产税收

征地本是政府为公共利益目的，强制将农村土地所有权转变为国有土地行为。一直以来，由于相关法律对公共利益没有清晰界定，造成征地范围过大、征地补偿标准较低等问题，所以构建城乡建设用地市场离不开对征地制度的改革，因为只有缩小征地范围，清晰界定"公共利益"范围，才是集体建设用地流转的前提，而集体建设用地则是征地范围缩小后的递进（郑义、刘杨，2015）。对于"公共利益"范围的界定国际上既有列举法，也有采取概括式。通过列举方式明确规定公共利益范围,对于缩小征地范围是有益的和必要的（王洪平，2015），以《国有土地上房屋征收与补偿条例》中列举的公共利益情形为基础，然后做出适当的调整，细化具体用地类型，制定《公共利益征地目录》，比如可以将保障性安居工程和旧城区改造等删去，细化诸如能源、科技等项目类型，其中营利性用地应当剔除，但列举式无法全部覆盖公共利益用地行为，所以对于征地项目中是否属于公共利益有争议的问题，可以由被征地村民、征地方、政府、民意代表、专家代表等听证会予以决定。缩小征地范围，即缩小集体建设用地不完全产权公共域Ⅲ，使得集体建设用地使用权更加趋近于国有建设用地用地，所以，明确在征地范围外的土地用途，集体经营性建设用地都可以参与，为用地者提供了多元化土地来源，拓宽了集体经营性建设用地利用范围，有利于集体土地价值的上升，也倒逼地方政府集约节约利用土地，尽量挖掘存量土地潜力，提高土地利用效率，减少对征地依赖。

对于过往因征地而引起的"土地财政"问题。由于缩小了征地范围，对于城乡发展转型度低，对土地依赖性高的地区，会带来巨大冲击和影响，也会减弱这些地方政府进行改革的动力，所以国家应该加速对于包括房地产税在内的整个不动产税体系的改革，保证地方政府稳定持久的收入来源，并将原国有建设用地相关的土地使用税、土地增值税等税种也拓展至集体经营性

建设用地，使得集体经营性建设用地要"权责对等"，既享受土地增值收益分配的权利，也要承担公共税收的义务。

6.3.5　建立集体建设用地基准地价和市场相关中介组织

加速集体建设用地流转，构建城乡统一建设用地市场，需要建立集体建设用地基准地价。由于过去不允许集体建设用地流转，所以不存在合法、正规市场，没有完整的价格体系，大量隐形交易价格由私下交易双方协商确定。随着集体建设用地流转制度改革，集体建设用地基准地价评估也提上议事日程，已经有广东、四川等地开展了集体建设用地基准地价评估工作，而且也已有大量学者对集体建设用地基准地价的内涵、评估方法等进行了研究，在此不再赘述。对于集体建设用地基准地价评估由于现在还没有大规模的市场交易，所以不宜采用市场法，可以采用剩余法、成本法。集体建设用地与国有建设用地相比分布比较分散，尤其是宅基地分布，对于偏远地区更是零星分布，所以基准地价评估既要考虑到成片集中区域性，也要考虑零星散落性。可以利用 GIS 技术，按照影响地价主要因素地貌、交通、基础设施水平等划分建设用地等级，然后再结合单个地块面积、用途、可利用程度等因素进行地价修正。随着市场交易案例的增加，可以逐渐用市场法去矫正基准地价，使其更加贴近市场交易价格。对于偏远、纯农区零星房屋的地价水平也要结合当地的征地区片综合地价标准进行综合考虑。

集体建设用地市场交易过程中离不开大量专业中介组织的介入。政府背景下的交易平台或中介组织由于行政办公成本等原因，造成交易成本过高，削弱了农户主动在平台交易的积极性，转而寻求私下交易。所以，建议交易平台由政府管理逐渐向第三方平台过渡，不仅有利于降低交易成本，而且促进政府职能转变，侧重于规划、监管，退出市场交易环节。在准备阶段，集体建设用地流转过程中在土地整理、土地评估、农村居民信用评级、交易代理、信息搜集发布等环节都需要专业人员和中介机构辅助。

6.4　第二阶段：过渡阶段

经过城乡统一建设用地市场构建的准备阶段，农村集体建设用地市场初步建立和培育，市场逐步走向正规化，而且给予城市国有建设用地市场一定的缓冲，使市场各方主体有了一定的适应。特别是对于农村居民来说，提高其土地资源集约节约利用意识、金融信用风险意识等。在此基础上，沿着继续缩小产权公共域的路线，继续下一阶段改革。

6.4.1　集体建设用地制度过渡阶段改革

经过准备阶段的宣传和培育，农村居民对国家农村土地政策和制度有了更多更深地了解，并且相关的政策、制度创立，有效地遏制住了集体建设用地蔓延趋势，并且集体经营性建设用地入市收益逐渐显现，农村宅基地面积也逐渐被控制。在这一阶段，允许集体经营性建设用地参与所有土地用途开发，包括商品房，享有和国有建设用地同样的权利。但是在许多特色农村地区，出于农村社会、生态环境考虑，应当对农村土地开发、房屋建设进行严格的建设管理。对于用途、容积率、绿化率、建筑面积、建筑样式作出细致、明确的规定，防止农村建设"千篇一律"。

在农村宅基地管理制度改革方面，进一步引导开展农村土地综合整治，随着农村劳动力迁移，对于交通闭塞、处于地质灾害隐患区农村，加大移民搬迁，集中安置，推动中心村建设，继续加大力度推行有偿使用、退出，对各种收费标准应当若干年调整一次，以符合当地经济发展水平。对于宅基地分配，在这一阶段中最重要的改革是继续去身份化，去保障功能化。除了纯农区、偏远山区以外，村集体经济组织不再新增宅基地分配，新增人口全部在存量宅基地自由交易获得；农村宅基地使用权开始实施有期限使用，可以参照国有居住用地70年产权期限，期限到期后可以向村集体经济组织申请续期使用；农村住房财产权（含宅基地使用权）抵押，可以将宅基地使用权流转向村集体经济组织以外成员放开，其他主体可以获得宅基地使用权70年使用权，使用期满后将由集体经济组织决定有偿收回或续租。

6.4.2　削弱宅基地社会保障属性，建立农村居民住房保障制度

宅基地一直被视作农村社会稳定器，为农民提供最后的居住保障功能，所以宅基地不同于其他建设用地属性，一直被成员身份和社会保障功能所束缚，不能打通其流转渠道。在经过准备阶段的制度改革后，通过农村土地整治、

增减挂钩等措施使得宅基地更加集中。通过有偿使用、退出,提高了宅基地利用效率,减少了宅基地空置情况。随着全国城乡发展转型程度的提高,将为农村地区人口提供更多的就业,城镇化进程为农村进城人口提供更多、更好的就业、生活、教育条件,进一步吸收农村人口,所以对于宅基地的居住保障的依赖将进一步降低。同时,农村居民住房保障不再以新增宅基地分配为主,应当建立城乡统一住房市场,将保障性住房覆盖至农村地区。在农村重点镇、中心村,有条件的村集体经济组织,通过整合村内土地资源,利用市场化运作方式建设农村保障性住房。农村保障性住房建设应当密切结合当地的人文、历史、文化、生态等环境,强调与周边农村环境的融入,不允许出现模仿城市的高楼大厦景观,严格遵守农村住房建设规划。对于经济条件有限地区,由政府或社会资金联合村集体经济组织建设农村保障性住房,这些农村保障性住房只提供给农村居民使用权。与土地使用权主体一致,避免出现房地产权主体不一致情况。对于完全离开农村地区生活,在附近中小城镇中安家置业的农户,可以提供住房优惠补贴,使他们能够享受城市保障性住房。通过构建农村住房保障制度,彻底将宅基地的居住保障功能剥离,既使农民老有所居,又能还宅基地使用权完整权利,促进城乡统一建设用地市场建设。

6.4.3　弱化土地利用年度计划和统一供地制度

随着集体建设用地使用权的不完全程度的缩小,市场主体可以选择国有或集体土地,对于建立在土地一级垄断情况下的相关制度要进行配套改革。首先,弱化土地利用年度计划指标制度。土地利用年度计划指标制度是将土地利用规划中的新增建设用地指标按年度下达,自然资源部根据各地区经济发展水平、土地利用效率等多因素综合考虑,将新增建设用地指标下达至各省,再由省级土地主管部门逐级分解下达。这种制度带有强烈的行政计划色彩,凸显了政府对土地市场控制的优势地位。这种行政管理手段与活跃的土地交易市场越来越不协调。由于国有土地一级市场垄断,政府尚可计划,而集体建设用地完全入市使得土地利用年度计划制度亟需改变。随着征地范围的缩小,城市国有建设用地增长将有所减慢,对于控制新增建设用地的年度计划指标制度的适用性在缩小。在这一阶段,应当在土地利用规划中放开新增集体经营性建设用地，在年度计划指标中分列集体新增建设用地指标，考虑到上一阶段各地入市实践情况，多因素综合分配指标，并逐级下达。其次，土地储备与统一供地制度改革。土地储备制度的基础是统一供地制度，地方政府都成立有土地储备机构，其职能主要是收储、开发、整理土地并按照统一供地制度向市场供地。由于市场主体垄断地位被打破，土地储备与供地制度也应当进行改革。土地储备机构应当转变角色，定位为土地市场调控的有力工具，增加对城市更新、棚户区改造等存量国有建设用地收储，而且也可以参与集体建设用地开发、收储，扩大收储范围。对于统一供地制度，应当将新增集体建设用地纳入供应计划。在过渡阶段，可适当控制集体建设用地上市节奏，给地方政府以缓冲，但应逐渐扩大集体建设用地供地比例。

6.5 第三阶段：实现阶段

经过过渡阶段土地制度改革，进一步缩小了征地公共利益范围，集体经营性建设用地享有与国有建设用地同等权利，为构建全面城乡统一建设用地市场打下良好基础，在第三阶段将全面实现统一市场构建。

6.5.1 国有和集体建设用地管理制度深化改革

经过上一阶段的过渡与衔接，土地市场主体已经成熟，集体建设用地使用权与国有建设用地权能基本对等，市场外部环境也已经成熟，在这一阶段要实现最终城乡统一建设用地市场建立，还需要最后的制度改革。

首先，进一步缩小征地范围，诸如"能源、交通、营利性公共服务基础设施"等都应退出公共利益范围，除特殊重大项目，可进行听证后实施征地，其他用地项目都应当通过土地市场交易获取用地。

其次，进一步完善规划体系，构建空间规划（土地利用规划、城乡规划、生态规划等）体系。按照空间规划原理，实施"多规合一"，统筹城市与乡村空间规划体系，产业经济、公共基础设施、生态环境、农村发展、土地用途等多方面规划协调统一，加大推进城市存量土地再开发利用规划和乡村土地综合整治规划，从源头打通城乡土地利用之间的鸿沟。

再次，对于土地利用年度计划指标、统一供地、土地储备制度等实施进一步改革。废除土地利用年度计划指标制度，将空间规划中建设用地总量控制划分为以 5 年为一期的阶段性指标考察，不再具体下达年度土地利用计划。地方政府根据各自经济发展情况对土地资源利用进行长期的统筹安排而不再是陷入"年年报计划，年年找项目，指标不落地、最终被收回"的恶性循环。加强规划管理权威性，所有的项目建设以空间规划为最终衡量。同样的道理，统一供地制度也不再需要，减少政府对土地市场的行政干预。土地储备机构应当更多地遵守土地市场经济原则，按照市场价格规律收购储备城市国有土地和农村集体土地或土地发展权指标（夏方舟、严金明，2015）。政府通过土地实物和指标双重手段调控市场。同时，可以参与农村集体土地开发、整理、抵押环节中，成为城乡土地开发综合服务商。

　　集体建设用地改革最后的难点是宅基地制度改革。对于宅基地取得方式，应当全面取消无偿、无期限分配制度，全面实施有偿取得和农村住房保障制度相结合的分配制度。对于地理位置不允许、经济非常不发达地区，应当尽量在存量集体建设用地中划定农村居住用地，农村居民有偿交易获得 70 年宅基地使用权。对于条件允许地区，彻底实行农村住房保障制度，不再分配新增宅基地，农村保障性住房拥有 70 年使用权，只收取少量租金，农村保障性住房可以流转、抵押。宅基地使用权拥有流转、租赁、继承、抵押的权利，并且可以向市场所有主体放开，但是要严格实行宅基地有偿使用和农村房屋建设管理细则，实施有期限使用。

6.5.2　结合土地发展权指标构建综合交易市场

　　资金来源是城乡统一建设用地市场构建过程中的重要保障条件，特别是对于纯农区、经济不发达地区、地方财政有限地区，应当通过土地发展权转移实施城乡财富的平衡，实现城市对乡村反哺、富裕地区向贫困地区扶持，其最终目的是实现乡村振兴，缩小城乡差距，实现全域范围发展。

　　对于土地发展权指标配置即农转非权利配置。首先，根据土地利用规划中规划期内耕地保有量、基本农田保有量和土地整治潜力得到土地发展权总量范围并且将城乡增加挂钩、土地整治规划等统筹考虑，然后按照土地利用规划中存量建设用地、新增建设用地计划，城乡发展规划确定土地发展权转移总量。然后按照耕地、基本农田分别配置初始土地发展权数量（张占录等，

2015），对于农村农户宅基地退出复垦后也可以获得奖励性土地发展权指标。在此基础上，应当按照区域城乡发展转型程度再加以地区调节系数，对于城乡发展程度较低地区，其土地发展权初始配置指标可以按1.2比例进行调节，对于中度地区应该按照比例系数1进行分配，而对于城乡发展城乡水平程度较高地区，则按系数0.8予以调节。在同一省区内，对于大城市、近郊区、纯农区也可实施地区差异系数调节，这样既可以为农村地区发展提供资金来源，也可以有效遏制城市蔓延，倒逼城市挖掘存量土地利用潜力。

在完成了土地发展权指标的配置后，结合上文中对土地制度的改革，城乡统一建设用地市场体系应当成为以土地实物和土地发展权指标结合的综合交易一级市场体系。在一级市场体系中，根据中长期空间规划确定城乡发展区域、建设用地范围、基本农田范围等土地用途规划。除征地情况外，所有土地需求者必须在可建设用地区域内进行区位选址，并同时需要购买获得足够量的土地发展权指标才能施工建设。拥有土地发展权的农户可以部分或全部出售自己的土地发展权指标，表明放弃了农地转用权利。在二级市场体系中，所有建设用地都可以将使用权存续期内的建设用地使用权继承、抵押、租赁、转让。由于一级市场中规划与发展权指标双重交易体系，将极大地刺激二级市场交易，各方交易主体可以在二级市场中只需完成土地使用权流转即可，不需要再考虑土地发展权限制，这样也将间接刺激存量建设用地利用效率提高，减少一级市场中新增建设用地开发对宝贵耕地资源消耗，逐渐向可持续土地利用发展。

第7章
结论与讨论

7.1　研究结论

在对已有研究成果分析和实践调研基础上，提出城乡统一建设用地市场构建思路，运用产权公共域、产权残缺、产权生命周期模型、土地利用转型研究等理论和思想，并结合"三块地"改革试点案例和其他国家土地制度资料，完成了对城乡统一建设用地市场构建的命题研究，得到以下结论：

1）从理论层面上，运用巴泽尔产权公共域理论和德姆塞茨产权残缺思想，以产权的多重属性考察为起点，由于产权属性的不可完全认知性、界定成本（法律或技术）等原因造成经济产权部分属性价值不能被利用从而落入"公共域"。对于初始法律产权界定，由于国家强制管制可能造成的初始产权部分权利的限制或删除，造成产权的残缺，两者从经济产权和法律产权角度都论证了现实世界中的不完全产权。由于不完全产权公共域的存在，各个行为主体会根据自身的成本函数衡量公共域内产权属性价值，进行行为抉择。由于外部环境的变化，这种博弈时刻在不断变化，所以不完全产权公共域是一个动态变化过程。在这一过程，随着公共域内产权属性价值变化与行为主体追求这部分价值成本的变化，会引起产权效率的变化，从而形成不完全产权生命周期，这是本书的理论研究基础之一。通过构建不完全产权生命周期理论，将国有建设用地、集体经营性建设用地和宅基地纳入一个统一的理论解释框架中，并通过该理论框架对三者制度变迁进行分析，得到城乡统一建设用地产权变迁路径，揭示了城乡统一建设用地构建的本质，即不完全产权不断向完全产权趋近的过程，是一个产权公共域不断缩小的过程。在这一过程中，由于三者制度变迁的路径依赖，产权公共域属性的差异，必然是"同地不同权"，那么构建城乡统一建设用地市场必然是一个长期的、阶段性过程。

2）城乡统一建设用地市场是所有城乡建设用地产权交易关系的总和，必然离不开与之相辅相成的社会经济发展水平的配合。长期以来，由于我国城乡二元土地市场制度，造成了城市建设用地的扩张与蔓延，农村集体建设用地不减反增等现象，这些现象在土地利用形态上表现为：建设用地增加，集体建设用地占建设用地比重不断升高。运用土地利用转型理论，研究城乡发展水平与土地利用转型之间的关系，揭示集体建设用地制度改革与城乡发展水平之间的规律。通过分析 2000 ~ 2013 年城乡发展转型与土地利用转型关系可知，城镇人口比重、非农产业占 GDP 比重、城乡人均收入比对集体建设用地占建设用地比重有显著解释力，非农产业占比和城乡人均收入比呈正向显著水平，很好解释了由于我国城乡二元结构和农村土地制度，造成了农村人口向外迁移，但农村建设用地却不断增长的现象。主要是因为旧的城镇化模式中只有大量农村廉价劳动力的转移，却不能使迁移农民享受城市居民同等待遇，大量农民工被拒之于城市之外，造成我国城镇化率虚高。农民工由于不能在城市彻底安定，成为两栖式流动人群，所以将自己的收入投入农村建房中，增加了集体建设用地面积。同时，由于农村宅基地的无偿无期限使用，缺少退出机制，也造成集体建设用地比重不断增加。除了以上因素的分析，通过加入区域虚拟变量后考察，城镇人口比重与城乡人均收入比呈显著水平，解释了集体建设用地比重增加幅度与城乡发展转型程度区域对应关系依次是中度、剧烈、缓和，这个结论印证了城乡发展转型与土地利用转型呈现的空间区域差异化规律，并且其中城乡人均收入比、城镇人口比重可以作为地域差异化集体建设用地制度改革区域的划分依据，使得制度、改革具有了空间层面的针对性。

3）对于城乡统一建设用地市场建设，其中最重要的环节在于集体建设用地市场的构建，长久以来，土地管理制度对集体建设用地的限制，造成城市国有建设用地市场的垄断，理论上根本不存在集体建设用地市场，大量的集体经营性建设用地与宅基地流转都是私下的隐形交易，所以，2015 年开始的"三块地"改革被视为打破城乡二元割裂、为构建城乡统一建设用地市场迈出的重要一步，但对于现有集体建设用地制度改革性质的判断及未来趋势缺乏理论指导。本书在对典型试点案例进行分析后，利用不完全产权理论框架对现行试点改革进行研究，认为目前的试点改革还只是处于初始阶段，集体经营性建设用地改革是在缩小产权公共域Ⅲ、Ⅴ的方向进行改革，而对于商业性房地产开发的土地用途的模糊表达，未能更好地缩小产权公共域Ⅴ，不能与国有建设用地同地同权。对于宅基地制度改革试点多是在缩小产权公共域Ⅰ、Ⅱ、Ⅴ方面进行改革，但对于身份属性、社会保障属性的束缚没有做出特别的制度安排，使宅基地权能依旧处于稀释状态，所以现行改革试点离完全实现城乡统一建设用地市场还有距离，不可盲目乐观。对于其他国家经验和教训的借鉴，表明现有集体建设用地制度改革的许多配套制度还不完善，只扩大集体建设用地使用权权能是不够的，还需要在市场主体培育、交易机制设计、配套制度建设等方面进行创新与改革，这样才能真正实现集体建设用地的自由流转，建成集体建设用地市场，实现城乡统一建设用地市场构建的第一阶段任务。

7.2　不足之处

1）城乡统一建设用地市场构建的本质是产权制度改变与调整，但并不表示只受产权制度唯一因素的决定，在集体建设用地制度改革中由于涉及农村社会，这一复杂的社会、经济、文化综合体，所以对于其土地制度的改革还可能会受到乡村治理、乡土文化、思想认识、农村社会文化等其他因素的限制和影响。由于作者知识面有限，时间与精力有限，未能从以上几个方面进行研究，可能造成本书研究的一些不足。

2）按照LUCC中土地利用转型研究，需要长时期的数据观察分析，才能进行科学的土地利用转型规律的研究，但本书由于数据的可获得性，特别是对于农村集体建设用地、宅基地数据的缺失，只能以横向研究法进行弥补，但仍显数据量较小的缺点，造成本书研究成果的瑕疵；另一方面，土地利用转型已从过去的显性属性变化研究，开始逐渐向显性和隐性属性的综合研究转变，但由于隐形属性数据的难以获得，所以造成土地利用转型研究稍显单一。

7.3　研究展望

1）本书虽然对城乡统一建设用地建设的理论框架进行了构建，对于统筹城市与农村土地两方面改革进行了一定探索，仍稍显不足。从已有研究成果中，对于构建城乡建设用地市场的障碍因素研究中，仍多侧重于集体土地方面，对城市土地市场障碍因素的研究，稍显单薄，且多以定性描述研究居多，定量研究较少，所以下一步研究中可以进行城乡统一建设用地市场障碍因素识别与测度的定量化研究。

2）在本书制度设计中已经初步提到基于土地发展权的城乡统一建设用地市场体系的政策建议，为了能够更好地平衡大城市与中小城市、城市与农村、近郊、非农为主农村与远郊、纯农业地区之间利益平衡，利用土地财富地转移更好地实现城乡统筹、城乡服务均等化，所以有必要设置土地发展权的配置与转移，但这其中涉及土地发展权的配置、转移机制、收益分配机制等问题，而且需要大量的数据以支撑，所以，未来可以进一步对此进行深入研究。

附 录
部分政策文件

中共中央关于推进农村改革发展若干重大问题的决定（部分节选）

中国共产党第十七届中央委员会第三次全体会议全面分析了形势和任务，认为在改革开放三十周年之际，系统回顾总结我国农村改革发展的光辉历程和宝贵经验，进一步统一全党全社会认识，加快推进社会主义新农村建设，大力推动城乡统筹发展，对于全面贯彻党的十七大精神、深入贯彻落实科学发展观、夺取全面建设小康社会新胜利、开创中国特色社会主义事业新局面，具有重大而深远的意义。全会研究了新形势下推进农村改革发展的若干重大问题，作出如下决定。

......

三、大力推进改革创新，加强农村制度建设

实现农村发展战略目标，推进中国特色农业现代化，必须按照统筹城乡发展要求，抓紧在农村体制改革关键环节上取得突破，进一步放开搞活农村经济，优化农村发展外部环境，强化农村发展制度保障。

（一）稳定和完善农村基本经营制度。以家庭承包经营为基础、统分结合的双层经营体制，是适应社会主义市场经济体制、符合农业生产特点的农村基本经营制度，是党的农村政策的基石，必须毫不动摇地坚持。赋予农民更加充分而有保障的土地承包经营权，现有土地承包关系要保持稳定并长久不变。推进农业经营体制机制创新，加快农业经营方式转变。家庭经营要向采用先进科技和生产手段的方向转变，增加技术、资本等生产要素投入，着力提高集约化水平；统一经营要向发展农户联合与合作，形成多元化、多层次、多形式经营服务体系的方向转变，发展集体经济、增强集体组织服务功能，培育农民新型合作组织，发展各种农业社会化服务组织，鼓励龙头企业与农民建立紧密型利益联结机制，着力提高组织化程度。按照服务农民、进退自由、权利平等、管理民主的要求，扶持农民专业合作社加快发展，使之成为引领农民参与国内外市场竞争的现代农业经营组织。全面推进集体林权制度改革，扩大国有林场和重点国有林区林权制度改革试点。推进国有农场体制改革。稳定和完善草原承包经营制度。

（二）健全严格规范的农村土地管理制度。土地制度是农村的基础制度。按照产权明晰、用途管制、节约集约、严格管理的原则，进一步完善农村土地管理制度。坚持最严格的耕地保护制度，层层落实责任，坚决守住十八亿亩耕地红线。划定永久基本农田，建立保护补偿机制，确保基本农田总量不减少、用途不改变、质量有提高。继续推进土地整理复垦开发，耕地实行先补后占，不得跨省区市进行占补平衡。搞好农村土地确权、登记、颁证工作。完善土地承包经营权权能，依法保障农民对承包土地的占有、使用、收益等权利。加强土地承包经营权流转管理和服务，建立健全土地承包经营权流转市场，按照依法自愿有偿原则，允许农民以转包、出租、互换、转让、股份合作等形式流转土地承包经营权，发展多种形式的适度规模经营。有条件的地方可以发展专业大户、家庭农场、农民专业合作社等规模经营主体。土地承包经营权流转，不得改变土地集体所有性质，不得改变土地用途，不得损害农民土地承包权益。实行最严格的节约用地制度，从严控制城乡建设用地总规模。完善农村宅基地制度，严格宅基地管理，依法保障农户宅基地用益物权。农村宅基地和村庄整理所节约的土地，首先要复垦为耕地，调剂为建设用地的必须符合土地利用规划、纳入年度建设用地计划，并优先满足集体建设用地。改革征地制度，严格界定公益性和经营性建设用地，逐步缩小征地范围，完善征地补偿机制。依法征收农村集体土地，按照同地同价原则及时足额给农村集体组织和农民合理补偿，解决好被征地农民就业、住房、社会保障。在土地利用规划确定的城镇建设用地范围外，经批准占用农村集体土地建设非公益性项目，允许农民依法通过多种方式参与开发经营并保障农民合法权益。逐步建立城乡统一的建设用地市场，对依法取得的农村集体经营性建设用地，必须通过统一有形的土地市场、以公开规范的方式转让土地使用权，在符合规划的前提下与国有土地享有平等权益。抓紧完善相关法律法规和配套政策，规范推进农村土地管理制度改革。

（三）完善农业支持保护制度。健全农业投入保障制度，调整财政支出、固定资产投资、信贷投放结构，保证各级财政对农业投入增长幅度高于经常性收入增长幅度，大幅度增加国家对农村基础设施建设和社会事业发展的投入，大幅度提高政府土地出让收益、耕地占用税新增收入用于农业的比例，大幅度增加对中西部地区农村公益性建设项目的投入。国家在中西部地区安排的病险水库除险加固、生态建设等公益性建设项目，逐步取消县及县以下资金配套。拓宽农业投入来源渠道，整合投资项目，加强投资监管，提高资金使用效益。健全农业补贴制度，扩大范围，提高标准，完善办法，特别要支持增粮增收，逐年较大幅度增加农民种粮补贴。完善与农业生产资料价格上涨挂钩的农资综合补贴动态调整机制。健全农产品价格保护制度，完善农产品市场调控体系，稳步提高粮食最低收购价，改善其他主要农产品价格保护办法，充实主要农产品储备，优化农产品进出口和吞吐调节机制，保持农产品价格合理水平。完善粮食等主要农产品价格形成机制，理顺比价关系，充分发挥市场价格对增产增收的促进作用。健全农业生态环境补偿制度，形成有利于保护耕地、水域、森林、草原、湿地等自然资源和农业物种资源的激励机制。

（四）建立现代农村金融制度。农村金融是现代农村经济的核心。创新农村金融体制，放宽农村金融准入政策，加快建立商业性金融、合作性金融、政策性金融相结合，资本充足、功能健全、服务完善、运行安全的农村金融体系。加大对农村金融政策支持力度，拓宽融资渠道，综合运用财税杠杆和货币政策工具，定向实行税收减免和费用补贴，引导更多信贷资金和社会资金投向农村。各类金融机构都要积极支持农村改革发展。坚持农业银行为农服务的方向，强化职能、落实责任，稳定和发展农村服务网络。拓展农业发展银行支农领域，加大政策性金融对农业开发和农村基础设施建设中长期信贷支持。扩大邮政储蓄银行涉农业务范围。县域内银行业金融机构新吸收的存款，主要用于当地发放贷款。改善农村信用社法人治理结构，保持县（市）社法人地位稳定，发挥为农民服务主力军作用。规范发展多种形式的新型农村金融机构和以服务农村为主的地区性中小银行。加强监管，大力发展小额信贷，鼓励发展适合农村特点和需要的各种微型金融服务。允许农村小型金融组织从金融机构融入资金。允许有条件的农民专业合作社开展信用合作。规范和引导民间借贷健康发展。加快农村信用体系建设。建立政府扶持、多方参与、市场运作的农村信贷担保机制。扩大农村有效担保物范围。发展农村保险事业，健全政策性农业保险制度，加快建立农业再保险和巨灾风险分散机制。加强农产品期货市场建设。

（五）建立促进城乡经济社会发展一体化制度。尽快在城乡规划、产业布局、基础设施建设、公共服务一体化等方面取得突破，促进公共资源在城乡之间均衡配置、生产要素在城乡之间自由流动，推动城乡经济社会发展融合。统筹土地利用和城乡规划，合理安排市县域城镇建设、农田保护、产业聚集、村落分布、生态涵养等空间布局。统筹城乡产业发展，优化农村产业结构，发展农村服务业和乡镇企业，引导城市资金、技术、人才、管理等生产要素向农村流动。统筹城乡基础设施建设和公共服务，全面提高财政保障农村公共事业水平，逐步建立城乡统一的公共服务制度。统筹城乡劳动就业，加快建立城乡统一的人力资源市场，引导农民有序外出就业，鼓励农民就近转移就业，扶持农民工返乡创业。加强农民工权益保护，逐步实现农民工劳动报酬、子女就学、公共卫生、住房租购等与城镇居民享有同等待遇，改善农民工劳动条件，保障生产安全，扩大农民工工伤、医疗、养老保险覆盖面，尽快制定和实施农民工养老保险关系转移接续办法。统筹城乡社会管理，推进户籍制度改革，放宽中小城市落户条件，使在城镇稳定就业和居住的农民有序转变为城镇居民。推动流动人口服务和管理体制创新。扩大县域发展自主权，增加对县的一般性转移支付、促进财力与事权相匹配，增强县域经济活力和实力。推进省直接管理县（市）财政体制改革，优先将农业大县纳入改革范围。有条件的地方可依法探索省直接管理县（市）的体制。坚持走中国特色城镇化道路，发挥好大中城市对农村的辐射带动作用，依法赋予经济发展快、人口吸纳能力强的小城镇相应行政管理权限，促进大中小城市和小城镇协调发展，形成城镇化和新农村建设互促共进机制。积极推进统筹城乡综合配套改革试验。

（六）健全农村民主管理制度。坚持党的领导、人民当家作主、依法治国有机统一，发展农村基层民主，以扩大有序参与、推进信息公开、健全议事协商、强化权力监督为重点，加强基层政权建设，扩大村民自治范围，保障农民享有更多更切实的民主权利。逐步实行城乡按相同人口比例选举人大代表，扩大农民在县乡人大代表中的比例，密切人大代表同农民的联系。继续推进农村综合改革，二〇一二年基本完成乡镇机构改革任务，着力增强乡镇政府社会管理和公共服务职能。完善与农民政治参与积极性不断提高相适应的乡镇治理机制，实行政务公开，依法保障农民知情权、参与权、表达权、监督权。健全村党组织领导的充满活力的村民自治机制，深入开展以直接选举、公正有序为基本要求的民主选举实践，以村民会议、村民代表会议、村民议事为主要形式的民主决策实践，以自我教育、自我管理、自我服务为主要目的民主管理实践，以村务公开、财务监督、群众评议为主要内容的民主监督实践，推进村民自治制度化、规范化、程序化。加强农村法制建设，完善涉农法律法规，增强依法行政能力，强化涉农执法监督和司法保护。加强农村法制宣传教育，搞好法律服务，提高农民法律意识，推进农村依法治理。培育农村服务性、公益性、互助性社会组织，完善社会自治功能。采取多种措施增强基层财力，逐步解决一些行政村运转困难问题，积极稳妥化解乡村债务。继续做好农民负担监督管理工作，完善村民一事一议筹资筹劳办法，健全农村公益事业建设机制。

中共中央关于全面深化改革若干重大问题的决定（部分节选）

为贯彻落实党的十八大关于全面深化改革的战略部署，十八届中央委员会第三次全体会议研究了全面深化改革的若干重大问题，作出如下决定。

……

三、加快完善现代市场体系

建设统一开放、竞争有序的市场体系，是使市场在资源配置中起决定性作用的基础。必须加快形成企业自主经营、公平竞争，消费者自由选择、自主消费，商品和要素自由流动、平等交换的现代市场体系，着力清除市场壁垒，提高资源配置效率和公平性。

（9）建立公平开放透明的市场规则。实行统一的市场准入制度，在制定负面清单基础上，各类市场主体可依法平等进入清单之外领域。探索对外商投资实行准入前国民待遇加负面清单的管理模式。推进工商注册制度便利化，削减资质认定项目，由先证后照改为先照后证，把注册资本实缴登记制逐步改为认缴登记制。推进国内贸易流通体制改革，建设法治化营商环境。

改革市场监管体系，实行统一的市场监管，清理和废除妨碍全国统一市场和公平竞争的各种规定和做法，严禁和惩处各类违法实行优惠政策行为，反对地方保护，反对垄断和不正当竞争。建立健全社会征信体系，褒扬诚信，惩戒失信。健全优胜劣汰市场化退出机制，完善企业破产制度。

（10）完善主要由市场决定价格的机制。凡是能由市场形成价格的都交给市场，政府不进行不当干预。推进水、石油、天然气、电力、交通、电信等领域价格改革，放开竞争性环节价格。政府定价范围主要限定在重要公用事业、公益性服务、网络型自然垄断环节，提高透明度，接受社会监督。完善农产品价格形成机制，注重发挥市场形成价格作用。

（11）建立城乡统一的建设用地市场。在符合规划和用途管制前提下，允许农村集体经营性建设用地出让、租赁、入股，实行与国有土地同等入市、同权同价。缩小征地范围，规范征地程序，完善对被征地农民合理、规范、多元保障机制。扩大国有土地有偿使用范围，减少非公益性用地划拨。建立兼顾国家、集体、个人的土地增值收益分配机制，合理提高个人收益。完善土地租赁、转让、抵押二级市场。

（12）完善金融市场体系。扩大金融业对内对外开放，在加强监管前提下，允许具备条件的民间资本依法发起设立中小型银行等金融机构。推进政策性金融机构改革。健全多层次资本市场体系，推进股票发行注册制改革，多渠道推动股权融资，发展并规范债券市场，提高直接融资比重。完善保险经济补偿机制，建立巨灾保险制度。发展普惠金融。鼓励金融创新，丰富金融市场层次和产品。

完善人民币汇率市场化形成机制，加快推进利率市场化，健全反映市场供求关系的国债收益率曲线。推动资本市场双向开放，有序提高跨境资本和金融交易可兑换程度，建立健全宏观审慎管理框架下的外债和资本流动管理体系，加快实现人民币资本项目可兑换。

落实金融监管改革措施和稳健标准，完善监管协调机制，界定中央和地方金融监管职责和风险处置责任。建立存款保险制度，完善金融机构市场化退出机制。加强金融基础设施建设，保障金融市场安全高效运行和整体稳定。

（13）深化科技体制改革。建立健全鼓励原始创新、集成创新、引进消化吸收再创新的体制机制，健全技术创新市场导向机制，发挥市场对技术研发方向、路线选择、要素价格、各类创新要素配置的导向作用。建立产学研协同创新机制，强化企业在技术创新中的主体地位，发挥大型企业创新骨干作用，激发中小企业创新活力，推进应用型技术研发机构市场化、企业化改革，建设国家创新体系。

加强知识产权运用和保护，健全技术创新激励机制，探索建立知识产权法院。打破行政主导和部门分割，建立主要由市场决定技术创新项目和经费分配、评价成果的机制。发展技术市场，健全技术转移机制，改善科技型中小企业融资条件，完善风险投资机制，创新商业模式，促进科技成果资本化、产业化。

整合科技规划和资源，完善政府对基础性、战略性、前沿性科学研究和共性技术研究的支持机制。国家重大科研基础设施依照规定应该开放的一律对社会开放。建立创新调查制度和创新报告制度，构建公开透明的国家科研资源管理和项目评价机制。

改革院士遴选和管理体制，优化学科布局，提高中青年人才比例，实行院士退休和退出制度。

关于对国营企业、机关、部队、学校等占用市郊土地征收土地使用费或租金问题的批复

（1954 年 2 月政财习字 15 号文件）

北京市人民政府提出关于对国营企业、机关、部队、学校等占用市郊土地征收土地使用费或租金及地产税问题，经中财委反复研究，并征求了各大区及各大城市的意见后，批复如下：

一、由于城市的发展，市郊土地的需要将日渐增多。因此，市郊土地必须有统一的管理和有计划的合理的分配使用原则。否则，将造成土地使用上的浪费。但保证土地合理使用的决定性关键，在于政府批准使用土地时，严格掌握使用原则，按照企业单位、机关、部队、学校的实际需要与发展情况，确定其使用土地的面积。不必采用征收土地使用费或租金的办法。同时，收取使用费或租金，并非真正增加国家收入，而是不必要地提高企业的生产成本和扩大国家预算，并将增加不少事务手续。因此，国营企业经市人民政府批准占用的土地，不论是拨给公产或出资购买，均应作为该企业的资产。不必再向政府缴纳租金或使用费；机关、部队、学校经政府批准占用的土地，亦不缴纳租金或使用费。

二、为了防止随便占用或任意多占用土地，对未经批准而占用的土地或占用较原批准多的部分，可以征收租金。

三、凡国营企业使用业经市人民政府指定的市场区内（如东四人民市场）的土地，应缴纳租金或使用费。

四、凡旧有企业（如接管的敌伪企业）已经占用的土地，虽未经市人民政府明令批准，但均应承认其继续使用。如个别企业用地发生纠葛时，可根据该企业的具体需要和发展前途，由市人民政府正式批准之。

五、根据上述原则，北京市政府一九五二年一月公布的《北京市郊区建设用地使用费征收暂行办法》应停止施行。已经征收的使用费，亦不再退还各单位。

六、关于对国营企业、机关、团体、学校等占用土地征收地产税问题，应根据本院一九五一年八月八日颁布的《城市房地产税暂行条例》的规定处理。

以上各项，希遵照执行。

答复关于国营企业、公私合营企业及私营企业等征用私有土地及使用国有土地交纳契税或租金的几个问题

（1954 年 3 月 8 日内地密字 13 号）

重庆市人民政府本年二月八日府密（54）字第十二号函及中央财政部转来山西省财政厅一月十一日（54）财地行字第八号请示均悉。关于国家建设征用土地办法颁布后，国营企业、公私合营企业及私营企业等征用私有土地及使用国有土地交纳契税或租金的几个问题，经与有关部门协商研究后，兹综合答复如下：

一、国营企业、公私合营企业及私营企业或私营文教事业等经批准按照国家建设征用土地办法征用之土地及房屋，应根据第十八条的规定，产权均属于国家，并根据第十五条的规定，其产权转移时，一律免纳契税。

二、国营企业、国家机关、学校、团体及公私合营企业使用国有土地时，应一律由当地政府无偿拨给使用，均不须再交纳租金。

三、私营企业或私营文教事业使用国有土地时，应向政府交纳租金（不必称为使用费），其合于减免条件者，并得酌情予以减免租金。

四、国营企业、公私合营企业及私营企业等在本办法颁布以前征用之土地，已经分别税契，确定产权归各该企业所有或已作为各该企业的投资者，应不再作变动。其中属于国营企业及公私合营企业所使用者，虽已分别税契或核资，皆仍系国有土地，应由当地政府依照规定统一进行管理，以便合理调配使用。其属于私营企业所使用者，可依照各地过去规定办法处理。

招标拍卖挂牌出让国有土地使用权规定

（2002 年 5 月 9 日国土资源部令第 11 号）

第一条　为规范国有土地使用权出让行为，优化土地资源配置，建立公开、公平、公正的土地使用制度，根据《中华人民共和国城市房地产管理法》、《中华人民共和国土地管理法》和《中华人民共和国土地管理法实施条例》等法律、法规，制定本规定。

第二条　在中华人民共和国境内以招标、拍卖或者挂牌方式出让国有土地使用权的，适用本规定。

本规定所称招标出让国有土地使用权，是指市、县人民政府土地行政主管部门（以下简称出让人）发布招标公告，邀请特定或者不特定的公民、法人和其他组织参加国有土地使用权投标，根据投标结果确定土地使用者的行为。

本规定所称拍卖出让国有土地使用权，是指出让人发布拍卖公告，由竞买人在指定时间、地点进行公开竞价，根据出价结果确定土地使用者的行为。

本规定所称挂牌出让国有土地使用权，是指出让人发布挂牌公告，按公告规定的期限将拟出让宗地的交易条件在指定的土地交易场所挂牌公布，接受竞买人的报价申请并更新挂牌价格，根据挂牌期限截止时的出价结果确定土地使用者的行为。

第三条　招标、拍卖或者挂牌出让国有土地使用权应当遵循公开、公平、公正和诚实信用的原则。

第四条　商业、旅游、娱乐和商品住宅等各类经营性用地，必须以招标、拍卖或者挂牌方式出让。

前款规定以外用途的土地的供地计划公布后，同一宗地有两个以上意向用地者的，也应当采用招标、拍卖或者挂牌方式出让。

第五条　国有土地使用权招标、拍卖或者挂牌出让活动，应当有计划地进行。市、县人民政府土地行政主管部门根据社会经济发展计划、产业政策、土地利用总体规划、土地利用年度计划、城市规划和土地市场状况，编制国有土地使用权出让计划，报经同级人民政府批准后，及时向社会公开发布。

第六条　市、县人民政府土地行政主管部门应当按照出让计划，会同城市规划等有关部门共同拟订拟招标拍卖挂牌出让地块的用途、年限、出让方式、时间和其他条件等方案，报经市、县人民政府批准后，由市、县人民政府土地行政主管部门组织实施。

第七条　出让人应当根据招标拍卖挂牌出让地块的情况，编制招标拍卖挂牌出让文件。招标拍卖挂牌出让文件应当包括招标拍卖挂牌出让公告、投标或者竞买须知、宗地图、土地使用条件、标书或者竞买申请书、报价单、成交确认书、国有土地使用权出让合同文本。

第八条　出让人应当至少在投标、拍卖或者挂牌开始日前 20 日发布招标、拍卖或者挂牌公告，公布招标拍卖挂牌出让宗地的基本情况和招标拍卖挂牌的时间、地点。

第九条　招标拍卖挂牌公告应当包括下列内容：

（一）出让人的名称和地址；

（二）出让宗地的位置、现状、面积、使用年期、用途、规划设计要求；

（三）投标人、竞买人的资格要求及申请取得投标、竞买资格的办法；

（四）索取招标拍卖挂牌出让文件的时间、地点及方式；

（五）招标拍卖挂牌时间、地点、投标挂牌期限、投标和竞价方式等；

（六）确定中标人、竞得人的标准和方法；

（七）投标、竞买保证金；

（八）其他需要公告的事项。

第十条　市、县人民政府土地行政主管部门应当根据土地估价结果和政府产业政策综合确定标底或者底价。确定招标标底，拍卖和挂牌的起叫价、起始价、底价，投标、竞买保证金，应当实行集体决策。招标标底和拍卖挂牌的底价，在招标拍卖挂牌出让活动结束之前应当保密。

第十一条　出让人应当对投标申请人、竞买申请人进行资格审查。对符合招标拍卖挂牌公告规定条件的，应当通知其参加招标拍卖挂牌活动。

第十二条　市、县人民政府土地行政主管部门应当为投标人、竞买人查询拟出让土地的有关情况提供便利。

第十三条　投标、开标依照下列程序进行：

（一）投标人在投标截止时间前将标书投入标箱。招标公告允许邮寄标书的，投标人可以邮寄，但出让人在投标截止时间前收到的方为有效。标书投入标箱后，不可撤回。投标人应对标书和有关书面承诺承担责任。

（二）出让人按照招标公告规定的时间、地点开标，邀请所有投标人参加。由投标人或者其推选的代表检查标箱的密封情况，当众开启标箱，宣布投标人名称、投标价格和投标文件的主要内容。投标人少于三人的，出让人应当依照本规定重新招标。

（三）评标小组进行评标。评标小组由出让人代表、有关专家组成，成员人数为五人以上的单数。

评标小组可以要求投标人对投标文件作出必要的澄清或者说明，但是澄清或者说明不得超出投标文件的范围或者改变投标文件的实质性内容。评标小组应当按照招标文件确定的评标标准和方法，对投标文件进行评审。

（四）招标人根据评标结果，确定中标人。

第十四条　对能够最大限度地满足招标文件中规定的各项综合评价标准，或者能够满足招标文件的实质性要求且价格最高的投标人，应当确定为中标人。

第十五条　拍卖会依照下列程序进行：

（一）主持人点算竞买人；

（二）主持人介绍拍卖宗地的位置、面积、用途、使用年期、规划要求和其他有关事项；

（三）主持人宣布起叫价和增价规则及增价幅度。没有底价的，应当明确提示；

（四）主持人报出起叫价；

（五）竞买人举牌应价或者报价；

（六）主持人确认该应价后继续竞价；

（七）主持人连续三次宣布同一应价而没有再应价的，主持人落槌表示拍卖成交；

（八）主持人宣布最高应价者为竞得人。

第十六条　竞买人不足三人，或者竞买人的最高应价未达到底价时，主持人应当终止拍卖。拍卖主持人在拍卖中可根据竞买人竞价情况调整拍卖增价幅度。

第十七条　挂牌依照以下程序进行：

（一）在挂牌公告规定的挂牌起始日，出让人将挂牌宗地的位置、面积、用途、使用年期、规划要求、起始价、增价规则及增价幅度等，在挂牌公告规定的土地交易场所挂牌公布；

（二）符合条件的竞买人填写报价单报价；

（三）出让人确认该报价后，更新显示挂牌价格；

（四）出让人继续接受新的报价；

（五）出让人在挂牌公告规定的挂牌截止时间确定竞得人。

第十八条　挂牌时间不得少于 10 个工作日。挂牌期间可根据竞买人竞价情况调整增价幅度。

第十九条　挂牌期限届满，按照下列规定确定是否成交：

（一）在挂牌期限内只有一个竞买人报价，且报价高于底价，并符合其他条件的，挂牌成交；

（二）在挂牌期限内有两个或者两个以上的竞买人报价的，出价最高者为竞得人；报价相同的，先提交报价单者为竞得人，但报价低于底价者除外；

（三）在挂牌期限内无应价者或者竞买人的报价均低于底价或均不符合其他条件的，挂牌不成交。在挂牌期限截止时仍有两个或者两个以上的竞买人要求报价的，出让人应当对挂牌宗地进行现场竞价，出价最高者为竞得人。

第二十条　以招标、拍卖或者挂牌方式确定中标人、竞得人后，出让人应当与中标人、竞得人签订成交确认书。

成交确认书应当包括出让人和中标人、竞得人的名称、地址，出让标的，成交时间、地点、价款，以及签订《国有土地使用权出让合同》的时间、地点等内容。成交确认书对出让人和中标人、竞得人具有合同效力。签订成交确认书后，出让人改变竞得结果，或者中标人、竞得人放弃中标宗地、竞得宗地的，应当依法承担责任。

第二十一条　中标人、竞得人应当按照成交确认书约定的时间，与出让人签订《国有土地使用权出让合同》。中标人、竞得人支付的投标、竞买保证金，抵作国有土地使用权出让金，其他投标人、竞买人支付的投标、竞买保证金，出让人必须在招标拍卖挂牌活动结束后 5 个工作日内予以退还，不计利息。

第二十二条　招标拍卖挂牌活动结束后，出让人应在 10 个工作日内将招标拍卖挂牌出让结果在土地有形市场或者指定的场所、媒介公布。出让人公布出让结果，不得向受让人收取费用。

第二十三条　受让人依照《国有土地使用权出让合同》的约定付清全部国有土地使用权出让金后，应当依法申请办理土地登记，领取国有土地使用权证书。

第二十四条　应当以招标拍卖挂牌方式出让国有土地使用权而擅自采用协议方式出让的，对直接负责的主管人员和其他直接责任人员依法给予行政处分。

第二十五条　中标人、竞得人有下列行为之一的，中标、竞得结果无效；造成损失的，中标人、竞得人应当依法承担赔偿责任：

（一）投标人、竞买人提供虚假文件隐瞒事实的；

（二）中标人、竞得人采取行贿、恶意串通等非法手段中标或者竞得的。

第二十六条　土地行政主管部门工作人员在招标拍卖挂牌出让活动中玩忽职守、滥用职权、徇私舞弊的，依法给予行政处分；构成犯罪的，依法追究刑事责任。

第二十七条　以招标拍卖挂牌方式租赁国有土地使用权的，参照本规定执行。

第二十八条　本规定自 2002 年 7 月 1 日起施行。

协议出让国有土地使用权规定

第一条 为加强国有土地资产管理，优化土地资源配置，规范协议出让国有土地使用权行为，根据《中华人民共和国城市房地产管理法》、《中华人民共和国土地管理法》和《中华人民共和国土地管理法实施条例》,制定本规定。

第二条 在中华人民共和国境内以协议方式出让国有土地使用权的，适用本规定。

本规定所称协议出让国有土地使用权，是指国家以协议方式将国有土地使用权在一定年限内出让给土地使用者，由土地使用者向国家支付土地使用权出让金的行为。

第三条 出让国有土地使用权，除依照法律、法规和规章的规定应当采用招标、拍卖或者挂牌方式外，方可采取协议方式。

第四条 协议出让国有土地使用权，应当遵循公开、公平、公正和诚实信用的原则。

以协议方式出让国有土地使用权的出让金不得低于按国家规定所确定的最低价。

第五条 协议出让最低价不得低于新增建设用地的土地有偿使用费、征地（拆迁）补偿费用以及按照国家规定应当缴纳的有关税费之和；有基准地价的地区，协议出让最低价不得低于出让地块所在级别基准地价的70%。低于最低价时国有土地使用权不得出让。

第六条 省、自治区、直辖市人民政府国土资源行政主管部门应当依据本规定第五条的规定拟定协议出让最低价，报同级人民政府批准后公布，由市、县人民政府国土资源行政主管部门实施。

第七条 市、县人民政府国土资源行政主管部门应当根据经济社会发展计划、国家产业政策、土地利用总体规划、土地利用年度计划、城市规划和土地市场状况，编制国有土地使用权出让计划，报同级人民政府批准后组织实施。

国有土地使用权出让计划经批准后，市、县人民政府国土资源行政主管部门应当在土地有形市场等指定场所，或者通过报纸、互联网等媒介向社会公布。

因特殊原因，需要对国有土地使用权出让计划进行调整的，应当报原批准机关批准，并按照前款规定及时向社会公布。

国有土地使用权出让计划应当包括年度土地供应总量、不同用途土地供应面积、地段以及供地时间等内容。

第八条　国有土地使用权出让计划公布后，需要使用土地的单位和个人可以根据国有土地使用权出让计划，在市、县人民政府国土资源行政主管部门公布的时限内，向市、县人民政府国土资源行政主管部门提出意向用地申请。

市、县人民政府国土资源行政主管部门公布计划接受申请的时间不得少于 30 日。

第九条　在公布的地段上，同一地块只有一个意向用地者的，市、县人民政府国土资源行政主管部门方可按照本规定采取协议方式出让；但商业、旅游、娱乐和商品住宅等经营性用地除外。

同一地块有两个或者两个以上意向用地者的，市、县人民政府国土资源行政主管部门应当按照《招标拍卖挂牌出让国有土地使用权规定》，采取招标、拍卖或者挂牌方式出让。

第十条　对符合协议出让条件的，市、县人民政府国土资源行政主管部门会同城市规划等有关部门，依据国有土地使用权出让计划、城市规划和意向用地者申请的用地项目类型、规模等，制订协议出让土地方案。

协议出让土地方案应当包括拟出让地块的具体位置、界址、用途、面积、年限、土地使用条件、规划设计条件、供地时间等。

第十一条　市、县人民政府国土资源行政主管部门应当根据国家产业政策和拟出让地块的情况，按照《城镇土地估价规程》的规定，对拟出让地块的土地价格进行评估，经市、县人民政府国土资源行政主管部门集体决策，合理确定协议出让底价。

协议出让底价不得低于协议出让最低价。

协议出让底价确定后应当保密，任何单位和个人不得泄露。

第十二条　协议出让土地方案和底价经有批准权的人民政府批准后，市、县人民政府国土资源行政主管部门应当与意向用地者就土地出让价格等进行充分协商，协商一致且议定的出让价格不低于出让底价的，方可达成协议。

第十三条　市、县人民政府国土资源行政主管部门应当根据协议结果，与意向用地者签订《国有土地使用权出让合同》。

第十四条　《国有土地使用权出让合同》签订后 7 日内，市、县人民政府国土资源行政主管部门应当将协议出让结果在土地有形市场等指定场所，或者通过报纸、互联网等媒介向社会公布，接受社会监督。

公布协议出让结果的时间不得少于 15 日。

第十五条　土地使用者按照《国有土地使用权出让合同》的约定，付清土地使用权出让金、依法办理土地登记手续后，取得国有土地使用权。

第十六条　以协议出让方式取得国有土地使用权的土地使用者，需要将土地使用权出让合同约定的土地用途改变为商业、旅游、娱乐和商品住宅等经营性用途的，应当取得出让方和市、县人民政府城市规划部门的同意，签订土地使用权出让合同变更协议或者重新签订土地使用权出让合同，按变更后的土地用途，以变更时的土地市场价格补交相应的土地使用权出让金，并依法办理土地使用权变更登记手续。

第十七条　违反本规定，有下列行为之一的，对直接负责的主管人员和其他直接责任人员依法给予行政处分：

（一）不按照规定公布国有土地使用权出让计划或者协议出让结果的；

（二）确定出让底价时未经集体决策的；

（三）泄露出让底价的；

（四）低于协议出让最低价出让国有土地使用权的；

（五）减免国有土地使用权出让金的。

违反前款有关规定，情节严重构成犯罪的，依法追究刑事责任。

第十八条　国土资源行政主管部门工作人员在协议出让国有土地使用权活动中玩忽职守、滥用职权、徇私舞弊的，依法给予行政处分；构成犯罪的，依法追究刑事责任。

第十九条　采用协议方式租赁国有土地使用权的，参照本规定执行。

第二十条　本规定自 2003 年 8 月 1 日起施行。原国家土地管理局 1995 年 6 月 28 日发布的《协议出让国有土地使用权最低价确定办法》同时废止。

国务院关于促进节约集约用地的通知

（国发〔2008〕3号）

各省、自治区、直辖市人民政府，国务院各部委、各直属机构：

我国人多地少，耕地资源稀缺，当前又正处于工业化、城镇化快速发展时期，建设用地供需矛盾十分突出。切实保护耕地，大力促进节约集约用地，走出一条建设占地少、利用效率高的符合我国国情的土地利用新路子，是关系民族生存根基和国家长远利益的大计，是全面贯彻落实科学发展观的具体要求，是我国必须长期坚持的一条根本方针。现就有关问题通知如下：

一、按照节约集约用地原则，审查调整各类相关规划和用地标准

（一）强化土地利用总体规划的整体控制作用。各类与土地利用相关的规划要与土地利用总体规划相衔接，所确定的建设用地规模必须符合土地利用总体规划的安排，年度用地安排也必须控制在土地利用年度计划之内。不符合土地利用总体规划和年度计划安排的，必须及时调整和修改，核减用地规模。

（二）切实加强重大基础设施和基础产业的科学规划。要按照合理布局、经济可行、控制时序的原则，统筹协调各类交通、能源、水利等基础设施和基础产业建设规划，避免盲目投资、过度超前和低水平重复建设浪费土地资源。

（三）从严控制城市用地规模。城市规划要按照循序渐进、节约土地、集约发展、合理布局的原则，科学确定城市定位、功能目标和发展规模，增强城市综合承载能力。要按照节约集约用地的要求，加快城市规划相关技术标准的制定和修订。尽快出台新修订的人均用地、用地结构等城市规划控制标准，合理确定各项建设建筑密度、容积率、绿地率，严格按国家标准进行各项市政基础设施和生态绿化建设。严禁规划建设脱离实际需要的宽马路、大广场和绿化带。

（四）严格土地使用标准。要健全各类建设用地标准体系，抓紧编制公共设施和公益事业建设用地标准。要按照节约集约用地的原则，在满足功能和安全要求的前提下，重新审改现有各类工程项目建设用地标准。凡与土地使用标准不一致的建设标准和设计规范，要及时修订。要采取先进节地技术、降低路基高度、提高桥隧比例等措施，降低公路、铁路等基础设施工程用地

和取弃土用地标准。建设项目设计、施工和建设用地审批必须严格执行用地标准，对超标准用地的，要核减用地面积。今后，各地区、各部门不得开展涉及用地标准并有悖于节约集约用地原则的达标评比活动，已经部署开展的相关活动要坚决停下来。

二、充分利用现有建设用地，大力提高建设用地利用效率

（五）开展建设用地普查评价。各地要在第二次土地调查的基础上，认真组织开展建设用地普查评价，对现有建设用地的开发利用和投入产出情况做出评估，并按照法律法规和政策规定，处理好建设用地开发利用中存在的问题。今后各项建设要优先开发利用空闲、废弃、闲置和低效利用的土地，努力提高建设用地利用效率。

（六）严格执行闲置土地处置政策。土地闲置满两年、依法应当无偿收回的，坚决无偿收回，重新安排使用；不符合法定收回条件的，也应采取改变用途、等价置换、安排临时使用、纳入政府储备等途径及时处置、充分利用。土地闲置满一年不满两年的，按出让或划拨土地价款的 20% 征收土地闲置费。对闲置土地特别是闲置房地产用地要征缴增值地价，国土资源部要会同有关部门抓紧研究制订具体办法。2008 年 6 月底前，各省、自治区、直辖市人民政府要将闲置土地清理处置情况向国务院做出专题报告。

（七）积极引导使用未利用地和废弃地。国土资源部门要对适宜开发的未利用地做出规划，引导和鼓励将适宜建设的未利用地开发成建设用地。积极复垦利用废弃地，对因单位撤销、迁移等原因停止使用，以及经核准报废的公路、铁路、机场、矿场等使用的原划拨土地，应依法及时收回，重新安排使用；除可以继续划拨使用的以外，经依法批准由原土地使用者自行开发的，按市场价补缴土地价款。今后，要严格落实被损毁土地的复垦责任，在批准建设用地或发放采矿权许可证时，责任单位应依法及时足额缴纳土地复垦费。

（八）鼓励开发利用地上地下空间。对现有工业用地，在符合规划、不改变用途的前提下，提高土地利用率和增加容积率的，不再增收土地价款；对新增工业用地，要进一步提高工业用地控制指标，厂房建筑面积高于容积率控制指标的部分，不再增收土地价款。财政、税务部门要严格落实和完善鼓励节约集约用地的税收政策。国土资源部要会同有关部门，依照《中华人民共和国物权法》的有关规定，抓紧研究制订土地空间权利设定和登记的具体办法。

（九）鼓励开发区提高土地利用效率。国土资源部要研究建立土地利用状况、用地效益和土地管理绩效等评价指标体系，加快开发区土地节约集约利用评估工作。凡土地利用评估达到要求并通过国家审核公告的开发区，确需扩区的，可以申请整合依法依规设立的开发区，或者利用符合规划的现有建设用地扩区。对符合"布局集中、产业集聚、用地集约"要求的国家级开发区，优先安排建设用地指标。

三、充分发挥市场配置土地资源基础性作用，健全节约集约用地长效机制

（十）深入推进土地有偿使用制度改革。国土资源部要严格限定划拨用地范围，及时调整划拨用地目录。今后除军事、社会保障性住房和特殊用地等可以继续以划拨方式取得土地外，对国家机关办公和交通、能源、水利等基础设施（产业）、城市基础设施以及各类社会事业用地要积极探索实行有偿使用，对其中的经营性用地先行实行有偿使用。其他建设用地应严格实行市场配置，有偿使用。要加强建设用地税收征管，抓紧研究各类建设用地的财税政策。

（十一）完善建设用地储备制度。储备建设用地必须符合规划、计划，并将现有未利用的建设用地优先纳入储备。储备土地出让前，应当处理好土地的产权、安置补偿等法律经济关系，完成必要的前期开发，缩短开发周期，防止形成新的闲置土地。土地前期开发要引入市场机制，按照有关规定，通过公开招标方式选择实施单位。经过前期开发的土地，依法由市、县人民政府国土资源部门统一组织出让。

（十二）合理确定出让土地的宗地规模。土地出让前要制订控制性详细规划和土地供应方案，明确容积率、绿地率和建筑密度等规划条件。规划条件一经确定，不得擅自调整。合理确定出让土地的宗地规模，督促及时开发利用，形成有效供给，确保节约集约利用每宗土地。未按合同约定缴清全部土地价款的，不得发放土地证书，也不得按土地价款缴纳比例分割发放土地证书。

（十三）严格落实工业和经营性用地招标拍卖挂牌出让制度。工业用地和商业、旅游、娱乐、商品住宅等经营性用地（包括配套的办公、科研、培训等用地），以及同一宗土地有两个以上意向用地者的，都必须实行招标拍卖挂牌等方式公开出让。国土资源部门要会同发展改革、城市规划、建设、水利、环保等部门制订工业用地招标拍卖挂牌出让计划，拟定出让地块的产业类型、

项目建议、规划条件、环保要求等内容，作为工业用地出让的前置条件。工业和经营性用地出让必须以招标拍卖挂牌方式确定土地使用者和土地价格。严禁用地者与农村集体经济组织或个人签订协议圈占土地，通过补办用地手续规避招标拍卖挂牌出让。

（十四）强化用地合同管理。土地出让合同和划拨决定书要严格约定建设项目投资额、开竣工时间、规划条件、价款、违约责任等内容。对非经营性用地改变为经营性用地的，应当约定或明确政府可以收回土地使用权，重新依法出让。

（十五）优化住宅用地结构。合理安排住宅用地，继续停止别墅类房地产开发项目的土地供应。供应住宅用地要将最低容积率限制、单位土地面积的住房建设套数和住宅建设套型等规划条件写入土地出让合同或划拨决定书，确保不低于 70% 的住宅用地用于廉租房、经济适用房、限价房和 90m² 以下中小套型普通商品房的建设，防止大套型商品房多占土地。

四、强化农村土地管理，稳步推进农村集体建设用地节约集约利用

（十六）高度重视农村集体建设用地的规划管理。要按照统筹城乡发展、节约集约用地的原则，指导、督促编制好乡（镇）土地利用总体规划和镇规划、乡规划、村庄规划，划定村镇发展和撤并复垦范围。利用农民集体所有土地进行非农建设，必须符合规划，纳入年度计划，并依法审批。严格禁止擅自将农用地转为建设用地，严格禁止"以租代征"将农用地转为非农业用地。

（十七）鼓励提高农村建设用地的利用效率。要在坚持尊重农民意愿、保障农民权益的原则下，依法盘活利用农村集体建设用地。按规划稳妥开展农村集体建设用地整理，改善农民生产生活条件。农民住宅建设要符合镇规划、乡规划和村庄规划，住宅建设用地要先行安排利用村内空闲地、闲置宅基地。对村民自愿腾退宅基地或符合宅基地申请条件购买空闲住宅的，当地政府可给予奖励或补助。

（十八）严格执行农村一户一宅政策。各地要结合本地实际完善人均住宅面积等相关标准，控制农民超用地标准建房，逐步清理历史遗留的一户多宅问题，坚决防止产生超面积占用宅基地和新的一户多宅现象。

五、加强监督检查，全面落实节约集约用地责任

（十九）建立健全土地市场动态监测制度。要对土地出让合同、划拨决定

书的执行实施全程监管，及时向社会公开供地计划、结果及实际开发利用情况等动态信息。国土资源部门要对土地供应和开发利用情况进行定期评价分析，研究完善加强土地调控、促进节约集约用地的政策措施。

（二十）完善建设项目竣工验收制度。要将建设项目依法用地和履行土地出让合同、划拨决定书的情况，作为建设项目竣工验收的一项内容。没有国土资源部门的检查核验意见，或者检查核验不合格的，不得通过竣工验收。

（二十一）加强各类土地变化状况的监测。运用遥感等现代技术手段，做好年度土地变更调查，建立土地利用现状数据库，全面掌握各类土地变化状况。国家每年选择若干个省级行政区，进行全行政区域的土地利用状况监测。重点监测各地新增建设用地、耕地减少和违法用地等情况，监测结果要向社会公开。

（二十二）加强对节约集约用地工作的监管。国土资源部要会同监察部等有关部门持续开展用地情况的执法检查，重点查处严重破坏、浪费、闲置土地资源的违法违规案件，依法依纪追究有关人员的责任。要将企业违法用地、闲置土地等信息纳入有关部门信用信息基础数据库。金融机构对房地产项目超过土地出让合同约定的动工开发日期满一年，完成土地开发面积不足 1/3 或投资不足 1/4 的企业，应审慎贷款和核准融资，从严控制展期贷款或滚动授信；对违法用地项目不得提供贷款和上市融资，违规提供贷款和核准融资的，要追究相关责任人的责任。

（二十三）建立节约集约用地考核制度。制定单位 GDP 和固定资产投资规模增长的新增建设用地消耗考核办法。实行上一级人民政府对下一级人民政府分级考核，考核结果由国土资源部门定期公布，作为下达土地利用年度计划的依据。

各地区、各部门要充分认识节约集约用地的重要性和紧迫性，增强节约集约用地的责任感，切实转变用地观念，转变经济发展方式，调整优化经济结构，将节约集约用地的要求落实在政府决策中，落实到各项建设中，科学规划用地，着力内涵挖潜，以节约集约用地的实际行动全面落实科学发展观，实现经济社会的可持续发展。

国务院

二〇〇八年一月三日

国土资源部关于推进土地节约集约利用的指导意见

国土资发〔2014〕119 号

各省、自治区、直辖市及计划单列市国土资源主管部门，新疆生产建设兵团国土资源局，解放军土地管理局，中国地质调查局及部其他直属单位，各派驻地方的国家土地督察局，部机关各司局：

土地节约集约利用是生态文明建设的根本之策，是新型城镇化的战略选择。党中央、国务院高度重视土地节约集约利用，针对我国经济发展进入新常态，处于经济增长换挡期、结构调整阵痛期、前期刺激政策消化期"三期叠加"的阶段特征，对大力推进节约集约用地提出了新要求。近年来，各地采取措施推进土地节约集约利用，取得了积极进展，但是，土地粗放利用状况没有根本改变，建设用地低效闲置现象仍较普遍。为了深入贯彻落实党中央、国务院的决策部署，切实解决土地粗放利用和浪费问题，以土地利用方式转变促进经济发展方式转变，推动生态文明建设和新型城镇化，提出如下指导意见。

一、总体要求

（一）指导思想。以邓小平理论、"三个代表"重要思想和科学发展观为指导，认真贯彻生态文明建设和新型城镇化战略部署，紧紧围绕使市场在资源配置中起决定性作用和更好发挥政府作用，坚持和完善最严格的节约用地制度，遵循严控增量、盘活存量、优化结构、提高效率的总要求，全面做好定标准、建制度、重服务、强监管工作，大力推进节约集约用地，促进土地利用方式和经济发展方式加快转变，为全面建成小康社会和实现中华民族伟大复兴的中国梦提供坚实保障。

（二）主要目标。

——建设用地总量得到严格控制。实施建设用地总量控制和减量化战略，城乡建设用地总量控制在土地利用总体规划确定的目标之内，努力实现全国新增建设用地规模逐步减少，到 2020 年，单位建设用地二、三产业增加值比 2010 年翻一番，单位固定资产投资建设用地面积下降 80%，城市新区平均容积率比现城区提高 30% 以上。

——土地利用结构和布局不断优化。实施土地空间引导和布局优化战略，完成全国城市开发边界、永久基本农田和生态保护红线划定，引导城市建设向组团式、串联式、卫星城式发展，工业用地逐步减少，生活和基础设施用地逐步增加，中西部地区建设用地占全国建设用地的比例有所提高。

——土地存量挖潜和综合整治取得明显进展。实施土地内涵挖潜和整治再开发战略，"十二五"和"十三五"期间，累计完成城镇低效用地再开发750万亩、农村建设用地整治900万亩、历史遗留工矿废弃地复垦利用300万亩，土地批后供应率、实际利用率明显提高。

——土地节约集约利用制度更加完善，机制更加健全。"党委领导、政府负责、部门协同、公众参与、上下联动"的国土资源管理新格局基本形成，节约集约用地制度更加完备，市场配置、政策激励、科技应用、考核评价、共同责任等机制更加完善，建成一批国土资源节约集约利用示范省、模范县（市）。

二、严格用地规模管控

（三）严格控制城乡建设用地规模。实行城乡建设用地总量控制制度，强化县市城乡建设用地规模刚性约束，遏制土地过度开发和建设用地低效利用。加强相关规划与土地利用总体规划的协调衔接，相关规划的建设用地规模不得超过土地利用总体规划确定的建设用地规模。依据二次土地调查成果和土地变更调查成果，按照国家统一部署，调整完善土地利用总体规划，从严控制城乡建设用地规模。探索编制实施重点城市群土地利用总体规划和村土地利用规划，强化对城镇建设用地总规模的控制，合理引导乡村建设集中布局、集约用地。严格执行围填海造地政策，控制围填海造地规模。

（四）逐步减少新增建设用地规模。与国民经济和社会发展计划、节约集约用地目标要求相适应，逐步减少新增建设用地计划和供应，东部地区特别是优化开发的三大城市群地区要以盘活存量为主，率先压减新增建设用地规模。严格核定各类城市新增建设用地规模，适当增加城区人口100万~300万的大城市新增建设用地，合理确定城区人口300万~500万的大城市新增建设用地，从严控制城区人口500万以上的特大城市新增建设用地。

（五）着力盘活存量建设用地。着力释放存量建设用地空间，提高存量建设用地在土地供应总量中的比重。制定促进批而未征、征而未供、供而未用土地有效利用的政策，将实际供地率作为安排新增建设用地计划和城镇批次用地规模的重要依据,对近五年平均供地率小于60%的市、县,除国家重点项目和民生保障项目外,暂停安排新增建设用地指标,促进建设用地以盘活存量为主。严格执行依法收回闲置土地或征收土地闲置费的规定,加快闲置土地的认定、公示和处置。建立健全低效用地再开发激励约束机制,推进城乡存量建设用地挖潜利用和高效配置。完善土地收购储备制度,制定工业用地等各类存量用地回购和转让政策,建立存量建设用地盘活利用激励机制。

(六)有序增加建设用地流量。按照土地利用总体规划和土地整治规划,在安排新增建设用地时同步减少原有存量建设用地,既保持建设用地总量不变又增加建设用地流量,保障经济社会发展用地,提高土地节约集约利用水平。在确保城乡建设用地总量稳定、新增建设用地规模逐步减少的前提下,逐步增加城乡建设用地增减挂钩、工矿废弃地复垦利用和城镇低效用地再开发等流量指标,统筹保障建设用地供给。建设用地流量供应,主要用于促进存量建设用地的布局优化,推动建设用地在城镇和农村内部、城乡之间合理流动。各地要探索创新"以补充量定新增量、以压增量倒逼存量挖潜"的建设用地流量管理办法和机制,合理保障城乡建设用地,促进土地利用和经济发展方式转变。

(七)提高建设用地利用效率。合理确定城市用地规模和开发边界,强化城市建设用地开发强度、土地投资强度、人均用地指标整体控制,提高区域平均容积率,优化城市内部用地结构,促进城市紧凑发展,提高城市土地综合承载能力。制定地上地下空间开发利用管理规范,统筹地上地下空间开发,推进建设用地的多功能立体开发和复合利用,提高空间利用效率。完善城市、基础设施、公共服务设施、交通枢纽等公共空间土地综合开发利用模式和供地方式,提高土地利用强度。统筹城市新区各功能区用地,鼓励功能混合和产城融合,促进人口集中、产业集聚、用地集约。加强开发区用地功能改造,合理调整用地结构和布局,推动单一生产功能向城市综合功能转型,提高土地利用经济、社会、生态综合效益。

三、优化开发利用格局

(八)优化建设用地布局。发挥国土规划和土地利用总体规划的引导管控作用,最大限度保护耕地、园地和河流、湖泊、山峦等自然生态用地,促进形成规模适度、布局合理、功能互补的城镇空间体系,加快构建以城市群为主体、大中小城市和小城镇协调发展的城镇化格局。加快划定城市开发边界、永久基本农田和生态保护红线，促进生产、生活、生态用地合理布局。结合农村土地综合整治，因地制宜、量力而行，在具备条件的地方对农村建设用地按规划进行区位调整、产权置换，促进农民住宅向集镇、中心村集中。完善与区域发展战略相适应、与人口城镇化相匹配、与节约集约用地相挂钩的土地政策体系，促进区域、城乡用地布局优化。

（九）严控城市新区无序扩张。严格城市新区用地管控，除因中心城区功能过度叠加、人口密度过高或规避自然灾害等原因外，不得设立城市新区；确需设立城市新区的，必须以人口密度、用地产出强度和资源环境承载能力为基准，以符合土地利用总体规划为前提。按照《城市新区设立审核办法》，严格审核城市新区规划建设用地规模和布局。制定新区用地扩张与旧城改造相挂钩的方案，促进新旧城区联动发展。

（十）加强产业与用地的空间协同。强化产业发展规划与土地利用总体规划的协调衔接，统筹各业各类用地，重点保障与区域资源环境和发展条件相适应的主导产业用地，合理布局战略性新兴产业、先进制造业和基础产业用地，引导产业集聚、用地集约。完善用地激励和约束机制，严禁为产能严重过剩行业新增产能项目提供用地，促进落后产能淘汰退出和企业兼并重组。推动特大城市中心城区部分产业向卫星城疏散，强化大中城市中心城区现代商贸、现代服务等功能，提高城市土地产业支撑能力。

（十一）合理调整建设用地比例结构。与新型城镇化和新农村建设进程相适应，引导城镇建设用地结构调整，控制生产用地，保障生活用地，增加生态用地；优化农村建设用地结构，保障农业生产、农民生活必需的建设用地，支持农村基础设施建设和社会事业发展；促进城乡用地结构调整，合理增加城镇建设用地，加大农村空闲、闲置和低效用地整治，力争到2020年，城镇工矿用地在城乡建设用地总量中的比例提高到40%左右。调整产业用地结构，保障水利、交通、能源等重点基础设施用地，优先安排社会民生、扶贫开发、战略性新兴产业以及国家扶持的健康和养老服务业、文化产业、旅游业、生产性服务业发展用地。

四、健全用地控制标准

（十二）完善区域节约集约用地控制标准。继续落实"十二五"单位国内生产总值建设用地下降 30% 的目标要求。探索开展土地开发利用强度和效益考核，依据区域人口密度、二三产业产值、产业结构、税收等指标和建设用地结构、总量的变化，提出控制标准，加快建立综合反映土地利用对经济社会发展承载能力和水平的评价标准。

（十三）引导城乡提高土地利用强度。加强对城镇和功能区土地利用强度的管控和引导，依据城镇建设用地普查，开展人均城镇建设用地、城市土地平均容积率、各功能区容积率和不同用途容积率、建筑密度、单位土地投资等土地利用效率和效益的控制标准研究。提出"十三五"平均容积率等节约集约用地考核具体指标。逐步确立由国家和省市调控城镇区域投入产出、平均建筑密度、平均容积率控制标准，各城镇自主确定具体地块土地利用强度的管理制度，实现城镇整体节约集约、功能结构完整、利用疏密有致、建筑形态各具特点的土地利用新格局。

（十四）严格执行各行各业建设项目用地标准。在建设项目可行性研究、初步设计、土地审批、土地供应、供后监管、竣工验收等环节，严格执行建设用地标准，建设项目的用地规模和功能分区，不得突破标准控制。各地要在用地批准文件、出让合同、划拨决定书等法律文本中，明确用地标准的控制性要求，加强土地使用标准执行的监督检查。鼓励各地在严格执行国家标准的基础上，结合实际制定地方土地使用标准，细化和提高相关要求。对国家和地方尚未编制用地标准的建设项目，国家和地方已编制用地标准但因安全生产、地形地貌、工艺技术有特殊要求需要突破标准的建设项目，必须开展建设项目节地评价论证，合理确定用地规模。

五、发挥市场机制作用

（十五）发挥市场机制的激励约束作用。深化国有建设用地有偿使用制度改革，扩大国有土地有偿使用范围，逐步对经营性基础设施和社会事业用地实行有偿使用，缩小划拨供地范围。加快形成充分反映市场供求关系、资源稀缺程度和环境损害成本的土地市场价格机制，通过价格杠杆约束粗放利用，激励节约集约用地。完善土地租赁、转让、抵押二级市场。健全完善主体平等、规则一致、竞争有序的市场规制，营造有利于土地市场规范运行、有效落实节约集约用地的制度环境。

（十六）鼓励划拨土地盘活利用。按照促进流转、鼓励利用的原则，进一步细化原划拨土地利用政策，加快推进原划拨土地入市交易和开发利用，提高土地要素市场周转率和利用效率。符合规划并经市、县人民政府批准，原划拨土地可依法办理出让、转让、租赁等有偿使用手续。符合规划并经依法批准后，原划拨土地既可与其他存量土地一并整体开发，也可由原土地使用权人自行开发。经依法批准后，鼓励闲置划拨土地上的工业厂房、仓库等用于养老、流通、服务、旅游、文化创意等行业发展，在一定时间内可继续以划拨方式使用土地，暂不变更土地使用性质。

（十七）完善土地价租均衡的调节机制。完善工业用地出让最低价标准相关实施政策，建立有效调节工业用地和居住用地合理比价机制，提高工业用地价格，优化居住用地和工业用地结构比例。实行新增工业用地弹性出让年期制，重点推行工业用地长期租赁。加快制订有利于节约集约用地的租金标准，根据产业类型和生产经营周期确定各类用地单位的租期和用地量，引导企业减少占地规模，缩短占地年期，防止工业企业长期大量圈占土地。进一步完善土地价租税体系，提高土地保有成本，强化对土地取得、占有和使用的经济约束，提高土地利用效率和效益。

六、实施综合整治利用

（十八）推动城乡土地综合利用。在符合建设要求、不影响质量安全和生态环境的基础上，因地制宜推动城市交通、商业、娱乐、人防、绿化等多功能、一体化、综合型公共空间立体开发建设，引导城镇建设提高开发强度和社会经济活动承载力。引导工业企业通过技改、压缩绿地和辅助设施用地，扩大生产用地，提高工业用地投资强度和利用效率。推动农村各类用地科学布局，鼓励农用地按循环经济模式引导、组合各类生产功能，实现土地复合利用、立体利用。结合永久基本农田和生态保护红线的划定，保留连片优质农田和菜地，作为城市绿心、绿带，发挥耕地的生产、生态和景观等多重功能。

（十九）大力推进城镇低效用地再开发。坚持规划统筹、政府引导、市场运作、公众参与、利益共享、严格监管的原则，在严格保护历史文化遗产、传统建筑和保持特色风貌的前提下，规范有序推进城镇更新和用地再开发，提升城镇用地人口、产业承载能力。结合城市棚户区改造，建立合理利益分配机制，采取协商收回、收购储备等方式，推进"旧城镇"改造；依法办理相关手续，鼓励"旧工厂"改造和产业升级；充分尊重权利人意愿，鼓励采取自主开发、联合开发、收购开发等模式，分类推动"城中村"改造。

（二十）强化开发区用地内涵挖潜。推动开发区存量建设用地盘活利用，鼓励对现有工业用地追加投资、转型改造，提高土地利用强度。提高开发区工业用地准入门槛，制订各开发区亩均投资强度标准和最低单独供地标准，并定期更新。推动开发区建设一定规模的多层标准厂房，支持各类投资开发主体参与建设和运营管理。加强标准厂房建设的土地供应，国家级和省级开发区建设标准厂房容积率超过 1.2 的，所需新增建设用地年度计划指标由省级国土资源主管部门单列。各地可结合实际，制订扶持标准厂房建设和鼓励中小项目向标准厂房集中的政策，促进中小企业节约集约用地。

（二十一）因地制宜盘活农村建设用地。统筹运用土地整治、城乡建设用地增减挂钩等政策手段，整合涉地资金和项目，推进田、水、路、林、村综合整治，促进农村低效和空闲土地盘活利用，改善农村生产生活条件和农村人居环境。土地整治和增减挂钩要按照新农村建设、现代农业发展和农村人居环境改造的要求，尊重农民意愿，坚持因地制宜、分类指导、规划先行、循序渐进，保持乡村特色，防止大拆大建；要坚持政府统一组织和农民主体地位，增加工作的公开性和透明度，维护农民土地合法权益，确保农民自愿、农民参与、农民受益。在同一乡镇范围内调整村庄建设用地布局的，由省级国土资源部门统筹安排，纳入城乡建设用地增减挂钩管理。

（二十二）积极推进矿区土地复垦利用。按照生态文明建设和矿区可持续发展的要求，坚持强化主体责任与完善激励机制相结合，综合运用矿山地质环境治理恢复、土地复垦等政策手段，全面推进矿区土地复垦，改善矿区生态环境，提高矿区土地利用效率。依法落实矿山土地复垦主体责任，确保新建在建矿山损毁土地及时全面复垦。创新土地管理方式，在集中成片、条件具备的地区，推动历史遗留工矿废弃地复垦和挂钩利用，确保建设用地规模不增加、耕地综合生产能力有提高、生态环境有改善，废弃地得到盘活利用。

七、推动科技示范引领

（二十三）推广应用节地技术和模式。及时总结提炼各类有利于节约集约用地的建造技术和利用模式，完善激励机制和政策，加大推广应用力度。要重点推广城市公交场站、大型批发市场、会展和文体中心、城市新区建设中的地上地下空间立体开发、综合利用、无缝衔接等节地技术和节地模式，鼓励城市内涵发展；加快推广标准厂房等节地技术和模式，降低工业项目占地规模；引导铁路、公路、水利等基础设施建设采取措施，减少工程用地和取弃土用地；推进盐碱地、污染地、工矿废弃地的治理与生态修复技术创新，加强暗管改碱节地技术研发和应用，实现土地循环利用。

（二十四）研究制定激励配套政策。加大节地技术和节地模式的配套政策支持力度，在用地取得、供地方式、土地价格等方面，制定鼓励政策，形成节约集约用地的激励机制。对现有工业项目不改变用途前提下提高利用率和新建工业项目建筑容积率超过国家、省、市规定容积率部分的，不再增收土地价款。在土地供应中，可将节地技术和节地模式作为供地要求，落实到供地文件和土地使用合同中。协助相关部门，探索土地使用税差别化征收措施，按照节约集约利用水平完善土地税收调节政策，鼓励提高土地利用效率和效益。

（二十五）组织开展土地整治技术集成与应用。加强土地整治技术集成方法研究，组织实施一批土地整治重大科技专项，选取典型区域开展应用示范攻关。在土地整理、土地复垦、土地开发和土地修复中，综合运用先进科学技术，推进农村土地整治和城市更新，修复损毁土地，保障土地可持续利用，提高节约集约用地水平。

（二十六）深入开展节约集约用地模范县市创建。完善创建活动指标标准体系和评选考核办法，深化创建活动工作机制建设，定期评选模范县市，引导开展节约集约示范省建设。以创建活动引导各地树立正确的政绩观和科学发展理念；广泛动员社会各方力量，推进土地节约集约利用进社区、进企业、进家庭、进课堂。

八、加强评价监管宣传

（二十七）全面清查城乡建设用地情况。以第二次全国土地调查和城镇地籍调查为基础，通过年度土地变更调查和年度城镇地籍调查数据更新汇总，全面掌握城乡建设用地的结构、布局、强度、密度等现状及其变化情况。在此基础上，各地可根据需要开展补充调查，为充分利用各类闲置、低效和未利用土地及开展节约集约用地评价考核提供详实的建设用地基础数据。

（二十八）全面推进节约集约用地评价。持续开展单位国内生产总值建设用地消耗下降目标的年度评价。进一步完善开发区建设用地节约集约利用评价，适时更新评价制度。部署开展城市节约集约用地初始评价，在初始评价基础上开展区域和中心城区更新评价。加快建立工程建设项目节地评价制度，明确节地评价的范围、原则和实施程序，通过制度规范促进节约集约用地。

（二十九）加强建设用地全程监管及执法督察。全面落实土地利用动态巡查制度，超过土地使用合同规定的开工时间一年以上未开工、且未开工建设用地总面积已超过近五年年均供地量的市、县，要暂停新增建设用地供应。建立健全土地市场监测监管实地核查办法，加大违法违规信息的网上排查和实地核查。充分运用执法、督察手段，加强与审计、纪检监察、检察等监督或司法机关的联动，有效制止和严肃查处违法违规用地行为。

（三十）强化舆论宣传和引导。充分利用多种媒体渠道和"6.25"土地日等活动平台，广泛宣传我国土地资源国情和形势，增强社会各界的资源忧患意识，促进形成节约集约用地全民共识。深入宣传全面落实节约优先战略，提高土地利用效率和效益的做法和典型经验。加强科普宣传和人才培训，普及推广节约集约用地知识。

推进土地节约集约利用，是各级国土资源部门的中心工作和主要职责。各省（区、市）国土资源部门积极争取党委、政府的支持，结合实际制定细化方案和配套措施，认真贯彻落实本指导意见。部机关各司局、各派驻地方的国家土地督察局及相关单位要结合职责，明确目标任务、具体措施、责任分工和推进时限，确保指导意见的落实。

本书件有效期为 8 年。

中华人民共和国国土资源部

2014 年 9 月 12 日

关于进一步活跃农村经济的十项政策

我国农村经过五年多成功的经济改革，迎来了新的形势。农村广大干部群众革新创业精神空前高涨，正在为广开生产门路、发展商品生产而奋发努力。生产全面增长，主要农产品供应紧缺的状况有了很大改善，为农村产业结构的改革提供了物质基础。以联产承包责任制为特征的合作制度，推动了农村劳力、资金、技术的流动和合理结合。十二届三中全会以后，以城市为重点的经济体制改革即将全面展开，城乡之间互相促进、协调发展的新局面将会出现。广大农村正面临着加速发展商品生产的极其有利的时机。

但是应当看到，在农村生产向商品经济转化中还存在着种种不协调现象。农业生产不能适应市场消费需求，产品数量增加而质量不高、品种不全，商品流通遇到阻碍；生产布局和产业结构不合理，地区优势不能发挥，一部分地区贫困面貌改变缓慢。产生这些问题的原因是多方面的，国家对农村经济的管理体制存在缺陷是一个重要原因。其中，农产品统购派购制度，过去曾起了保证供给、支持建设的积极作用，但随着生产的发展，它的弊端就日益表现出来，目前已经影响农村商品生产的发展和经济效益的提高。因此，在打破集体经济中的"大锅饭"之后，还必须进一步改革农村经济管理体制，在国家计划指导下，扩大市场调节，使农业生产适应市场的需求，促进农村产业结构的合理化，进一步把农村经济搞活。

为保证上述目标的实现，党中央和国务院经过研究，制定以下十项经济政策。

（一）改革农产品统派购制度

从今年起，除个别品种外，国家不再向农民下达农产品统购派购任务，按照不同情况，分别实行合同定购和市场收购。

粮食、棉花取消统购，改为合同定购。由商业部门在播种季节前与农民协商，签订定购合同。定购的粮食，国家确定按"倒三七"比例计价（即三成按原统购价，七成按原超购价）。定购以外的粮食可以自由上市。如果市场粮价低于原统购价，国家仍按原统购价敞开收购，保护农民的利益。

定购的棉花，北方按"倒三七"，南方按"正四六"比例计价。定购以外的棉花也允许农民上市自销。

生猪、水产品和大中城市、工矿区的蔬菜，也要逐步取消派购，自由上市，自由交易，随行就市，按质论价。放开的时间和步骤，由各地自定。

放开以后，国营商业要积极经营，参与市场调节。同时，一定要采取切实措施，保障城市消费者的利益。

其他统派购产品，也要分品种、分地区逐步放开。

取消统购派购以后，农产品不再受原来经营分工的限制，实行多渠道直线流通。农产品经营、加工、消费单位都可以直接与农民签订收购合同；

农民也可以通过合作组织或建立生产者协会，主动与有关单位协商签订销售合同。

任何单位都不得再向农民下达指令性生产计划。

（二）大力帮助农村调整产业结构

要继续贯彻决不放松粮食生产、积极发展多种经营的方针。

今年，国家将以一定的财力物力支持粮棉集中产区发展农产品加工业，调整产业结构。还决定拿出一批粮食，按原统购价（费用按财政体制分担）销售给农村养殖户、国营养殖场、饲料加工厂、食品加工厂等单位，支持发展畜牧业、水产养殖业、林业等产业。困难的地方可以赊销。

在发展畜牧、水产业中，要特别注意扶持养殖专业户、专业村，并在一定区域范围内逐步建立和健全养殖业的良种繁育、饲料供应、疫病防治、产品加工、贮运销售等配套的商品生产服务环节。

（三）进一步放宽山区、林区政策

山区二十五度以上的坡耕地要有计划有步骤地退耕还林还牧，以发挥地利优势。口粮不足的，由国家销售或赊销。

集体林区取消木材统购，开放木材市场，允许林农和集体的木材自由上市，实行议购议销。木材收购部门可以用换购合同的形式收购一部分木材。砍伐须依法经政府批准，严禁乱砍滥伐。

中药材，除因保护自然资源必须严格控制的少数品种外，其余全部放开，自由购销。药材收购部门应根据供需状况，有重点地与产地签订收购合同。

国营林场，也可以实行职工家庭承包或同附近农民联营。

（四）积极兴办交通事业

修建公路继续实行民工建勤、民办公助的办法。

在经济比较发达地区，提倡社会集资修建公路，谁投资，谁收益。在山区和困难地区，由地方集资、农民出劳力修建公路，国家发放一部分粮、棉、布，作为修筑公路的投资，并支援一部分钢钎、炸药等物资。

省、自治区、直辖市政府，可以在国家批准的数额内，根据交通建设计划，量力发行部分公路、航道债券。

国家支持有关各省联合建立海上运输船队，解决南北交通运输的困难。

各类公路、航道、码头工程，采取招标承包方式兴建，国营、集体和个人均可参加投标。

国营交通企业闲置的车、船，可包给或出售、租赁给群众经营。增加今年农村汽车销量比重。鼓励农民合作办车队、船队。交通部门经营的各类交通设施，对国营和民营运输都要提供服务，一视同仁。交通行政管理要加强，但严禁以任何名义平调农民的车辆和船只，或无理干涉，滥收费用。

（五）对乡镇企业实行信贷、税收优惠。鼓励农民发展采矿和其他开发性事业

对饲料工业、食品工业、小能源工业的投资和其他乡镇企业的技术改造费，在贷款数额和利率上给予优惠。按税法规定，对新办乡镇企业定期免征所得税，期满后仍有困难的，可以继续定期减免。乡镇企业用于补助社会性开支的费用，可按利润的 10% 在税前列支。

根据有关矿产法规，鼓励农民采矿。开采的范围包括小矿、大矿的尾矿和在大矿周围划定的地方。国营矿冶企业通过收购产品和协作联营、技术指导等办法给予支持。有关管理部门要定出必要的章程和管理办法，既要保护矿产资源，又要防止对农民采矿不应有的限制与干涉。

严禁平调乡镇企业的财产。

（六）鼓励技术转移和人才流动

城市的各类科学技术人员经所在单位同意，可以停薪留职，应聘到农村工作。除党政机关的在职干部以外，具备条件的科学技术人员，在不影响本职工作的前提下，可以利用业余时间为农村提供服务，按合同取得报酬。科研推广单位、大专院校及城市企业，可以接受农村委托的研究项目，转让科研成果，提供技术咨询服务，或者与商品基地及其他农村生产单位志愿服务队，赴农村和边疆少数民族地区，提供科技、教育、医务等方面的服务，有突出

贡献的还应给予重奖。

提倡"东西互助"。沿海各地向西部转移技术，联合开发西部资源，分享利益。

鼓励集体或个人办好中小学校，特别是中等职业技术学校和专科学校。

逐步改善中小学教师待遇。各大专院校要继续为农村举办各种专业班，定向培养科技人才。要按教育部规定的标准收费，不得任意加码。

（七）放活农村金融政策，提高资金的融通效益

信用社实行独立经营，自负盈亏。所组织的资金，除按规定向农业银行交付提存准备金外，全部归自己使用。在保证满足社员农业贷款之后，可以以余款经营农村工商信贷。可以跨地区开展存贷业务。信用社之间、信用社与各专业银行之间可以发生横向业务联系。存放利率允许参照银行所定基准利率上下浮动，有的可以接近市场利率。信用社必须遵守国家金融政策并接受农业银行业务领导。

适当发展民间信用。积极兴办农村保险事业。

农业银行要实行企业化经营，提高资金营运效率。

1978年以前的农村呆滞贷款，应该和可能收回的，各地收回后，可作为低息贷款，由各省、自治区、直辖市农业银行安排使用。

国家支援不发达地区资金和支援穷社穷队资金，由各省、自治区的管理机构统一使用，根据统一规划的建设方案，按项目定向投放，改变以往平均分散使用的方法。

（八）按照自愿互利原则和商品经济要求，积极发展和完善农村合作制联产承包责任制和农户家庭经营长期不变。要继续完善土地承包办法和林业、牧业、水产业、乡镇企业的责任制。

有些合作经济采用了合股经营、股金分红的方法，资金可以入股，生产资料和投入基本建设的劳动也可以计价入股，经营所得利润的一部分按股分红。这种股份式合作，不改变入股者的财产所有权，避免了一讲合作就合并财产和平调劳力的弊病，却可以把分散的生产要素结合起来，较快地建立起新的经营规模，积累共有的财产。这种办法值得提倡，但必须坚持自愿互利，防止强制摊派。

农村一切加工、供销、科技等服务性事业，要国家、集体、个人一齐上，

特别要支持以合作形式兴办。供销合作社应该完全独立核算，自负盈亏，自主经营，由群众民主管理。

地区性合作经济组织，要积极办好机械、水利、植保、经营管理等服务项目，并注意采取措施保护生态环境。

各种合作经济组织都应当拟订简明的章程。合作经济组织是群众自愿组成的，规章制度也要由群众民主制订；认为怎么办好就怎么订，愿意实行多久就实行多久。只要不违背国家的政策、法令，任何人都不得干涉。

凡要农民出钱兴办的事，都要经乡人民代表大会讨论，坚持"定项限额"。任何额外的摊派，农民有权拒绝。供应农民的生产资料，不得任意提价。一切有关的部门和单位，都要注意保护农民的利益，保护专业户的合法权益，并注意做好扶贫工作。

（九）进一步扩大城乡经济交往，加强对小城镇建设的指导

城市应继续办好各类农产品批发市场和贸易中心。在各级政府统一管理下，允许农民进城开店设坊，兴办服务业，提供各种劳务。城市要在用地和服务设施方面提供便利条件。运用经济杠杆，鼓励宜于分散生产或需要密集劳动的产业，从城市向小城镇和农村扩散。

县和县以下小城镇的发展规划，要适应商品经济的需要，并严格控制占地规模。规划区内的建设用地，可设土地开发公司实行商品化经营；也允许农村地区性合作经济组织按规划建成店房及服务设施自主经营或出租。小城镇的建设一定要根据财力和物力的可能，通过试点，逐步开展，注意避免盲目性，防止工业污染。城乡建设部门必须加强对小城镇建设的指导，同时，也要帮助搞好农村住宅建设的规划和设计。

增强县级政府管理和协调经济的能力。按照财政体制的划分原则，各省、自治区、直辖市可选择若干县，试行财政递增包干，在保证国家财政收入稳定增长的前提下，使县的机动财力也有所增加。

（十）发展对外经济、技术交流

各地均应创造条件，引进优良品种、先进技术、设备和资金，发展农产品及其加工品的出口。

靠近沿海开放城市和经济特区的农村，应当成为农业方面的对外窗口和"外引内联"的基地。珠江三角洲、长江三角洲、山东半岛、辽东半岛和其他

沿海地区要逐步形成"贸工农"型生产结构，即按出口贸易的需要来发展农产品加工，按加工需要发展农业生产，引进先进技术，提高产品质量。对农产品的出口要放宽权限，鲜活产品允许产地对外经营。具体办法由外贸部门与有关省、市商定。

陆地边境地区，应积极创造条件，恢复和发展同邻国的边境贸易。

以上十项政策，是根据十二届三中全会关于经济体制改革的决定的基本精神，结合农村新情况制定的。这些政策的执行，必将进一步解放农村生产力，引来农业生产的新高涨。目前，正处在一个有利的时机，必须动员干部与群众，统一思想，统一行动，认真组织落实。有关部门要根据上述规定的原则，拟出具体实施方案。原有的政策、办法，凡与上述规定相抵触的，应即停止执行。

扩大市场调节，进一步放活经济之后，农民将从过去主要按国家计划生产转变到面向市场需求生产，国家对农业的计划管理，将从过去主要依靠行政领导转变到主要依靠经济手段。无论农民还是干部，都有一个适应和重新学习的过程。因此，改革必须非常积极又非常稳妥地进行。中央要求各级领导干部，亲自参加一个地方、一个单位的改革实践，取得直接的经验，以保证改革的顺利进行。

近年来，农村干部的作风有明显的改善，受到了群众的拥护。但是在少数地方，形式主义、摆花架子、浮夸不实，以权谋私等不正之风也出现苗头。各级领导务必保持清醒的头脑，善于用历史的经验教育干部，认真学习，遵纪守法，精心工作，使农村经济改革健康地进行，争取在建设社会主义的伟大事业中，不断取得新的胜利。

关于进一步加强土地管理切实保护耕地的通知

（1997 年 4 月 15 日）

　　土地是十分宝贵的资源和资产。我国耕地人均数量少，总体质量水平低，后备资源也不富裕。保护耕地就是保护我们的生命线。但近年来，一些地方乱占耕地、违法批地、浪费土地的问题没有从根本上解决，耕地面积锐减，土地资产流失，不仅严重影响了粮食生产和农业发展，也影响了整个国民经济的发展和社会的稳定。对于土地管理特别是耕地保护这个事关全国大局和中华民族子孙后代的大问题，党中央、国务院高度重视，经过多次研究认为，从我国国情出发，我国的土地管理特别是耕地保护措施必须是十分严格的，必须认真贯彻"十分珍惜和合理利用每寸土地，切实保护耕地"的基本国策，必须采取治本之策，扭转在人口继续增加情况下耕地大量减少的失衡趋势。为此，特通知如下：

　　一、加强土地的宏观管理

　　各省、自治区、直辖市必须严格按照耕地总量动态平衡的要求，做到本地耕地总量只能增加，不能减少，并努力提高耕地质量。各级人民政府要按照提高土地利用率，占用耕地与开发、复垦挂钩的原则，以保护耕地为重点，严格控制占用耕地，统筹安排各业用地的要求，认真做好土地利用总体规划的编制、修订和实施工作。不符合上述原则和要求的土地利用总体规划，都要重新修订。土地利用总体规划的编制和修订要经过科学论证，严密测算，切实可行；土地利用总体规划一经批准，就具有法定效力，并纳入国民经济和社会发展五年计划和年度计划,严格执行。在修订的土地利用总体规划批准前，原则上不得批准新占耕地。

　　实行占用耕地与开发、复垦挂钩政策。要严格控制各类建设占地，特别要控制占用耕地、林地，少占好地，充分利用现有建设用地和废弃地等。农业内部结构调整也要充分开发利用非耕地。除改善生态环境需要外，不得占用耕地发展林果业和挖塘养鱼。非农业建设确需占用耕地的，必须开发、复垦不少于所占面积且符合质量标准的耕地。开发耕地所需资金作为建设用地成本列入建设项目总投资，耕地复垦所需资金列入生产成本或建设项目总投资。

占用耕地进行非农业建设，逐步实行由建设单位按照当地政府的要求，将所占耕地地表的耕作层用于重新造地。在国家统一规划指导下，按照谁开发耕地谁受益的原则，以保护和改善生态环境为前提，鼓励耕地后备资源不足的地区与耕地后备资源较丰富的地区进行开垦荒地、农业综合开发等方面的合作。各地要大力总结和推广节约用地以及挖掘土地潜力的经验。

加强土地利用计划的管理。各级人民政府要根据国民经济与社会发展规划、国家产业政策和土地利用总体规划的要求，按照国民经济和社会发展计划的编报程序，制定包括耕地保护、各类建设用地征用、土地使用权出让、耕地开发复垦等项指标在内的年度土地利用计划，加强土地利用的总量控制。各项建设用地必须符合土地利用总体规划和城市总体规划，并纳入年度土地利用计划。年度土地利用计划实行指令性计划管理，一经下达，必须严格执行，不得突破。

严格贯彻执行《基本农田保护条例》。各地人民政府要以土地利用现状调查的实有耕地面积为基数，按照《基本农田保护条例》规定划定基本农田保护区，建立严格的基本农田保护制度，并落实到地块，明确责任，严格管理。要建立基本农田保护区耕地地力保养和环境保护制度，有效地保护好基本农田。

积极推进土地整理，搞好土地建设。各地要大力总结和推广土地整理的经验，按照土地利用总体规划的要求，通过对田、水、路、林、村进行综合整治，搞好土地建设，提高耕地质量，增加有效耕地面积，改善农业生产条件和环境。

二、进一步严格建设用地的审批管理

对农地和非农地实行严格的用途管制。自本通知下发之日起，冻结非农业建设项目占用耕地一年，确实需要占用耕地的，报国务院审批。解决城镇中低收入家庭住房困难户住房和安居工程以及经国家批准的重点建设项目用地，仍按原规定报批。

各项建设用地都必须严格按照法定权限和程序报批。在建设项目可行性研究报告评审阶段，土地管理部门就要对项目用地进行预审。凡不符合土地利用总体规划的、城市内的建设项目不符合城市总体规划的、未纳入年度土地利用计划的以及不符合土地管理法规和建设用地有关规定的建设项目，都不得批准用地，项目不得开工建设。

三、严格控制城市建设用地规模

城市规划、建设和管理必须严格执行《中华人民共和国城市规划法》和《国务院关于加强城市规划工作的通知》（国发〔1996〕18号）等有关法律、法规，严格控制大城市的用地规模，特别要严格控制中等城市和小城市用地。对城市建设规划规模过大的，要坚决压缩到标准控制规模以内。自本通知下发之日起，冻结县改市的审批。

城市建设用地应充分挖掘现有潜力，尽可能利用非耕地和提高土地利用率。城市的建设和发展要严格按照经批准的城市总体规划，从实际出发，量力而行，分步实施。城市建设总体规划要与土地利用总体规划相衔接，用地规模不得突破土地利用总体规划。

对城市总体规划进行局部调整或作重大变动，必须在得到审批机关认可后进行，并按照《国务院关于加强城市规划工作的通知》要求备案或报批。对各类城市的建设用地，要在城市规划中实行规定标准管理，从我国国情出发，统筹安排，确定人均占地标准，具体落实到每个城镇，不得突破。大城市的城市建设用地和人口规模，到2000年应控制在经批准的总体规划的近期规划范围内，不得再扩大。要加强对用地的集中统一管理，不得下放规划管理权和用地审批权。

四、加强农村集体土地的管理

要结合划定基本农田保护区，制定好村镇建设规划。村镇建设要集中紧凑、合理布局，尽可能利用荒坡地、废弃地，不占好地。在有条件的地方，要通过村镇改造将适宜耕种的土地调整出来复垦、还耕。

农村居民的住宅建设要符合村镇建设规划。有条件的地方，提倡相对集中建设公寓式楼房。农村居民建住宅要严格按照所在的省、自治区、直辖市规定的标准，依法取得宅基地。农村居民每户只能有一处不超过标准的宅基地，多出的宅基地，要依法收归集体所有。

严禁耕地撂荒。对于不再从事农业生产、不履行土地承包合同而弃耕的土地，要按规定收回承包权。鼓励采取多种形式进行集约化经营。

积极推行殡葬改革，移风易俗，提倡火葬。土葬不得占用耕地。山区农村可集中划定公共墓地。平原地区的农村，提倡建骨灰堂，集中存放骨灰。要在做好深入细致的思想工作、取得当事人支持与配合的前提下，对占用耕地、林地形成的坟地，采取迁移、深葬等办法妥善处理，以不影响耕种或复垦还耕、还林。

发展乡镇企业要尽量不占或少占耕地、节约使用土地。乡镇企业用地，要按照经批准的村镇建设规划的要求，合理布局，适当集中，依法办理用地审批手续。大力推广新型墙体材料，限制粘土砖生产，严禁占用耕地建砖瓦窑。已经占用耕地建砖瓦窑的，要限期调整、复耕。

除国家征用外，集体土地使用权不得出让，不得用于经营性房地产开发，也不得转让、出租用于非农业建设。用于非农业建设的集体土地，因与本集体外的单位和个人以土地入股等形式兴办企业，或向本集体以外的单位和个人转让、出租、抵押附着物，而发生土地使用权交易的，应依法严格审批，要注意保护农民利益。

集体所有的各种荒地，不得以拍卖、租赁使用权等方式进行非农业建设。

五、加强对国有土地资产的管理

严格控制征用耕地出让土地使用权。禁止征用耕地、林地和宜农荒地出让土地使用权用于高尔夫球场、仿古城、游乐宫、高级别墅区等高档房地产开发建设以及兴建各种祠堂、寺庙、教堂。

国有土地使用权有偿出让，主要采取公开招标拍卖的方式，鼓励公平竞争。建立土地基准地价和标定地价评估的公布制度。国有土地使用权拍卖底价须在科学估价的基础上，依照国家产业政策确定。成交价格应向社会公布。

涉及国防安全、军事禁区、国家重点保护区域等的国有土地使用权出让和外商投资进行成片土地开发的项目，一律报国务院审批。禁止对外出让整个岛屿的土地使用权。

国家对原以划拨方式取得国有土地使用权用于非农业经营的，除法律规定可以继续实行划拨外，逐步实行有偿有限期使用办法。国有企业改制为有限责任公司或股份有限公司涉及的原划拨土地使用权，必须经过地价评估，依法实行有偿使用。国有企业改组涉及的原划拨土地使用权，按国家有关规定办理。旧城区改造涉及的原划拨土地使用权，可由政府依法收回，除按法律规定的范围实行划拨外，其余一律依法实行有偿有限期使用。

规范土地使用权转让市场，严禁炒买炒卖"地皮"等非法交易。以出让方式取得的国有土地使用权，未按法律规定的期限和条件开发、利用的，其土地使用权不得转让。非法转让的，应依法处罚，没收其非法所得，直至终止其土地使用权。国有土地使用权转让，必须依法进行土地权属变更登记，未经登记的，属于非法转让，要依法查处。

今后，原有建设用地的土地收益全部留给地方，专款用于城市基础设施建设和土地开发、中低产田改造；农地转为非农建设用地的土地收益，全部上缴中央，原则用于耕地开发，具体办法国务院另行规定。国有土地使用权出让等有关土地收益全部纳入财政预算管理，各级人民政府及其财政、审计部门要加强对土地收益的监督管理，防止资产流失。

六、加强土地管理的执法监督检查

要在总结一些地方进行土地执法监察试点经验的基础上，建立和完善土地执法监察制度，强化土地管理的执法监督工作。

各省、自治区、直辖市人民政府要组织力量，对辖区内 1991 年以来各类建设（包括各类开发区建设）以及农村宅基地用地情况进行全面的清查，对发现的问题，要依法处理。清查工作要在 1997 年 10 月底之前完成，并向党中央、国务院报告清查及查处情况。

清查的主要内容包括：（1）凡未经国务院或省级人民政府批准的各类开发区一律撤除，并立即停止一切非农业建设活动，限期复垦还耕；对已经国务院或省级人民政府批准的各类开发区未按计划进行开发的土地，要依法处理。（2）全面清理整顿经营性房地产开发项目（包括高尔夫球场等）用地。对未按审批权限依法办理审批手续的用地，要逐个依法清理检查。对未按照合同规定期限进行开发的土地，也要依法清理检查，属于农田的，必须限期恢复农业用途。（3）依法全面清查土地使用权转让、出租、抵押等交易行为。对于非法炒买炒卖"地皮"牟取暴利的行为，要依法从严惩处。（4）全面清理整顿乡镇企业、村镇建设、农村宅基地等占用的土地，特别是要全面清理整顿占用的耕地。

国务院责成国家土地管理局、建设部、监察部会同有关部门，组织联合执法检查组，对各地的土地清查工作情况进行执法监察，并提出相应的监察建议。土地执法监察要形成制度，对发现的问题要从严查处。违反土地利用总体规划、破坏耕地的，国家工作人员滥用职权违法批地、严重渎职的，要依法追究刑事责任。

土地管理部门要抓紧建立全国土地管理动态信息系统，采用现代技术手段，加强对全国土地利用状况的动态监测。

七、加强对土地管理工作的组织领导

土地问题涉及全民族的根本利益，必须服从国家的统一管理。国家管理土地的职能只能加强，不能削弱。要进一步改革和完善土地管理体制，加强土地管理的法制建设。

各级党委、人民政府都要高度重视土地管理特别是耕地保护工作，支持土地管理部门依法行政。各级土地管理部门要切实履行职责，严格执法，依法管好土地。要将加强土地管理、切实保护耕地、合理利用土地资源工作情况，作为考核地方各级党委和人民政府及其负责人工作的重要内容，实施监督、监察，并接受社会的监督。

要加强全民的土地国情国策的宣传教育。重点是教育广大干部特别是领导干部增强土地忧患意识，提高保护耕地的自觉性。在干部教育中要增加土地国情国策的内容。发展经济要以保护耕地为前提，办一切事业都要十分珍惜和合理利用每寸土地。

各省、自治区、直辖市党委、人民政府，要认真学习和传达本通知精神，并研究贯彻落实的具体措施，在今年 6 月底前向党中央、国务院作出报告。国务院责成国家土地管理局会同监察部等有关部门监督检查本通知的贯彻执行情况。

国务院关于制止农村建房侵占耕地的紧急通知

近几年来，随着农村经济形势的好转，农村建房出现了新中国成立以来少有的兴旺景象。这是农村经济发展，农民富裕起来的一个必然趋势，是一件好事。但是，有不少地方对农村建房缺乏全面的规划和必要的管理，农村建房和兴办社队企业乱占滥用耕地的现象相当严重。这种情况如果任其发展下去，将会招致严重后果。对此，各级政府必须予以高度重视，立即采取有效措施予以制止。

一、要向农村广大干部、群众进行广泛深入的宣传教育，反复说明在我国节约用地是一项具有战略意义的措施。我们国家地域虽然辽阔，可是耕地很少，随着人口的增长，地少人多的矛盾将越来越尖锐。如果我们在用地上失去控制，不仅会影响当前农业生产的发展和人民生活的改善，而且会带来长期的难以弥补的灾难性后果，贻害子孙后代。各级政府对这一事关人民长远利益和全局性的重大问题，决不能掉以轻心。要教育农村干部、社员正确处理个人和集体的关系、眼前利益和长远利益的关系，顾全大局，维护集体利益，保护耕地，节约用地，决不允许任何个人和单位乱占滥用耕地。

二、农村建房用地，必须统一规划，合理布局，节约用地。农村社队要因地制宜，搞好建房规划，充分利用山坡、荒地和闲置宅基地，尽量不占用耕地。为了节约用地，要因地制宜选择适当的建筑形式，在山区建房要依山就势，黄土高原可提倡修建窑洞，在大城市郊区和人多地少的地区应提倡盖点楼房。有的社队受自然条件限制，确实需要动用耕地建房时，要经过批准。具体审批办法，由各地政府按实际情况制订。

三、必须重申，农村社队的土地都归集体所有。分配给社员的宅基地、自留地（自留山）和承包的耕地，社员只有使用权，既不准出租、买卖和擅自转让，也不准在承包地和自留地上建房、葬坟、开矿、烧砖瓦等。有些人把责任田、包产田，误以为个人所有，随意占用，这是不对的。

四、要逐步改革农房建筑材料，减少打坯、烧砖、取土用地。目前，粘土砖还是建房的主要材料，但烧砖耗能大，毁田多，应当逐步改革。有些地方，可以采用夯土、石头、荆笆作墙；有条件的地方，可以利用工业废料制作硅酸盐砖、炉渣砖和混凝土空心小砌块。

五、各级政府对农民建房和社队企业占地情况，要进行一次检查。对于任意侵占耕地建房、不经批准强行占地以及建房占地过多的，要严肃处理。对社队企业占而不用的土地，要责令退出。

目前，国家农委和国家建委正在组织力量对农村建房用地的有关政策和管理问题进行调查研究。各地政府在执行本通知中有何情况、问题和意见，望及时向他们反映，以便汇总研究，制定出一个比较完善的法规。

1981 年 4 月 17 日

中央关于对社员宅基地问题作一些补充规定的通知

（1963 年 3 月 20 日）

一、最近有些地方发生乱伐宅基地内树木和出卖房屋的现象。如河北省衡水地区十个县不完全统计，砍树二千多棵，大部分是宅基地内的树木。为什么出现这种误解呢？其原因，主要是在贯彻执行《六十条》中对社员宅基地所有权归生产队所有，宣传解释不一。有的宣传社员宅基地，包括已建和未建房屋的宅基地，都归生产队所有，一律不准买卖和出租。有的宣传归生产队所有的宅基地，是指没有建筑物的空白基地。凡是已盖房屋的宅基地，仍归社员私有，可以自由买卖。还有的认为，入社时宅基地没有连同其他耕地一并入社，因此，社员原有的宅基地，不能算是生产队范围的土地，应仍归社员个人私有，社员已建筑房屋的宅基地，与房屋一样，应该允许社员自由买卖出租。由于解释不一，就造成了群众的各种误解。有的听到宅基地归生产队所有，怕宅基地上的树木，随着归公，就乱伐树木。有的怕宅基地的房屋被干部没收、调剂，就出卖房屋。还有猜测小集镇居民的宅基地，自己过去出钱买的宅基地，通通都要归生产队所有。

二、根据上面的问题，上海市委和河北、辽宁省委、内蒙古、广西壮族自治区党委对宅基地归生产队所有及今后社员建筑房屋用地，都作了些补充规定，综合起来，有以下各点：

（一）社员的宅基地，包括有建筑物和没有建筑物的空白宅基地，都归生产队集体所有，一律不准出租和买卖。但仍归各户长期使用，长期不变，生产队应保护社员的使用权，不能想收就收，想调剂就调剂。

（二）宅基地上的附着物，如房屋、树木、厂棚、猪圈、厕所等永远归社员所有，社员有买卖或租赁房屋的权利。房屋出卖以后，宅基地的使用权即随之转移给新房主，但宅基地的所有权仍归生产队所有。

（三）社员需新建房又没有宅基地时，由本户申请，经社员大会讨论同意，由生产队统一规划，帮助解决，但尽可能利用一些闲散地，不占用耕地，必须占用耕地时，应根据《六十条》规定，报县人民委员会批准，社员新建住宅占地无论是否耕地，一律不收地价。

（四）社员不能借口修建房屋，随便扩大墙院，扩大宅基地，来侵占集体耕地，已经扩大侵占的必须退出。

国务院关于深化改革严格土地管理的决定

（国发〔2004〕28号）

各省、自治区、直辖市人民政府，国务院各部委、各直属机构：

实行最严格的土地管理制度，是由我国人多地少的国情决定的，也是贯彻落实科学发展观，保证经济社会可持续发展的必然要求。去年以来，各地区、各部门认真贯彻党中央、国务院部署，全面清理各类开发区，切实落实暂停审批农用地转用的决定，土地市场治理整顿取得了积极进展，有力地促进了宏观调控政策的落实。但是，土地市场治理整顿的成效还是初步的、阶段性的，盲目投资、低水平重复建设，圈占土地、乱占滥用耕地等问题尚未根本解决。因此，必须正确处理保障经济社会发展与保护土地资源的关系，严格控制建设用地增量，努力盘活土地存量，强化节约利用土地，深化改革，健全法制，统筹兼顾，标本兼治，进一步完善符合我国国情的最严格管理制度。现决定如下：

一、严格执行土地管理法律法规

（一）牢固树立遵守土地法律法规的意识。各地区、各有关部门要深入持久地开展土地法律法规的学习教育活动，深刻认识我国国情和保护耕地的极端重要性，本着对人民、对历史负责的精神，严格依法管理土地，积极推进经济增长方式的转变，实现土地利用方式的转变，走符合中国国情的新型工业化、城市化道路。进一步提高依法管地用地的意识，要在法律法规允许的范围内合理用地。对违反法律法规批地、占地的，必须承担法律责任。

（二）严格依照法定权限审批土地。农用地转用和土地征收的审批权在国务院和省、自治区、直辖市人民政府。各省、自治区、直辖市、人民政府不得违反法律和行政法规的规定下放土地审批权。严禁规避法定审批权限，将单个建设项目用地拆分审批。

（三）严格执行占用耕地补偿制度。各类非农业建设经批准占用耕地的，建设单位必须补充数量、质量相当的耕地，补充耕地的数量、质量实行按等级折算，防止占多补少、占优补劣。不能自行补充的，必须按照各省、自治区、直辖市的规定缴纳耕地开垦费。耕地开垦费要列入专户管理，不得减免和挪作他用。政府投资的建设项目也必须将补充耕地费用列入工作概算。

（四）禁止非法压低地价招商。省、自治区、直辖市人民政府要依照基准地价制定并公布协议出让土地最低价标准。协议出让土地除必须严格执行规定程序外，出让价格不得低于最低价标准。违反规定出让土地造成国有土地资产流失的，要依法追究责任；情节严重的，依照《中华人民共和国刑法》的规定，以非法低价出让国有土地使用权罪追究刑事责任。

（五）严格依法查处违反土地管理法律法规的行为。当前要着重解决有法不依、执法不严、违反不究和滥用行政权力侵犯农民合法权益的问题。要加大土地管理执法力度，严肃查处非法批地、占地等违法案件。建立国土资源与监察等部门联合办案和案件移送制度，既查处土地违法行为，又查处违法责任人。典型案件，要公开处理。对非法批准占用土地、征收土地和非法低价出让国有土地使用权的国家机关工作人员，依照《监察部国土资源部关于违反土地管理规定行为行政处分暂行办法》给予行政处分；构成犯罪的，依照《中华人民共和国刑法》、《中华人民共和国土地管理法》、《最高人民法院关于审理破坏土地资源刑事案件具体应用法律若干问题的解释》和最高人民检察院关于渎职犯罪案件标准的规定，追究刑事责任。对非法批准征收、使用土地，给当事人造成损失的，还必须依法承担赔偿责任。

二、加强土地利用总体规划、城市总体规划、村庄和集镇规划实施管理

（六）严格土地利用总体规划、城市总体规划、村庄和集镇规划修改的管理。在土地利用总体规划和城市总体规划确定的建设用地范围内，不得设立各类开发区（园区）和城市新区（小区）。对清理后拟保留的开发区，必须依据土地利用总体规划和城市总体规划，按照布局集中、用地集约和产业集聚的原则严格审核。严格土地利用总体规划的修改，凡涉及改变土地利用方向、规模、重大布局等原则性修改，必须报原批准机关批准。城市总体规划、村庄和集镇规划也不得擅自修改。

（七）加强土地利用计划管理。农用地转用的年度计划实行指令性管理，跨年度结转使用计划指标必须严格规范。改进农用地转用年度计划下达和考核办法，对国家批准的能源、交通、水利、矿山、军事设施等重点建设项目用地和城、镇、村的建设用地实行分类下达，并按照定额指标、利用效益等分别考核。

（八）从严从紧控制农用地转为建设用地的总量和速度。加强农用地转用审批的规划和计划审查，强化土地利用总体规划和土地利用年度计划对农用地转用的控制和引导，凡不符合规划、没有农用地转用年度计划指标的，不得批准用地。为巩固土地市场治理整顿成果，2004年农用地转用计划指标不再追加；对过去拖欠农民的征地补偿安置费在2004年年底前不能足额偿还的地方，暂缓下达该地区的2005年农用地的转用计划。

（九）加强建设项目用地预审管理。凡不符合土地利用总体规划、没有农用地转用计划指标的建设项目，不得通过项目用地预审。发展改革等部门要通过适当方式告知项目单位开展前期工作，项目单位提出用地预审申请后，国土资源部门要依法对建设项目用地进行审查。项目建设单位向发展改革等部门申请核准或审批建设项目时，必须附国土资源部门预审意见；没有预审意见或预审未通过的，不得核准或批准建设项目。

（十）加强村镇建设用地的管理。要按照控制总量、合理布局、节约用地、保护耕地的原则，编制乡（镇）土地利用总体规划、村庄和集镇规划，明确小城镇和农村居民点的数量、布局和规模。鼓励农村建设用地整理，城镇建设用地增加要与农村建设用地减少相挂钩。农村集体建设用地，必须符合土地利用总体规划、村庄和集镇规划，并纳入土地利用年度计划，凡占用农用地的必须依法办理审批手续。禁止擅自通过"村改居"等方式将农民集体所有土地转为国有土地。禁止农村集体经济组织非法出让、出租集体土地用于非农业建设。改革和完善宅基地审批制度，加强农村宅基地管理，禁止城镇居民在农村购置宅基地。引导新办乡村工业向建制镇和规划确定的小城镇集中。在符合规划的前提下，村庄、集镇、建制镇中的农民集体所有建设用地使用权可以依法流转。

（十一）严格保护基本农田。基本农田是确保国家粮食安全的基础。土地利用总体规划修编，必须保证现有基本农田总里不减少，质量不降低。基本农田要落实到地块和农户，并在土地所有权证书和农村土地承包经营权证书中注明。基本农田保护图件备案工作，应在新一轮土地利用总体规划修编后三个月内完成。基本农田一经划定，任何单位和个人不得擅自占用，或者擅自改变用途，这是不可逾越的"红线"。符合法定条件，确需改变和占用基本农田的，必须报国务院批准；经批准占用基本农田的，征地补偿按法定最高标准执行,对以缴纳耕地开垦费方式补充耕地的,缴纳标准按当地最高标准执行。禁止占用基本农田挖鱼塘、种树和其他破坏耕作层的活动,禁止以建设"现代农业园区"或者"设施农业"等任何名义,占用基本农田变相从事房地产开发。

三、完善征地补偿和安置制度

(十二)完善征地补偿办法。县级以上地方人民政府要采取切实措施,使被征地农民生活不因征地而降地。要保证依法足额和及时支付土地补偿费、安置补助费以及地上附着物和青苗补偿费。依照现行法律规定支付土地补偿费和安置补助费,尚不能使被征地农民保持原有生活不平的,不足以支付因征地而导致无地农民社会保障费用的,省、自治区、直辖市人民政府应当批准增加安置补助费。土地补偿费和安置补助费的总和达到法定上限,尚不足以使被征地农民保持原有生活水平的,当地人民政府可以用国有土地有偿使用收入予以补贴。省、自治区、直辖市人民政府要制订并公布积压市县征地的统一年产值标准或区片综合地价,征地补偿做到同地同价,国家重点建设项目必须将征地费用足额算入概算。大中型水利、水电工程建设征地的补偿费标准和移民安置办法,由国务院另行规定。

(十三)妥善安置被征地农民。县级以上地方人民政府应当制定具体办法,使被征地农民的长远生计有保障。对有稳定收益的项目,农民可以经依法批准的建设用地土地使用权入股。在城市规划区内,当地人民政府应当将因征地导致无地的农民,纳入城镇就业体系,并建立社会保障制度;在城市规划区内,征收农民集体所有土地时,当地人民政府要在本行政区域内为被征地农民留有必要的耕作土地或安排相应的工作岗位;对不具备基本生产生活条件的无地农民,应当异地移民安置。劳动和社会保障部门要会同有关部门尽快提出建立被征地农民的就业培训和社会保障制度的指导性意见。

(十四)健全征地程序。在征地过程中,要维护农民集体土地所有权和农民土地承包经营权的权益。在征地依法报批前,要将拟征地的用途、位置、补偿标准、安置途径告知被征地农民;对拟征土地现状的调查结果须经被征地农村集体经济组织和农户确认;确有必要的,国土资源部门应当依照有关规定组织听证。要将被征地农民知情、确认的有关材料为征地报批的必备材料。要加快建立和完善征地补偿安置争议的协调和裁决机制,维护被征地农民和用地者的合法权益。经批准的征地事项，除特殊情况外，应予以公示。

（十五）加强对征地实施过程监管。征地补偿安置不落实的，不得强行使用被征土地。省、自治区、直辖市人民政府应当根据土地补偿费主要用于被征地农户的原则，制订土地补偿费在农村集体经济组织内部的分配办法。被征地的农村集体经济组织应当将征地补偿费用的收支和分配情况，向本集体经济组织成员颁读，接受监督。农业、民政等部门要加强对农村集体经济组织内部征地补偿费用分配和使用的监督。

四、健全土地节约利用和收益分配机制

（十六）实行强化节约和集约用地政策。建设用地要严格控制增量，积极盘活存量，把节约利用地放在首位，重点在盘活存量上下功夫。新上建设项目首先要利用现有建设用地，严格控制建设占用耕地、林地、草原和湿地。开展对存量建设用地资源的普查,研究制定鼓励盘活存量的政策措施。各地区、各有关部门要按照集约用地的原则，调整有关厂区绿化率的规定，不得圈占土地搞"花园式工厂"。在开发区（园区）推广多层标准厂房。对工业用地在符合规划、不改变原用途的前提下，提高土地利用率和增加容积的，原则上不再收取或调整土地有偿使用费。基础设施和公益性建设项目，也要节约合理用地。今后，供地时要将土地用途、容积率等使用条件的约定写入土地使用合同。对工业项目必须有投资强度、开发进度等控制性要求。土地使用权人不按照约定条件使用土地的，要承担相应的违约责任。在加强耕地占用税、城镇土地使用税、土地增值税征收管理的同时，进一步调整和完善相关税制，加大对建设用地取得和保有环节的税收调节力度。

（十七）推进土地资源的市场化配置。严格控制划拨用地范围，经营性基础设施用地要逐步实行有偿使用。运用价格机制抑制多占、滥占和浪费土地。除按现行规定必须实行招标、拍卖、挂牌出让的用地外，工业用地也要创造条件逐步实行招标、拍卖、挂牌出让。经依法批准利用原有划拨土地进行经营性开发建设的，应当按照市场价补缴土地出让金。经依法批准转让原划拨土地使用权的，应当在土地有形市场公开交易，按照市场价补缴土地出让金；低于市场价交易的，政府应当行使优先购买权。

（十八）制订和实施新的土地使用标准。依照国家产业政策，国土资源部门对淘汰类、限制类项目分别实行禁止和限制用地，并会同有关部门制订工程项目建设用地定额标准，省、自治区、直辖市人民政府可以根据实际情况制订具体实施办法。继续停止高档别墅类房地产、高尔夫球场等用地的审批。

（十九）严禁闲置土地。农用地转用批准后，满两年未实施具体征地或用地行为的，批准文件自动失效；已实施征地，满两年未供地的，在下达下一年度的农用地转用计划时扣减相应指标，对具备耕作条件的土地，应当交原土地使用者继续耕种，也可以由当地人民政府组织耕种。对用地单位闲置的土地，严格依照《中华人民共和国土地管理法》的有关规定处理。

（二十）完善新增建设用地土地有偿使用费收缴办法。新增建设用地土地有偿使用费实行先缴后分，按规定的标准就地全缴入国库，不得减免，并由国库按规定的比例就地分成划缴。审计部门要加强对新增建设用地土地有偿使用费和使用的监督检查。对减免和欠缴的，要依法追缴。财政部、国土资源部要适时调整新增建设用地土地有偿使用费要严格按法定用途使用，由中央支配的部分，要向粮食主产区倾斜。探索建立国有土地收益基金，遏制片面追求土地收益的短期行为。

五、建立完善耕地保护和土地管理的责任制度

（二十一）明确土地管理的权力和责任。调控新增建设用地总量的权力和责任在中央，盘活存量建设用地的权力和利益在地方，保护和合理利用土地责任在地方各级人民政府，省、自治区、直辖市人民政府应负主要责任。在确保严格实施土地利用总体规划，不突破土地利用年度计划的前提下，省、自治区、直辖市人民政府可以统筹本行政区域内的用地安排，依照法定权限对农用地转有和土地征收进行审批，按规定用途决定新增建设用地土地有偿使用费地方分成部门的分配和使用，组织本行政区域内耕地占补平衡，并对土地管理法律法规执行情况进行监督检查。地方各级人民政府要对土地利用总体规划确定的本行政区域内的耕地保有量和基本农田保护面积负责，政府主要领导的第一责任人。地方各级人民政府都要建立相应的工作制度，采取多种形式，确保耕地保护目标落实到基层。

（二十二）建立耕地保护责任的考核体系。国务院定期向各省、自治区、直辖市人民政府每年要向国务院报告耕地保护责任目标的履行情况。实行耕地保护责任考核的动态监测和预警制度。国土资源部会同农业部、监察部、审计署、统计局等部门定期对各省、自治区、直辖市耕地保护责任目标履行

情况进行检查和考核，并向国务院报告。对认真履行责任目标，成效突出的，要给予表彰，并在安排中央支配的新增建设用地土地有偿使用费时予以倾斜。对没有达到责任目标的，要在全国通报，并责令限期补充耕地和补划基本农田。对土地开发整理补充耕地的情况也要定期考核。

（二十三）严格土地管理责任追究制。对违反法律规定擅自修改土地利用总体规划的、发生非法占用基本农田的、未完成耕地保护责任考核目标的、减免和欠缴新增建设用地土地有偿使用费的、未按期完成基本农田图件备案工作的，要严肃追究责任，对有关责任人员由上级主管部门或监察部机关依法定权限给予行政处分。同时，上级政府要责令限期整改，整改期间暂停农用地转用和征地审批。具体办法由国土资源部会同有关部门另行制订。实行补充耕地监督的责任制，国土资源部门和农业部门负责对补充耕地的数量和质量进行验收，对对验收结果承担责任。省、自治区、直辖市国土资源部门和农业部门要加强监督检查。

（二十四）强化对土地执法行为的监督。建立公开的土违法立案标准。对有案不查、执法不严的，上级国土资源部门要责令其作出行政处罚决定或直接给予行政处罚。坚决纠正违法用地只通过罚款就补办合法手续的行为。对违法用地及其建筑物和其他设施，按法律规定应当拆除或没收的，不得以罚款、补办手续取代；确需补办手续的，依法处罚后，从新从高进行征地补偿和收取土地出让金及有关规费。完善土地执法监察体制,建立国家土地督察制度，设立国家土地总督察，向地方派驻土地督察专员，监督土地执法行为。

（二十五）加强土地管理行政能力建设，2004 年年底以前要完成省级以下国土资源管理体制改革，理顺领导干部管理体制、工作机制和加强基层队伍建设。市、县人民政府要保证基层国土资源管理所机构、编制、经费到位，切实发挥基层国土资源部门抓紧建立和完善统一的土地分类、调查、登记和统计制度，启动新一轮土地调查，保证土地数据的真实性。组织实施"金土工程"。充分利用现代高新技术加强土地利用动态监测，建立土地利用总体规划实施、耕地保护、土地市场的动态监测网络。

各地区、各有关部门要以"三个代表"重要思想为指导，牢固树立科学发展观和正确的政绩观，把落实好最严格的土地管理制度作为对执政能力和依法行政能力的检验。高度重视土地的保护和合理利用，认真总结经验，积极推进土地管理体制改革，不断完善土地法制，建立严格、科学、有效的土地管理制度，维护好广大人民群众的根本利益，确保经济社会的可持续发展。

中华人民共和国国务院

二〇〇四年十月二十一日

国土资源部印发《关于加强农村宅基地管理的意见》的通知

（国土资发〔2004〕234号）

为切实落实《国务院关于深化改革严格土地管理的决定》（国发〔2004〕28号），进一步加强农村宅基地管理，正确引导农村村民住宅建设合理、节约使用土地，切实保护耕地，现提出以下意见：

一、严格实施规划，从严控制村镇建设用地规模

（一）抓紧完善乡（镇）土地利用总体规划。各地要结合土地利用总体规划修编工作，抓紧编制完善乡（镇）土地利用总体规划，按照统筹安排城乡建设用地的总要求和控制增量、合理布局、集约用地、保护耕地的总原则，合理确定小城镇和农村村民点的数量、布局、范围和用地规模。经批准的乡（镇）土地利用总体规划，应当予以公告。

国土资源管理部门要积极配合有关部门，在已确定的村镇建设用地范围内，做好村镇建设规划。

（二）按规划从严控制村镇建设用地。各地要采取有效措施，引导农村村民住宅建设按规划、有计划地逐步向小城镇和中心村集中。对城市规划区内的农村村民住宅建设，应当集中兴建村民住宅小区，防止在城市建设中形成新的"城中村"，避免"二次拆迁"。对城市规划区范围外的农村村民住宅建设，按照城镇化和集约用地的要求，鼓励集中建设农民新村。在规划撤并的村庄范围内，除危房改造外，停止审批新建、重建、改建住宅。

（三）加强农村宅基地用地计划管理。农村宅基地占用农用地应纳入年度计划。省（区、市）在下达给各县（市）用于城乡建设占用农用地的年度计划指标中，可增设农村宅基地占用农用地的计划指标。农村宅基地占用农用地的计划指标应和农村建设用地整理新增加的耕地面积挂钩。县（市）国土资源管理部门对新增耕地面积检查、核定后，应在总的年度计划指标中优先分配等量的农用地转用指标用于农民住宅建设。

省级人民政府国土资源管理部门要加强对各县（市）农村宅基地占用农用地年度计划执行情况的监督检查，不得超计划批地。各县（市）每年年底应将农村宅基地占用农用地的计划执行情况报省级人民政府国土资源管理部门备案。

二、改革和完善宅基地审批制度，规范审批程序

（四）改革和完善农村宅基地审批管理办法。各省（区、市）要适应农民住宅建设的特点，按照严格管理，提高效率，便民利民的原则，改革农村村民建住宅占用农用地的审批办法。各县（市）可根据省（区、市）下达的农村宅基地占用农用地的计划指标和农村村民住宅建设的实际需要，于每年年初一次性向省（区、市）或设区的市、自治州申请办理农用地转用审批手续，经依法批准后由县（市）按户逐宗批准供应宅基地。

对农村村民住宅建设利用村内空闲地、老宅基地和未利用土地的，由村、乡（镇）逐级审核，批量报县（市）批准后，由乡（镇）逐宗落实到户。

（五）严格宅基地申请条件。坚决贯彻"一户一宅"的法律规定。农村村民一户只能拥有一处宅基地，面积不得超过省（区、市）规定的标准。各地应结合本地实际，制定统一的农村宅基地面积标准和宅基地申请条件。不符合申请条件的不得批准宅基地。

农村村民将原有住房出卖、出租或赠与他人后，再申请宅基地的，不得批准。

（六）规范农村宅基地申请报批程序。农村村民建住宅需要使用宅基地的，应向本集体经济组织提出申请，并在本集体经济组织或村民小组张榜公布。公布期满无异议的，报经乡（镇）审核后，报县（市）审批。经依法批准的宅基地，农村集体经济组织或村民小组应及时将审批结果张榜公布。

各地要规范审批行为，健全公开办事制度，提供优质服务。县（市）、乡（镇）要将宅基地申请条件、申报审批程序、审批工作时限、审批权限等相关规定和年度用地计划向社会公告。

（七）健全宅基地管理制度。在宅基地审批过程中，乡（镇）国土资源管理所要做到"三到场"。即：受理宅基地申请后，要到实地审查申请人是否符合条件、拟用地是否符合规划等；宅基地经依法批准后，要到实地丈量批放宅基地；村民住宅建成后，要到实地检查是否按照批准的面积和要求使用土地。各地一律不得在宅基地审批中向农民收取新增建设用地土地有偿使用费。

（八）加强农村宅基地登记发证工作。市、县国土资源管理部门要加快农村宅基地土地登记发证工作，做到宅基地土地登记发证到户，内容规范清楚，切实维护农民的合法权益。要加强农村宅基地的变更登记工作，变更一宗，

登记一宗，充分发挥地籍档案资料在宅基地监督管理上的作用，切实保障"一户一宅"法律制度的落实。要依法、及时调处宅基地权属争议，维护社会稳定。

三、积极推进农村建设用地整理，促进土地集约利用

（九）积极推进农村建设用地整理。县市和乡（镇）要根据土地利用总体规划，结合实施小城镇发展战略与"村村通"工程，科学制定和实施村庄改造、归并村庄整治计划，积极推进农村建设用地整理，提高城镇化水平和城镇土地集约利用水平，努力节约使用集体建设用地。农村建设用地整理，要按照"规划先行、政策引导、村民自愿、多元投入"的原则，按规划、有计划、循序渐进、积极稳妥地推进。

（十）加大盘活存量建设用地力度。各地要因地制宜地组织开展"空心村"和闲置宅基地、空置住宅、"一户多宅"的调查清理工作。制定消化利用的规划、计划和政策措施，加大盘活存量建设用地的力度。农村村民新建、改建、扩建住宅，要充分利用村内空闲地、老宅基地以及荒坡地、废弃地。凡村内有空闲地、老宅基地未利用的，不得批准占用耕地。利用村内空闲地、老宅基地建住宅的，也必须符合规划。对"一户多宅"和空置住宅，各地要制定激励措施，鼓励农民腾退多余宅基地。凡新建住宅后应退出旧宅基地的，要采取签订合同等措施，确保按期拆除旧房，交出旧宅基地。

（十一）加大对农村建设用地整理的投入。对农民宅基地占用的耕地，县（市）、乡（镇）应组织村集体经济组织或村民小组进行补充。省（区、市）及市、县应从用于农业土地开发的土地出让金、新增建设用地土地有偿使用费、耕地开垦费中拿出部分资金，用于增加耕地面积的农村建设用地整理，确保耕地面积不减少。

四、加强法制宣传教育，严格执法

（十二）加强土地法制和国策的宣传教育。各级国土资源管理部门要深入持久地开展宣传教育活动，广泛宣传土地国策国情和法规政策，提高干部群众遵守土地法律和珍惜土地的意识，增强依法管地用地、集约用地和保护耕地的自觉性。

（十三）严格日常监管制度。各地要进一步健全和完善动态巡查制度，切实加强农村村民住宅建设用地的日常监管，及时发现和制止各类土地违法行为。要重点加强城乡结合部地区农村宅基地的监督管理。严禁城镇居民在农村购置

宅基地，严禁为城镇居民在农村购买和违法建造的住宅发放土地使用证。

　　要强化乡（镇）国土资源管理机构和职能，充分发挥乡（镇）国土资源管理所在宅基地管理中的作用。积极探索防范土地违法行为的有效措施，充分发挥社会公众的监督作用。对严重违法行为，要公开曝光，用典型案例教育群众。

国务院办公厅关于严格执行有关农村集体建设用地法律和政策的通知

（国办发〔2007〕71号）

各省、自治区、直辖市人民政府，国务院各部委、各直属机构：

近年来，党中央、国务院连续下发严格土地管理、加强土地调控的政策文件，有力地促进了各地区、各部门贯彻落实科学发展观，坚决执行宏观调控政策。但是，一些地方仍存在违反农村集体建设用地管理的法律和政策规定，将农用地转为建设用地，非法批准建设用地等问题，并且有蔓延上升之势。为严格执行有关农村集体建设用地法律和政策，坚决遏制并依法纠正乱占农用地进行非农业建设，经国务院同意，现就有关问题通知如下：

一、严格执行土地用途管制制度

土地利用涉及全民族的根本利益，必须服从国家的统一管理。我国人多地少，为保证经济社会可持续发展，必须实行最严格的土地管理制度。土地用途管制制度是最严格土地管理制度的核心。但是，一些地方在土地利用中没有严格执行土地用途管制制度，未经依法批准，擅自将农用地转为建设用地。《中华人民共和国土地管理法》规定："国家实行土地用途管制制度"，"使用土地的单位和个人必须严格按照土地利用总体规划确定的用途使用土地"。违反土地利用总体规划和不依法经过批准改变土地用途都是违法行为。任何涉及土地管理制度的试验和探索，都不能违反国家的土地用途管制制度。地方各级人民政府既要加强土地征收或征用管理，更要重点加强土地用途管制。

二、严格规范使用农民集体所有土地进行建设

当前一些地方在使用农民集体所有土地进行建设的过程中，擅自扩大农民集体所有土地的使用范围，违法提供建设用地的问题比较严重。《中华人民共和国土地管理法》规定，乡镇企业、乡（镇）村公共设施和公益事业建设、农村村民住宅等三类乡（镇）村建设可以使用农民集体所有土地。对这三类用地的范围，法律和政策都有准确界定，必须严格执行。按照《中华人民共和国乡镇企业法》规定，乡镇企业必须是农村集体经济组织或者农民投资为主，在乡镇（包括所辖村）举办的承担支援农业义务的企业。要严禁以兴办"乡镇企业"、"乡（镇）村公共设施和公益事业建设"为名，非法占用（租用）

农民集体所有土地进行非农业建设。

按照《中华人民共和国土地管理法》等法律法规的规定，任何建设需要将农用地和未利用地转为建设用地的，都必须依法经过批准。兴办乡镇企业、乡（镇）村公共设施和公益事业建设、村民建住宅需要使用本集体经济组织农民集体所有土地的，必须符合乡（镇）土地利用总体规划和镇规划、乡规划、村庄规划（以下简称乡（镇）、村规划），纳入土地利用年度计划，并依法办理规划建设许可及农用地转用和建设项目用地审批手续。农村集体经济组织使用乡（镇）土地利用总体规划确定的建设用地，兴办企业或与其他单位、个人以土地使用权入股、联营等形式共同兴办企业的，必须符合土地利用总体规划和乡（镇）、村规划，并纳入建设用地年度计划管理；涉及占用农用地的，必须先依法办理农用地转用审批手续，用地规模必须符合有关企业用地标准。

农村住宅用地只能分配给本村村民，城镇居民不得到农村购买宅基地、农民住宅或"小产权房"。单位和个人不得非法租用、占用农民集体所有土地搞房地产开发。农村村民一户只能拥有一处宅基地，其面积不得超过省、自治区、直辖市规定的标准。农村村民出卖、出租住房后，再申请宅基地的，不予批准。

其他任何单位和个人进行非农业建设，需要使用土地的，必须依法申请使用国有土地。不符合土地利用总体规划和乡（镇）、村规划，没有土地利用年度计划指标的，不得批准用地。任何单位和个人不得自行与农村集体经济组织或个人签订协议将农用地和未利用地转为建设用地。非法占用耕地改作他用，数量较大，造成耕地大量毁坏的，要依法追究刑事责任。

三、严格控制农村集体建设用地规模

一些地方借农民集体所有建设用地使用权流转、土地整理折抵和城乡建设用地增减挂钩等名义，擅自扩大建设用地的规模。地方各级人民政府要依据土地利用总体规划和乡（镇）、村规划，对农村集体建设用地实行总量控制。严禁以各种名义，擅自扩大农村集体建设用地规模，以及通过"村改居"等方式，非法将农民集体所有土地转为国有土地。

严格控制农民集体所有建设用地使用权流转范围。农民集体所有的土地使用权不得出让、转让或者出租用于非农业建设。符合土地利用总体规划并依法取得建设用地的企业发生破产、兼并等情形时，所涉及的农民集体所有建设用地使用权方可依法转移。其他农民集体所有建设用地使用权流转，必须是符合规划、依法取得的建设用地，并不得用于商品住宅开发。

依照《中华人民共和国土地管理法实施条例》，土地整理新增耕地面积只能折抵用于建设占用耕地的补偿，不得折抵为建设用地指标，扩大建设用地规模。城乡建设用地增减挂钩试点，必须严格控制在国家已经批准的试点范围内。试点必须符合土地利用总体规划、城市规划和乡（镇）、村规划，必须确保城乡建设用地总量不增加，农用地和耕地面积不减少。不得以试点为名违背农民意愿大拆大建、强制搬迁，侵害农民权益。

四、严格禁止和严肃查处"以租代征"转用农用地的违法违规行为

近年来，一些地方出现了违反土地利用总体规划和土地利用年度计划，规避农用地转用和土地征收审批，通过出租（承租）、承包等"以租代征"方式非法使用农民集体所有土地进行非农业项目建设的行为。对此，必须严格禁止，并予以严肃查处。国土资源管理部门要对"以租代征"的违法违规问题进行全面清查，并严格依法依纪处理。严肃追究瞒案不报、压案不查的责任。严肃处理以罚代法、处罚不到位的行为。国家机关工作人员批准"以租代征"占地建设的，要追究其非法批地的法律责任，涉嫌犯罪的要及时移送司法机关依法处理；应给予政纪处分的，依据《行政机关公务员处分条例》等规定办理。单位和个人擅自通过"以租代征"占地建设的，要追究其非法占地的法律责任，涉嫌犯罪的要及时移送司法机关依法处理。对纠正、整改土地违法违规行为不力的地区和土地违法违规行为大量发生、造成严重后果的地区，实行问责制，由国家土地总督察责令限期整改，限期整改期间暂停该地区农用地转用和土地征收审批。

五、严格土地执法监管

国土资源部要会同发展改革、监察、农业、建设等部门，依据土地管理的法律法规和有关规定，严格土地执法监管，坚决制止乱占农用地进行非农业建设的违法违规行为。各有关部门要依据本部门职责，切实加强监管，形成执法合力。对未取得合法用地手续的建设项目，发展改革部门不得办理项目审批、核准手续，规划部门不得办理建设规划许可，建设部门不得发放施工许可证，电力和市政公用企业不得通电、通水、通气，国土资源管理部门不得受理土地登记申请，房产部门不得办理房屋所有权登记手续，金融机构不得发放贷款。未依法办理农用地转用审批手续占用农用地设立企业的，工

商部门不得登记。同时，国土资源部要会同有关部门，根据农村经济社会发展变化的新情况，深入研究在依照土地利用总体规划、加强用途管制的前提下，完善对乡镇企业、农民住宅等农村集体建设用地管理和流转的政策措施。

地方各级人民政府及其国土资源管理部门要采用通俗易懂的方式，广泛深入地开展土地管理法律法规特别是农村集体建设用地管理法律法规的宣传教育和培训，使乡（镇）村干部、农民和城镇居民、企业法人真正知晓并且自觉遵守土地管理法律法规的规定。

各地区、各部门特别是主要领导干部，要充分认识制止乱占农用地进行非农业建设的重要性和紧迫性，增强责任感和紧迫感，把思想统一到贯彻落实科学发展观和中央宏观调控政策的要求上来，从实际出发，加强领导，制订有力措施，认真清理查处农民集体所有土地使用中的违法违规问题，严格控制建设用地供应总量，建立严格的管理制度和长效机制，坚决刹住乱占滥用农用地之风。

各省、自治区、直辖市人民政府和国务院各有关部门要于 2008 年 3 月底前，将贯彻执行本通知的情况，向国务院专题报告。

国务院办公厅

二〇〇七年十二月三十日

国务院办公厅关于加强土地转让管理严禁炒卖土地的通知

（国办发〔1999〕39号）

各省、自治区、直辖市人民政府，国务院各部委、各直属机构：

《中共中央、国务院关于进一步加强土地管理切实保护耕地的通知》（中发〔1997〕11号）下发以来，土地管理特别是耕地保护工作得到了加强，取得了一定成效。但是，一些地区仍存在用地秩序混乱、非法转让土地使用权等问题，特别是非法交易农民集体土地的现象比较严重，出现了以开发"果园"、"庄园"为名炒卖土地、非法集资的情况。为进一步加强土地转让管理，防止出现新的"炒地热"，保持农村稳定，保护农民利益，保障经济和社会可持续发展，经国务院总理办公会议审定，现就加强土地转让管理、严禁炒卖土地的有关问题通知如下：

一、严格控制城乡建设用地总量，坚决制止非农建设非法占用土地

城市、村庄、集镇建设一律不得突破土地利用总体规划确定的用地规模，城市新增建设用地和原有建设用地要统一实行总量控制，不得超计划供地；各项建设可利用闲置土地的，必须使用闲置土地，不得批准新占农用地，闲置土地未被充分利用的地区，应核减其下一年度农用地转用指标。

农村居民点要严格控制规模和范围，新建房屋要按照规划审批用地，逐步向中心村和小城镇集中。中心村和小城镇建设要合理布局，统一规划，不得随意征、占农用地。小城镇建设要明确供地方式和土地产权关系，防止发生土地权属纠纷。

乡镇企业用地要严格限制在土地利用总体规划确定的城市和村庄、集镇建设用地范围内，不符合土地利用总体规划的建筑物、构筑物不得改建、扩建，并结合乡镇企业改革和土地整理逐步调整、集中。

严格控制高速公路服务区用地范围，公路两侧符合条件的农田，必须依法划入基本农田保护区。

二、加强对农民集体土地的转让管理，严禁非法占用农民集体土地进行房地产开发

农民集体土地使用权不得出让、转让或出租用于非农业建设；对符合规划

并依法取得建设用地使用权的乡镇企业，因发生破产、兼并等致使土地使用权必须转移的，应当严格依法办理审批手续。

农民的住宅不得向城市居民出售，也不得批准城市居民占用农民集体土地建住宅，有关部门不得为违法建造和购买的住宅发放土地使用证和房产证。

要对未经审批擅自将农民集体土地变为建设用地的情况进行认真清理。凡不符合土地利用总体规划的，要限期恢复农业用途，退还原农民集体土地承包者；符合土地利用总体规划的，必须依法重新办理用地手续。

三、加强对农林开发项目的土地管理,禁止征用农民集体土地进行"果园"、"庄园"等农林开发

农林项目开发必须符合土地利用总体规划和土地利用年度计划，土地权属和地类必须经过严格认定，任何单位和个人不得在土地利用总体规划确定的禁止开垦区内从事土地开发活动。

进行农林项目开发必须严格按照《中华人民共和国土地管理法》的有关规定办理用地手续，任何单位和个人都不得私自与农村集体经济组织签订用地协议，禁止以征用方式取得农民集体土地进行"果园"、"庄园"等农林开发。

以承包经营方式使用国有土地进行农林项目开发的，必须签订国有土地承包合同，约定双方的权利和义务。

农林项目开发必须严格按照批准的规划用途使用土地，严禁改变农林用途搞别墅、度假屋、娱乐设施等房地产开发，确需配套进行非农建设的，要依法办理建设用地审批手续。属于基本建设项目的，必须严格按照基本建设程序履行审批手续。建设项目经批准后，方可办理建设用地手续，严禁未批先用土地。

四、强化开发用地的监管,禁止利用土地开发进行非法集资

农林开发用地必须依法进行土地登记，明确规划要求和转让、转租的限定条件，未经批准不得擅自进行分割转让、转租。通过出让方式取得的国有土地使用权或以拍卖方式取得的集体所有的未利用土地使用权，在交清全部土地价款、完成前期开发后，方可依法转让、出租、抵押；以租赁或承包等其他方式取得的土地使用权，未经原出租或发包方同意，不得转让、出租、抵押或转包、分包。

人民银行要加强对农林开发项目的信贷管理，加大对以土地开发、土地

转让为名进行非法集资行为的监管和查处力度。对未交清土地价款、未取得土地使用权的开发用地，各有关银行不得允许其进行抵押贷款。

工商行政管理机关要加强对开发企业的工商管理，严格核定开发企业经营范围。开发企业不得使用"招商"等不规范用语，不得非法从事金融业务；吸收股东进行土地开发的，不论以出售、转让土地使用权方式，还是以其他方式增加新的股东，均应按《中华人民共和国公司法》的规定办理企业登记注册手续。加强对开发企业经营活动的监管，对超范围经营的开发企业，要坚决查处；对非法集资的企业，一经查实，坚决吊销其营业执照，并依法追究有关当事人的责任。

五、规范国有土地交易活动，制止炒卖土地

商业、旅游、娱乐和豪华住宅等经营性用地，原则上必须以招标、拍卖方式提供。出让土地首次转让、出租、抵押，必须符合法律规定和出让合同约定的条件，不符合条件的不得转让、出租、抵押。划拨土地使用权转让、出租等，必须经有批准权的人民政府批准。

严禁利用建设项目、规划许可证和用地红线图转让等形式变相"炒卖"土地。对已批准立项的建设项目，其建设用地符合土地利用规划的，必须限期办理用地手续。

国有企业改组、改制等涉及土地使用权交易时，不得低价售卖土地，要拟订土地资产处置方案，中央企业要选择减轻中央财政负担的方案，报国务院土地行政主管部门批准。

已购公有住房和经济适用住房入市涉及土地使用权交易的，必须将其中的土地收益依法上缴国家。

六、全面清理土地转让、炒卖土地情况，坚决查处土地使用权非法转让和农民集体土地非法交易的行为

各省、自治区、直辖市人民政府要组织力量对本行政区域内土地转让、炒卖土地情况进行一次全面清理。清理的重点是城乡结合部，特别是公路两侧私搭乱建的违法用地。凡符合土地利用总体规划而未按规定办理有关手续的，必须限期办理，逾期不申报的，按非法占地予以查处。

对现有各种以"果园"、"庄园"名义进行招商和炒卖土地的开发项目进行清理，按照"谁批准、谁负责"的原则，妥善处理存在的问题，对违反规

定的，要追究有关当事人的责任，构成犯罪的，要移交司法机关追究刑事责任。在清理规范之前，各地要立即停止各类"果园"、"庄园"、"观光农业"等开发项目和用地的审批。要通过完善举报制度、强化舆论和群众监督，及时查处炒卖土地行为，防止死灰复燃。

国务院各有关部门和各省、自治区、直辖市人民政府要认真贯彻落实本通知精神，制定相应的实施办法和相关的实施细则，确保加强土地转让管理、严禁炒卖土地各项规定的落实。

各省、自治区、直辖市人民政府要在1999年12月底前将清理本行政区域内土地转让、炒卖土地的情况向国务院作出报告。国务院责成国土资源部会同有关部门负责本通知贯彻执行情况的监督检查和落实工作，并定期向国务院作出报告。

关于扩大国有土地有偿使用范围的意见

各省、自治区、直辖市人民政府，国务院各部委、各直属机构：

自土地使用制度改革以来，我国已形成较为完善的国有建设用地有偿使用制度体系，对落实"十分珍惜、合理利用土地和切实保护耕地"基本国策，保障城镇化、工业化发展，促进社会主义市场经济体制的建立和完善，发挥了重大作用。近年来，随着我国经济发展进入新常态，国有土地有偿使用覆盖面不到位、制度不健全等问题逐渐凸显，市场配置资源决定性作用没有得到充分发挥。为进一步完善国有土地有偿使用制度，根据《中华人民共和国土地管理法》及相关法律规定，经国务院同意，提出以下意见。

一、总体要求

（一）指导思想。全面贯彻党的十八大和十八届三中、四中、五中、六中全会精神，深入学习贯彻习近平总书记系列重要讲话精神，紧紧围绕统筹推进"五位一体"总体布局和协调推进"四个全面"战略布局，牢固树立创新、协调、绿色、开放、共享的发展理念，按照党中央、国务院决策部署，立足基本国情和发展阶段，坚持和完善国有土地全民所有制，坚持和完善国有土地有偿使用制度，使市场在资源配置中起决定性作用和更好发挥政府作用，进一步深化国有土地使用和管理制度改革，扩大国有土地有偿使用范围，促进国有土地资源全面节约集约利用，更好地支撑和保障经济社会持续健康发展。

（二）基本原则。

坚持用途管制。严格落实国有农用地、建设用地和未利用地用途管制，国有土地的开发、利用和保护应坚持生态优先的原则，必须符合土地利用总体规划、城乡规划和主体功能区规划等各相关规划。

坚持市场配置。落实国有土地所有权权益，明晰使用权为核心的国有土地资产产权归属、权利类型及对应权能。扩大国有建设用地有偿使用范围，推进国有农用地有偿使用，规范国有未利用地使用管理。完善国有土地有偿使用方式，健全公平开放透明的国有土地市场规则。

坚持依法行政。依法扩大国有土地有偿使用范围，法律规定应当有偿使用的国有土地，必须有偿使用。根据投融资体制、国有企事业单位、农垦等相关领域改革要求，逐步缩小划拨用地范围。依法严格生态用地保护。

二、扩大国有建设用地有偿使用范围

（一）完善公共服务项目用地政策。根据投融资体制改革要求，对可以使用划拨土地的能源、环境保护、保障性安居工程、养老、教育、文化、体育及供水、燃气供应、供热设施等项目，除可按划拨方式供应土地外，鼓励以出让、租赁方式供应土地，支持市、县政府以国有建设用地使用权作价出资或者入股的方式提供土地，与社会资本共同投资建设。市、县政府应依据当地土地取得成本、市场供需、产业政策和其他用途基准地价等，制定公共服务项目基准地价，依法评估并合理确定出让底价。公共服务项目用地出让、租赁应遵循公平合理原则，不得设置不合理的供应条件，只有一个用地意向者的，可以协议方式供应。国有建设用地使用权作价出资或者入股的使用年限，应与政府和社会资本合作期限相一致，但不得超过对应用途土地使用权出让法定最高年限。加快修订《划拨用地目录》，缩小划拨用地范围。

（二）完善国有企事业单位改制建设用地资产处置政策。事业单位等改制为企业的，其使用的原划拨建设用地，改制后不符合划拨用地法定范围的，应按有偿使用方式进行土地资产处置，符合划拨用地法定范围的，可继续以划拨方式使用，也可依申请按有偿使用方式进行土地资产处置。上述单位改制土地资产划转的权限和程序按照分类推进事业单位改革国有资产处置的相关规定办理；土地资产处置的权限和程序参照国有企业改制土地资产处置相关规定办理。政府机构、事业单位和国有独资企业之间划转国有建设用地使用权，划转后符合《划拨用地目录》保留划拨方式使用的，可直接办理土地转移登记手续；需有偿使用的，划入方应持相关土地资产划转批准文件等，先办理有偿用地手续，再一并办理土地转移登记和变更登记手续。

三、规范推进国有农用地使用制度改革

（一）加强国有农用地确权登记工作。以承包经营以外的合法方式使用国有农用地的国有农场、草场以及使用国家所有的水域、滩涂等农用地进行农业生产，申请国有农用地使用权登记的，可按相关批准用地文件，根据权利取得方式的不同，明确处置方式，参照《不动产登记暂行条例实施细则》（国土资源部令第 63 号）有关规定，分别办理国有农用地划拨、出让、租赁、作价出资或者入股、授权经营使用权登记手续。

（二）规范国有农用地使用管理。使用国有农用地不得擅自改变土地用途，耕地、林地、草地等农业用途之间相互转换的，应依法依规进行，具体管理办法由国务院相关部门共同制定。国有农用地的有偿使用，严格限定在农垦改革的范围内。农垦企业改革改制中涉及的国有农用地，国家以划拨方式处置的，使用权人可以承包租赁；国家以出让、作价出资或者入股、授权经营方式处置的，考虑农业生产经营特点，合理确定使用年限，最高使用年限不得超过50年，在使用期限内，使用权人可以承包租赁、转让、出租、抵押。国家以租赁方式处置的，使用权人可以再出租。按照严格保护为主的原则，依法规范国有林地使用管理。改变国有农用地权属及农业用途之间相互转换的，应当办理不动产登记手续。

（三）明确国有农场、牧场改革国有农用地资产处置政策。国有农场、牧场改制，应由改制单位提出改制方案，按资产隶属关系向主管部门提出申请，主管部门提出明确意见并征求同级国土资源、发展改革、财政等相关部门意见后，报同级政府批准。对属于省级以上政府批准实行国有资产授权经营的国有独资企业或公司的国有农场、国有牧场等，其涉及国有农用地需以作价出资或者入股、授权经营及划拨方式处置的，由同级国土资源主管部门根据政府批准文件进行土地资产处置。改制单位涉及土地已实行有偿使用或需转为出让或租赁土地使用权的，直接到土地所在地市、县国土资源主管部门申请办理变更登记或有偿用地手续。

（四）完善国有农用地土地等级价体系。开展基于土地调查的农用地等别调查评价与监测工作，定期更新草地、耕地等农用地土地等别数据库。完善农用地定级和估价规程，部署开展农用地定级试点，稳步推进农用地基准地价制定和发布工作，及时反映农用地价格变化。加强农用地价格评估与管理，显化维护国有农用地资产。

四、严格国有土地开发利用和供应管理

（一）严格生态用地保护。按照有度有序利用自然、调整优化空间结构的原则，严格管控土地资源开发利用，促进人与自然和谐共生。对国家相关法律法规和规划明确禁止开发的区域，严禁以任何名义和方式供应国有土地，用于与保护无关的建设项目。

（二）规范国有土地使用权作价出资或者入股、授权经营管理。作价出资或者入股土地使用权实行与出让土地使用权同权同价管理制度，依据不动产登记确认权属，可以转让、出租、抵押。国有企事业单位改制以作价出资或者入股、授权经营方式处置的国有建设用地，依据法律法规改变用途、容积率等规划条件的，应按相关规定调整补交出让金。

（三）改革完善国有建设用地供应方式。地方政府可依据国家产业政策，对工业用地采取先行以租赁方式提供用地，承租方投资工业项目达到约定条件后再转为出让的先租后让供应方式，或部分用地保持租赁、部分用地转为出让的租让结合供应方式。各地可根据实际情况，实行工业用地弹性年期出让政策。支持各地以土地使用权作价出资或者入股方式供应标准厂房、科技孵化器用地，为小型微型企业提供经营场所，促进大众创业、万众创新。

（四）规范国有土地使用权抵押管理。国有建设用地使用权抵押应按照物权法、担保法等相关法律法规的规定执行。农垦国有农用地使用权担保要按照《中共中央、国务院关于进一步推进农垦改革发展的意见》（中发〔2015〕33号）的部署，以试点的方式有序开展。

各地区要认真落实本意见要求，加强指导支持，精心组织实施，切实做好扩大国有土地有偿使用范围各项工作。国土资源部将会同有关部门对本意见落实情况进行督促指导，重大事项及时向国务院报告。

国土资源部 国家发展和改革委员会
财政部 住房和城乡建设部 农业部 中国人民银行
国家林业局 中国银行业监督管理委员会

2016 年 12 月 31 日

国务院关于开展农村承包土地的经营权和农民住房财产权抵押贷款试点的指导意见

（国发〔2015〕45号）

各省、自治区、直辖市人民政府，国务院各部委、各直属机构：

为进一步深化农村金融改革创新，加大对"三农"的金融支持力度，引导农村土地经营权有序流转，慎重稳妥推进农民住房财产权抵押、担保、转让试点，做好农村承包土地（指耕地）的经营权和农民住房财产权（以下统称"两权"）抵押贷款试点工作，现提出以下意见。

一、总体要求

（一）指导思想。

全面贯彻党的十八大和十八届三中、四中全会精神，深入落实党中央、国务院决策部署，按照所有权、承包权、经营权三权分置和经营权流转有关要求，以落实农村土地的用益物权、赋予农民更多财产权利为出发点，深化农村金融改革创新，稳妥有序开展"两权"抵押贷款业务，有效盘活农村资源、资金、资产，增加农业生产中长期和规模化经营的资金投入，为稳步推进农村土地制度改革提供经验和模式，促进农民增收致富和农业现代化加快发展。

（二）基本原则。

一是依法有序。"两权"抵押贷款试点要坚持于法有据，遵守土地管理法、城市房地产管理法等有关法律法规和政策要求，先在批准范围内开展，待试点积累经验后再稳步推广。涉及被突破的相关法律条款，应提请全国人大常委会授权在试点地区暂停执行。

二是自主自愿。切实尊重农民意愿，"两权"抵押贷款由农户等农业经营主体自愿申请，确保农民群众成为真正的知情者、参与者和受益者。流转土地的经营权抵押需经承包农户同意，抵押仅限于流转期内的收益。金融机构要在财务可持续基础上，按照有关规定自主开展"两权"抵押贷款业务。

三是稳妥推进。在维护农民合法权益前提下，妥善处理好农民、农村集体经济组织、金融机构、政府之间的关系，慎重稳妥推进农村承包土地的经营权抵押贷款试点和农民住房财产权抵押、担保、转让试点工作。

四是风险可控。坚守土地公有制性质不改变、耕地红线不突破、农民利益不受损的底线。完善试点地区确权登记颁证、流转平台搭建、风险补偿和抵押物处置机制等配套政策，防范、控制和化解风险，确保试点工作顺利平稳实施。

二、试点任务

（一）赋予"两权"抵押融资功能，维护农民土地权益。在防范风险、遵守有关法律法规和农村土地制度改革等政策基础上，稳妥有序开展"两权"抵押贷款试点。加强制度建设，引导和督促金融机构始终把维护好、实现好、发展好农民土地权益作为改革试点的出发点和落脚点，落实"两权"抵押融资功能，明确贷款对象、贷款用途、产品设计、抵押价值评估、抵押物处置等业务要点，盘活农民土地用益物权的财产属性，加大金融对"三农"的支持力度。

（二）推进农村金融产品和服务方式创新，加强农村金融服务。金融机构要结合"两权"的权能属性，在贷款利率、期限、额度、担保、风险控制等方面加大创新支持力度，简化贷款管理流程，扎实推进"两权"抵押贷款业务，切实满足农户等农业经营主体对金融服务的有效需求。鼓励金融机构在农村承包土地的经营权剩余使用期限内发放中长期贷款，有效增加农业生产的中长期信贷投入。鼓励对经营规模适度的农业经营主体发放贷款。

（三）建立抵押物处置机制，做好风险保障。因借款人不履行到期债务或者发生当事人约定的情形需要实现抵押权时，允许金融机构在保证农户承包权和基本住房权利前提下，依法采取多种方式处置抵押物。完善抵押物处置措施，确保当借款人不履行到期债务或者发生当事人约定的情形时，承贷银行能顺利实现抵押权。农民住房财产权（含宅基地使用权）抵押贷款的抵押物处置应与商品住房制定差别化规定。探索农民住房财产权抵押担保中宅基地权益的实现方式和途径，保障抵押权人合法权益。对农民住房财产权抵押贷款的抵押物处置，受让人原则上应限制在相关法律法规和国务院规定的范围内。

（四）完善配套措施，提供基础支撑。试点地区要加快推进农村土地承包经营权、宅基地使用权和农民住房所有权确权登记颁证，探索对通过流转取得的农村承包土地的经营权进行确权登记颁证。农民住房财产权设立抵押的，需将宅基地使用权与住房所有权一并抵押。按照党中央、国务院确定的宅基地制度改革试点工作部署，探索建立宅基地使用权有偿转让机制。依托相关主管部门建立完善多级联网的农村土地产权交易平台，建立"两权"抵押、流转、评估的专业化服务机制，支持以各种合法方式流转的农村承包土地的经营权用于抵押。建立健全农村信用体系，有效调动和增强金融机构支农的积极性。

（五）加大扶持和协调配合力度，增强试点效果。人民银行要支持金融机构积极稳妥参与试点，对符合条件的农村金融机构加大支农再贷款支持力度。银行业监督管理机构要研究差异化监管政策，合理确定资本充足率、贷款分类等方面的计算规则和激励政策，支持金融机构开展"两权"抵押贷款业务。试点地区要结合实际，采取利息补贴、发展政府支持的担保公司、利用农村土地产权交易平台提供担保、设立风险补偿基金等方式，建立"两权"抵押贷款风险缓释及补偿机制。保险监督管理机构要进一步完善农业保险制度，大力推进农业保险和农民住房保险工作，扩大保险覆盖范围，充分发挥保险的风险保障作用。

三、组织实施

（一）加强组织领导。人民银行会同中央农办、发展改革委、财政部、国土资源部、住房城乡建设部、农业部、税务总局、林业局、法制办、银监会、保监会等单位，按职责分工成立农村承包土地的经营权抵押贷款试点工作指导小组和农民住房财产权抵押贷款试点工作指导小组（以下统称指导小组），切实落实党中央、国务院对"两权"抵押贷款试点工作的各项要求，按照本意见指导地方人民政府开展试点，并做好专项统计、跟踪指导、评估总结等相关工作。指导小组办公室设在人民银行。

（二）选择试点地区。"两权"抵押贷款试点以县（市、区）行政区域为单位。农村承包土地的经营权抵押贷款试点主要在农村改革试验区、现代农业示范区等农村土地经营权流转较好的地区开展；农民住房财产权抵押贷款试点原则上选择国土资源部牵头确定的宅基地制度改革试点地区开展。省级人民政府按照封闭运行、风险可控原则向指导小组办公室推荐试点县（市、区），经指导小组审定后开展试点。各省（区、市）可根据当地实际，分别或同时申请开展农村承包土地的经营权抵押贷款试点和农民住房财产权抵押贷款试点。

（三）严格试点条件。"两权"抵押贷款试点地区应满足以下条件：一是农村土地承包经营权、宅基地使用权和农民住房所有权确权登记颁证率高，农村产权流转交易市场健全，交易行为公开规范，具备较好基础和支撑条件；二是农户土地流转意愿较强，农业适度规模经营势头良好，具备规模经济效益；三是农村信用环境较好，配套政策较为健全。

（四）规范试点运行。人民银行、银监会会同相关单位，根据本意见出台农村承包土地的经营权抵押贷款试点管理办法和农民住房财产权抵押贷款试点管理办法。银行业金融机构根据本意见和金融管理部门制定的"两权"抵押贷款试点管理办法，建立相应的信贷管理制度并制定实施细则。试点地区成立试点工作小组，严格落实试点条件，制定具体实施意见、支持政策，经省级人民政府审核后，送指导小组备案。集体林地经营权抵押贷款和草地经营权抵押贷款业务可参照本意见执行。

（五）做好评估总结。认真总结试点经验，及时提出制定修改相关法律法规、政策的建议，加快推动修改完善相关法律法规。人民银行牵头负责对试点工作进行跟踪、监督和指导，开展年度评估。试点县（市、区）应提交总结报告和政策建议，由省级人民政府送指导小组。指导小组形成全国试点工作报告，提出相关政策建议。全部试点工作于 2017 年底前完成。

（六）取得法律授权。试点涉及突破《中华人民共和国物权法》第一百八十四条、《中华人民共和国担保法》第三十七条等相关法律条款，由国务院按程序提请全国人大常委会授权，允许试点地区在试点期间暂停执行相关法律条款。

国务院

2015 年 8 月 10 日

国土资源部住房城乡建设部关于印发《利用集体建设用地建设租赁住房试点方案》的通知

（国土资发〔2017〕100号）

北京、辽宁、上海、江苏、浙江、安徽、福建、河南、湖北、广东、四川省（市）国土资源主管部门、住房城乡建设主管部门：

为增加租赁住房供应，缓解住房供需矛盾，构建购租并举的住房体系，建立健全房地产平稳健康发展长效机制，国土资源部会同住房城乡建设部根据地方自愿，确定第一批在北京、上海、沈阳、南京、杭州、合肥、厦门、郑州、武汉、广州、佛山、肇庆、成都等13个城市开展利用集体建设用地建设租赁住房试点，制定了《利用集体建设用地建设租赁住房试点方案》，现印发给你们，请指导、督促各有关城市认真执行。

国土资源部 住房城乡建设部

2017 年 8 月 21 日

利用集体建设用地建设租赁住房试点方案

利用集体建设用地建设租赁住房，可以增加租赁住房供应，缓解住房供需矛盾，有助于构建购租并举的住房体系，建立健全房地产平稳健康发展长效机制；有助于拓展集体土地用途，拓宽集体经济组织和农民增收渠道；有助于丰富农村土地管理实践，促进集体土地优化配置和节约集约利用，加快城镇化进程。按照中央有关精神，结合当前管理工作实际，制定本试点方案。

一、总体要求

（一）指导思想。全面贯彻党的十八大和十八届三中、四中、五中、六中全会精神，深入学习贯彻习近平总书记系列重要讲话精神，紧紧围绕统筹推进"五位一体"总体布局和协调推进"四个全面"战略布局，牢固树立创新、协调、绿色、开放、共享的发展理念，按照党中央、国务院决策部署，牢牢把握"房子是用来住的，不是用来炒的"定位，以构建购租并举的住房体系为方向，着力构建城乡统一的建设用地市场，推进集体土地不动产登记，完善利用集体建设用地建设租赁住房规则，健全服务和监管体系，提高存量土地节约集约利用水平，为全面建成小康社会提供用地保障，促进建立房地产平稳健康发展长效机制。

（二）基本原则。

把握正确方向。坚持市场经济改革方向，发挥市场配置资源的决定性作用，注重与不动产统一登记、培育和发展住房租赁市场、集体经营性建设用地入市等改革协同，加强部门协作，形成改革合力。

保证有序可控。政府主导，审慎稳妥推进试点。项目用地应当符合城乡规划、土地利用总体规划及村土地利用规划，以存量土地为主，不得占用耕地，增加住房有效供给。以满足新市民合理住房需求为主，强化监管责任，保障依法依规建设、平稳有序运营，做到供需匹配。

坚持自主运作。尊重农民集体意愿，统筹考虑农民集体经济实力，以具体项目为抓手，合理确定项目运作模式，维护权利人合法权益，确保集体经济组织自愿实施、自主运作。

提高服务效能。落实"放管服"要求，强化服务意识，优化审批流程，降低交易成本，提升服务水平，提高办事效率，方便群众办事。

（三）试点目标。通过改革试点，在试点城市成功运营一批集体租赁住房项目，完善利用集体建设用地建设租赁住房规则，形成一批可复制、可推广的改革成果，为构建城乡统一的建设用地市场提供支撑。

（四）试点范围。按照地方自愿原则，在超大、特大城市和国务院有关部委批准的发展住房租赁市场试点城市中，确定租赁住房需求较大，村镇集体经济组织有建设意愿、有资金来源，政府监管和服务能力较强的城市（第一批包括北京市，上海市，辽宁沈阳市，江苏南京市，浙江杭州市，安徽合肥市，福建厦门市，河南郑州市，湖北武汉市，广东广州市、佛山市、肇庆市，四川成都市），开展利用集体建设用地建设租赁住房试点。

除北京、上海外，由省级国土资源主管部门和住房城乡建设主管部门汇总本辖区计划开展试点城市的试点实施方案，报国土资源部和住房城乡建设部批复后启动试点。

二、试点内容

（一）完善试点项目审批程序。试点城市应当梳理项目报批（包括预审、立项、规划、占地、施工）、项目竣工验收、项目运营管理等规范性程序，建立快速审批通道。健全集体建设用地规划许可制度，推进统一规划、统筹布局、统一管理，统一相关建设标准。试点项目区域基础设施完备，医疗、教育等公共设施配套齐全，符合城镇住房规划设计有关规范。

（二）完善集体租赁住房建设和运营机制。村镇集体经济组织可以自行开发运营，也可以通过联营、入股等方式建设运营集体租赁住房。兼顾政府、农民集体、企业和个人利益，理清权利义务关系，平衡项目收益与征地成本关系。完善合同履约监管机制，土地所有权人和建设用地使用权人、出租人和承租人依法履行合同和登记文件中所载明的权利和义务。

（三）探索租赁住房监测监管机制。集体租赁住房出租，应遵守相关法律法规和租赁合同约定，不得以租代售。承租的集体租赁住房，不得转租。探索建立租金形成、监测、指导、监督机制，防止租金异常波动，维护市场平稳运行。国土资源、住房城乡建设部门应与相关部门加强协作、各负其责，在建设用地使用权登记、房屋所有权登记、租赁备案、税务、工商等方面加强联动，构建规范有序的租赁市场秩序。

（四）探索保障承租人获得基本公共服务的权利。承租人可按照国家有关规定凭登记备案的住房租赁合同依法申领居住证，享受规定的基本公共服务。有条件的城市，要进一步建立健全对非本地户籍承租人的社会保障机制。

三、组织实施

（一）加强组织保障。国土资源部和住房城乡建设部共同部署试点。省级国土资源主管部门和住房城乡建设主管部门负责试点工作的督促、检查和指导。城市政府全面负责试点组织领导工作，制定试点工作规则和组织实施方案，建立试点协调决策机构。各地区各有关部门要加强协调配合，稳妥有序推进试点。

（二）推进试点实施。

1.编制实施方案。试点城市根据本方案编制实施方案，经省级国土资源主管部门和住房城乡建设主管部门汇总后，2017年11月底前报国土资源部和住房城乡建设部批复。

2.试点实施、跟踪及总结。省级国土资源主管部门和住房城乡建设主管部门负责试点工作的督促、检查和指导，及时研究解决试点中存在的问题。

2019年11月，省级国土资源主管部门和住房城乡建设主管部门组织开展试点中期评估，形成评估报告报国土资源部和住房城乡建设部。

2020年底前，省级国土资源主管部门和住房城乡建设主管部门总结试点工作，总结报告报国土资源部和住房城乡建设部。

（三）强化指导监督。各地区各有关部门要按照职责分工，加强对试点工作的指导监督，依法规范运行。要加强分类指导，尊重基层首创精神，健全激励和容错纠错机制，允许进行差别化探索，切实做到封闭运行、风险可控，发现问题及时纠偏。

（四）做好宣传引导。试点地区要加强对试点工作的监督管理，密切关注舆情动态，妥善回应社会关切，重大问题及时报告。

参考文献

[1] A. 阿尔钦 . 新帕尔格雷夫经济学大辞典（第 3 卷）[M]. 北京：经济科学出版社，1992：1101.

[2] 巴泽尔 . 产权的经济分析 [M]. 上海：上海三联书社，1997.

[3] 道格拉斯·C. 诺斯 . 经济史上的结构和变革 [M]. 北京：商务印书馆，2010.

[4] 关顾骏作 . 金洪云译 . 日本的农地制度 [M]. 北京：生活读书新知·三联书社，2004.

[5] 胡必亮，李玉祥 . 城镇化与新农村：浙江项东村个案研究 [M]. 重庆：重庆出版社，2008.

[6] 科斯，阿尔钦，德姆塞茨，等 . 财产权利与制度变迁 [M]. 上海：上海三联书店，1995.

[7] 厉以宁 . 中国经济双重转型之路 [M]. 北京：中国人民大学出版社，2013.

[8] 龙花楼 . 中国乡村转型发展与土地利用 [M]. 北京：科学出版社，2012.

[9] 思拉恩·埃格特森 . 经济行为与制度 [M]. 北京：商务出版社，2004.

[10] 王秀莲，王静 . 日本、韩国土地管理法律制度与土地利用规划制度及其借鉴 [M]. 北京 . 中国 . 大地出版社，2004.

[11] 许学强，薛凤旋，闫小培 . 中国乡村：城市转型与协调发展 [M]. 北京：科学出版社，1998.

[12] 杨重光，吴次芳 . 中国土地使用制度改革 10 年 [M]. 北京：中国大地出版社，1996.

[13] 张五常 . 佃农理论 [M]. 北京：中信出版社，2010.

[14] 张云华 . 完善与改革农村宅基地制度研究 [M]. 北京：中国农业出版社，2011.

[15] 邹玉川等 . 当代中国土地管理（上）[M]. 北京：当代出版社，1998.

[16] 蔡进，邱道持，王静，等 . 农村集体土地所有权主体建设面临的挑战与对策探析 [J]. 西南师范大学学报（自然科学版），2013，38（3）：179-184.

[17] 曹笑辉，汪渊智 . 城乡统一建设用地市场制度构建 [J]. 求索，2014，（1）：114-118.

[18] 曾阳 . 新中国建立初期城市土地使用制度的演变及其原因 [J]. 经济研究导刊，2009，

（24）：166-167.

[19] 常敏.农村集体建设用地隐性流转的现状和归因分析 [J]. 中国农村经济 , 2013,（11）：34-45.

[20] 常敏.农村集体土地隐性市场的双重效应分析 [J]. 现代经济探讨 , 2013,（6）：68-72.

[21] 常新，单亮.关于将集体建设用地纳入土地增值税征税范围的探讨 [J]. 税务研究 , 2010,（4）：32-36.

[22] 陈柏峰.农村宅基地限制交易的正当性 [J]. 中国土地科学 , 2007,21（4）：44-48.

[23] 陈会广、陈利根、马秀鹏、等.农村集体建设用地流转模式的多样化创新——基于政府与市场关系的视角 [J]. 经济体制改革 , 2009,（1）：87-92.

[24] 陈健.集体建设用地流转及其收益分配机制 [J]. 改革 , 2008,（2）：147-150.

[25] 陈利根，成程.基于农民福利的宅基地流转模式比较与路径选择 [J]. 中国土地科学 , 2012，26（10）：67-74.

[26] 陈利根，李宁，龙开胜.产权不完全界定研究：一个公共域的分析框架 [J]. 云南财经大学学报 , 2013,（4）：12-20.

[27] 陈利根,卢吉勇.农村集体非农建设用地为什么会发生流转 [J]. 南京农业大学学报（社会科学版）, 2002,2（3）：14-19.

[28] 陈美球，廖彩荣，刘桃菊.乡村振兴、集体经济组织与土地使用制度创新—基于江西黄溪村的实践分析 [J]. 南京农业大学学报（社会科学版）, 2018，18（2）：27-34.

[29] 陈荣文.生存保障 vs.资源优化：我国农村宅基地使用权制度的解构与重建 [J]. 福建政法管理干部学院学报 , 2007,（2）：42-46.

[30] 陈晓军.农村宅基地流转中的价值冲突与公平性考察 [J]. 南京农业大学学报（社会科学版）, 2011，11（3）：63-69.

[31] 陈燕.城乡建设用地市场一体化的突破点及模式选择 [J]. 福建论坛(人文社会科学版）, 2012,（12）：31-37.

[32] 陈燕.中国城乡建设用地市场一体化是历史的必然 [J]. 福建论坛（人文社会科学版）, 2011,（11）：32-37.

[33] 陈悦，田代贵.交易平台、运行体系与农村建设用地资本化 [J]. 改革 , 2014,（10）：128-135.

[34] 程久苗.农村集体建设用地流转制度的创建及相关问题的思考 [J]. 南京农业大学学报 , 2002，25（3）：89-94.

[35] 程世勇，李伟群．城市化进程中农村建设用地地权交易绩效分析 [J].中国特色社会主义研究，2009，（4）：83-87.

[36] 揣小伟，黄贤金，许益林．农村集体建设用地基准地价初步研究——以安徽省良玉村为例 [J].经济地理，2012,32（2）：121-126.

[37] 崔宇，集体建设用地定级估价核心技术问题探讨 [J].中国土地科学，2013,27（2）：67-72.

[38] 党青，周介铭，何伟．基于 GIS 的集体建设用地土地级别评定——以温江区万春镇为例 [J].四川师范大学学报（自然科学版），2010,33（3）：384-387.

[39] 董景山．日本农地利用规章制度及其启示 [J].国家行政学院学报，2014，（5）：123-127.

[40] 段毅才．论"大产权"和"小产权"——关于产权概念的思考 [J].经济研究参考，2006，（12）：9.

[41] 樊帆．影响集体经营性建设用地流转收益分配方式的主要因素——基于微观主体农户的调查 [J].理论与改革，2015（5）：92-95.

[42] 方芳，周国胜．农村土地使用制度创新实践的思考——以浙江省嘉兴市"两分两换"为例 [J].农业经济问题，2011，（4）：32-35.

[43] 方西屏．联邦德国的土地交易 [J].中国土地科学，1994,8（1）：38-42.

[44] 冯果，陈国进．集体建设用地使用权流转之客体研究 [J].武汉大学学报（哲学社会科学版），2013，66（6）：21-26.

[45] 冯长春，赵若曦，古维迎．中国农村居民点用地变化的社会经济区域分析 [J].,中国人口资源与环境，2012,22（3）：6-12.

[46] 付光辉，刘友兆，吴冠岑．论城乡统筹发展背景下城乡统一土地市场构建 [J].中国土地科学，2008,22（2）：36-41.

[47] 付颖哲、徐策．抑制土地和房地产投机的经验 [J].宏观经济管理，2011，（2）：68-69.

[48] 付颖哲．批租还是年租？——以德国地上权制度为鉴 [J].德国研究，2011,26（1）：33-38,79.

[49] 高圣平，刘守英．集体建设用地进入市场：现实与法律困境 [J].管理世界,2007，（3）：62-72，88.

[50] 耿槟，朱道林，梁颖．基于特征价格模型的农村集体建设用地流转价格影响因素研究 [J].生态经济，2013，（1）：56-58,70.

[51] 顾湘.农村集体建设用地流转的博弈分析与制度改进——基于地方政府与农村集体组织关系的视角 [J].经济体制改革,2013,(1):83-87.

[52] 关江华,黄朝禧,胡银根.农户宅基地流转意愿差异及其驱动力研究——基于农户可持续生计视角 [J].资源科学,2013,35(11):2266-2272.

[53] 国家房地产政策文件选编(1948-1981)内部资料 [J].房产通讯杂志社,1982:335-359.

[54] 国务院发展研究中心中国土地政策改革课题组.中国土地政策改革:一个整体性行动框架 [J].中国发展观察,2006,(5):4-9.

[55] 韩丹,冯长春,古维迎.我国农村居民地土地节约集约利用影响因素及区域差异研究 [J].中国农村资源与区划,2010,31(5):29-35.

[56] 韩松.论农村集体经营性建设用地使用权 [J].苏州大学学报(哲学社会科学版),2014,(3):70-75;191-192.

[57] 韩松.论对农村宅基地的管理与《土地管理法》的修改 [J].国家行政学院学报,2011,(1):44-49.

[58] 韩松.论农村集体经营性建设用地使用权 [J].苏州大学学报(哲学社会科学版),2014,(3):70-75,191-192.

[59] 贺超.德国土地管理制度及对我国的启示 [J].中国土地,2015,(10):35-36.

[60] 贺雪峰.论土地资源与土地价值——当前土地制度改革的几个重大问题 [J].国家行政学院学报,2015,(3):31-38.

[61] 胡方芳,蒲春玲,陈前列,等.欠发达地区农民宅基地流转意愿影响因素 [J].中国人口.资源与环境,2014,24(4):116-126.

[62] 黄敏,杜伟.丘陵地区农民退出宅基地意愿的影响因素探析——基于四川省南充市的调研 [J].四川师范大学学报(社会科学版),2015,42(4):76-82.

[63] 嵇金鑫,李伟芳,黄天元.浅议农村集体建设用地流转价格 [J].江西农业学报,2008,20(10):133-135.

[64] 姜大明.建立城乡统一的建设用地市场 [J].国土资源导刊,2013,12(88):32-35.

[65] 焦永利,叶裕民.统一城乡建设用地市场的经济学分析——以三个模型为工具 [J].城市发展研究,2014,21(10):65-71,113.

[66] 金晓月,农村宅基地流转模式构建探析 [J].农村经济,2006,(7):32-34.

[67] 兰玲,高鑫.现代产权理论研究述评 [J].内蒙古民族大学学报(社会科学版),2012,

38（2）：42-46.

[68] 李伯华，刘艳，张安录，等.城市边缘区不同类型农户对宅基地流转的认知与响应——以衡阳市酃湖乡两个典型村为例 [J].资源科学，2015，37（4）：654-662.

[69] 李昌平.土地农民集体所有制之优越性—与越南之比较 [J].华中科技大学学报（社会科学版），2009，23（1）：11-14.

[70] 李恩平.中国城市土地制度改革回顾与展望 [J].改革与战略，2010，26（5）：73-75,91.

[71] 李建建，戴双兴.中国城市土地使用制度改革60年回顾与展望 [J].经济研究参考，2009，（63）：2-10.

[72] 李菁，冯银静，夏冀.城市土地利用转型的路径选择：以广州市"三旧改造"为例 [J].中国房地产，2015，（3）：36-43.

[73] 李茂.德国不动产登记制度概况 [J].国土资源情报，2014，（7）：32-36.

[74] 李宁，董银霞，陈利根.产权公共领域语境下的主体行为二重性与制度变迁研究 [J].当代经济科学，2014,36（3）：82-91,126-127.

[75] 李全庆，陈利根.农村集体建设用地使用权流转：基于实然与应然层面的分析 [J].贵州社会科学，2008，（9）：87-90.

[76] 李文谦，董祚继.质疑限制农村宅基地流转的正当性——兼论宅基地流转试验的初步构想 [J].中国土地科学，2009，23（3）：55-59.

[77] 李秀彬.土地利用变化的解释 [J].地理科学进展，2002，21（3）：195-203.

[78] 李彦芳.对我国农村宅基地使用权转让模式的立法构想——对解决《物权法》遗留问题的建议 [J].河海大学学报（哲学社会科学版），2010，12（1）：65-69，85，91-92.

[79] 李玉恒，陈聪，刘彦随.中国城乡发展转型衡量及其类型——以环渤海地区为例 [J].地理研究，2014,33（9）：1595-1602.

[80] 林超.统一市场视角下城乡建设用地制度变迁分析——基于不完全产权生命周期模型 [J].中国农村观察，2018，（2）：30-46.

[81] 林超.中越农村宅基地管理制度比较与借鉴 [J].世界农业，2018，（9）：107-113.

[82] 林超，陈泓冰.农村宅基地流转制度改革风险评估研究 [J].经济体制改革，2014,（4）：90-94.

[83] 林超，吕萍，胡子琪.资源型经济转型地区的农村土地制度改革——山西省泽州县的

实践探索 [J]. 中国土地，2018，（9）: 9-11.

[84] 林超，吕萍，顾岳汶. 河南长垣: 中部平原地区农村土地制度改革试点探索 [J]. 中国土地，2019，（2）: 58-59.

[85] 林超，吕萍，顾岳汶. 文昌"三块地"改革与乡村旅游发展的实践与思考 [J]. 中国房地产，2019，（7）: 44-47.

[86] 林超，曲卫东，毛春悦. 集体经营性建设用地增值收益调节金制度探讨——基于征缴视角及4个试点县市的经验分析 [J]. 湖南农业大学学报（社会科学版），2019，（1）: 76-81.

[87] 林超，谭峻. 农村宅基地制度改革研究——基于宅基地功能演变分析的视角 [J]. 经济体制改革，2013，（5）: 69-72.

[88] 刘俊. 农村宅基地使用权制度研究 [J]. 西南民族大学学报（人文社科版），2007，（3）: 116-123.

[89] 刘巧芹，阮松涛，尚国，等. 我国集体建设用地使用权流转收益分配问题及其管理创新思考 [J]. 农村经济，2013，（12）: 20-24.

[90] 刘庆，张军连，张凤荣. 经济发达区集体非农建设用地流转初探——以农村宅基地为例 [J]. 农村经济，2004，（2）: 33-34.

[91] 刘锐. 农村宅基地性质再认识 [J]. 南京农业大学学报（社会科学版），2014，14（1）: 75-82.

[92] 刘守英. 农村宅基地制度的特殊性与出路 [J]. 国家行政学院学报，2015，（3）: 18-24，43.

[93] 刘守英. 中国的二元土地权利制度与土地市场残缺—对现行政策、法律与地方创新的回顾与评论 [J]. 经济研究参考，2008，（31）: 2-12.

[94] 刘泰圻，杨杰与，周学武. 集体建设用地定级与基准地价定价浅析 [J]. 南方农村，2007，（5）:17-20.

[95] 刘卫柏，贺海波. 农村宅基地流转的模式与路径研究 [J]. 经济地理，2012，32（2）: 127-132.

[96] 刘文贤. 谈谈日本土地制度 [J]. 北京房地产，2006，（3）: 105-107.

[97] 刘彦随. 中国新时代城乡融合与乡村振兴 [J]. 地理学报，2018，73（4）: 637-650.

[98] 刘元胜，农村集体建设用地产权流转价格形成机理 [J]. 农村经济，2012，（3）: 77-79.

[99] 龙花楼. 论土地利用转型与土地资源管理 [J]. 地理研究，2015，34（9）: 1607-1618.

[100] 龙花楼.论土地利用转型与乡村转型发展 [J].地理科学进展，2012，31（2）：131-138.

[101] 龙花楼.土地利用转型——土地利用 / 覆被变化综合研究的新途径 [J].2003,19（1）：87-90.

[102] 龙花楼.中国农村宅基地转型的理论与证实 [J].地理学报，2006,61（10）：1093-1100.

[103] 龙开胜，刘澄宇，陈利根.农民接受闲置宅基地治理方式的意愿及影响因素 [J].中国人口.资源与环境，2012,（9）：83-89.

[104] 卢吉勇，陈利根.集体非农建设用地流转的主体与收益分配 [J].中国土地，2002,（5）：20-21.

[105] 罗必良.明确发展思路，实施乡村振兴战略 [J].南方经济，2017,（10）：8-11.

[106] 罗必良.农地产权模糊化：一个概念性框架及其解释 [J].学术研究，2011,（12）：48-56,160.

[107] 罗湖平，朱有志.城镇化进程中的城郊集体建设用地隐形市场形成机理——基于长沙市郊农户调查问卷的分析 [J].求索，2014,（7）：79-83.

[108] 吕军书，张文赟.农村宅基地使用权流转的风险防范问题分析 [J].河南师范大学学报（哲学社会科学版），2013,40（2）：102-105.

[109] 吕晓，牛善栋，张全景，等.基于内容分析法的集体建设用地流转政策演进分析 [J].中国土地科学，2015,29（4）：25-33.

[110] 马凯，梁流涛,杨渝红.我国城乡非农建设用地市场之演化规律研究 [J].中国人口.资源与环境，2009,19（3）：75-81.

[111] 马凯，钱忠好.中国农村集体非农建设用地市场长期动态均衡分析 [J].中国土地科学,2009,23（3）:66-71.

[112] 马凯.中国城乡建设用地市场的统一趋势研究 [J].资源与产业，2006,（3）：121-125.

[113] 马欣，陈江龙，吕赛男.中国土地市场制度变迁及演化方向 [J].中国土地科学，2009，23（12）：10-15.

[114] 马智利，先静.基于城乡统筹背景下宅基地置换住房券制度设计 [J].农村经济，2012,（1）：65-67.

[115] 满明俊.农村集体建设用地流转制度变化与模式分析 [J].农村金融研究，2014,（9）：

15-20.

[116] 毛平.农村宅基地流转模式的创新研究——以债权模式为构建视角 [J]. 改革与战略,
2011,（5）: 85-88.

[117] 孟广文,盖盛男,王洪玲,等.天津市华明镇土地开发整理模式研究 [J]. 经济地理,
2012, 32（4）: 143-148.

[118] 孟勤国.物权法开禁农村宅基地交易之辩 [J]. 法学评论, 2005,（4）: 25-30.

[119] 宁涛,杨庆媛,苏康传,等.农村宅基地流转影响因素实证分析——基于重庆市
300 户农户调查 [J]. 西南师范大学学报（自然科学版）, 2012, 37（2）: 119-125.

[120] 牛海鹏,李明秋,王宝山.农村集体建设用地直接进入市场模式构建 [J]. 地域研究
与开发, 2005,（1）: 88-91.

[121] 钱忠好,马凯.我国城乡非农建设用地市场: 垄断、分割与整合 [J]. 管理世界.2007,
（6）: 38-44.

[122] 钱忠好.关于中国农村土地市场问题的研究 [J]. 中国农村经济, 1999,（1）: 10-15.

[123] 全坚,韦燕飞,严志强.构建城乡统一的建设用地市场研究 [J]. 安徽农业科学,
2011,39（26）: 16191-16193,16196.

[124] 荣昌旭,武友林,杨允亮.农村宅基地应长期有偿占用 [J]. 经济问题探索, 1989,（12）:
39-40.

[125] 沈昊婧,张霭丽,张世全,等.基于 SOFM 网络的农村居民地节约用地驱动类型研
究 [J]. 地域研究与开发, 2015,34（4）: 125-129.

[126] 盛荣.农村宅基地制度改革的目标及方案分析 [J]. 中国农业大学学报（社会科学版）,
2005,（4）: 26-29.

[127] 宋伟.构建多主体利益均衡的建设用地制度框架 [J]. 农业经济问题,2014,（2）:54-58,
111.

[128] 宋迎昌,王建武与,倪艳亭.建立城乡统一的建设用地市场研究——基于北京若干
案例的调查分析 [J]. 杭州师范大学学报（社会科学版）, 2015, .37（2）: 108-112.

[129] 谭术魁,刘玲.建立城乡统一的建设用地市场之我见 [J]. 国土资源, 2009,4:36-37.

[130] 谭术魁,彭补拙.农村集体建设用地直接流转的支撑体系研究 [J]. 财经研究, 2002,
（10）: 69-74.

[131] 谭文兵,刘彩霞.浅析城乡统一建设用地市场构建的阻碍因素与对策 [J]. 广东土地
科学, 2010,9（3）: 8-10.

[132]　唐燕，许景权.建立城乡统一的建设用地市场的困境分析与思路突围——集体土地"农转非"的是是非非 [J].城市发展研究，2014,21（5）：55-60.

[133]　陶镕.集体建设用地使用权流转收益分配之法律探讨 [J].湖南社会科学，2013，（1）：69-72.

[134]　万广军.集体建设用地隐性流转的博弈分析及规制建议 [J].郑州轻工业学院学报（社会科学版），2014，（6）：91-96.

[135]　王贝.农村集体建设用地地租地价与收益分配研究 [J].经济体制改革，2014，（5）：87-91.

[136]　王海娟，郑凤田.土地制度改革与乡村振兴的关联机制研究 [J].思想战线，2019，（2）：114-120.

[137]　王宏娟，石敏俊，谌丽.基于利益主体视角的农村集体建设用地流转研究——以北京市为例 [J].资源科学，2014,36（11）：2263-2272.

[138]　王洪平.有效缩小征地范围的制度机制探讨 [J].烟台大学学报（哲学社会科学版），2015，28（4）：29-38.

[139]　王建喜，陈利根，刘法威.政府管制与集体非农建设用地流转制度改革 [J].经济体制革，2007，（3）：75-78.

[140]　王克强，赵露，刘红梅.城乡一体化的土地市场运行特征及利益保障制度 [J].中国土地科学，2010,24（12）：52-57.

[141]　王克忠.农村集体土地入市的几个问题——兼论建立城乡统一的地产市场 [J].中国土地科学，1996，10，（1）：82-88.

[142]　王库.基于地理权重回归模型的土壤有机质空间预测 [J].土壤通报，2013,44（1）：21-26.

[143]　王明涛.多指标综合评价中权数确定的离差、均方差决策方法 [J].中国软科学，1999，（8）：100-101,107.

[144]　王守军，杨明洪.农村宅基地使用权地票交易分析 [J].财经科学，2009，（4）：95-101.

[145]　王文，洪亚敏，彭文英，集体建设用地使用权流转收益形成及其分配研究 [J].中国土地科学，2009，（7）：20-23,65.

[146]　王小映，推进集体建设用地市场化改革 [J].中国土地，2005，（12）：7-8.

[147]　王小映.平等是首要原则——统一城乡建设用地市场的政策选择 [J].中国土地，2009，

（4）：32-35.

[148] 王亚红，李富忠.城乡建设用地市场一体化的制约因素及对策分析 [J].山西农业大学学报（社会科学版），2011,10（3）：277-280.

[149] 王媛，贾生华.宅基地制度改革：原理、原则与目标 [J].中国房地产，2014,（1）：53-58.

[150] 韦想，狄志颖，吕昕.农村宅基地使用权抵押贷款风险分析与完善 [J].法制与社会，2015,（4）：212-213，216.

[151] 文兰娇，张安录.论我国城乡建设用地市场发展、困境和整合思路 [J].华中科技大学学报（社会科学版），2017,31（6）：74-81.

[152] 吴冠岑，牛星.构建城乡一体化的建设用地市场探讨 [J].国土资源科技管理，2010,27（1）：131-135.

[153] 吴亮，濮励杰，朱明.中日土地利用分类比较 [J].中国土地科学，2010,24（7）：77-80，封三.

[154] 吴秋菊.宅基地产权型塑：市场、制度与惯习——一种"事实产权"的分析 [J].人文杂志，2014,（12）：30-37.

[155] 伍振军，林倩茹.农村集体经营性建设用地的政策演进与学术论争 [J].改革，2014,（2）：113-119.

[156] 夏方舟，严金明.土地储备、入市影响与集体建设用地未来路径 [J].改革,2015,（3）:48-55.

[157] 肖碧林，王道龙，陈印军.我国农村宅基地置换模式、问题与对策建议 [J].中国农业资源与区划，2011,32（3）：37-41.

[158] 肖屹，钱忠好.交易费用、产权公共域与农地征用中农民土地权益侵害 [J].农业经济问题，2005,（9）：58-63.

[159] 肖云，韩立达.发展我国农村建设用地市场的构想——基于成都、重庆的实证分析 [J].天府新论，2010,（5）：65-68.

[160] 杨继瑞，帅晓林.农村集体建设用地合理流转的支撑体系：权益分配抑或外部环境 [J].改革，2009,（12）：73-78.

[161] 杨建波，李永明，梁辉，等.集体建设用地基准地价评估体系框架构建 [J].中国国土资源经济，2013,（6）：69-72.

[162] 杨建峰，马军成，杨建波，等.集体建设用地土地级别评定探讨——以新野县为例 [J].

中国农业资源与区划，2013,34,（6）：93-99,126.

[163] 杨君，姚伦双，罗春香.新型城镇化背景下农民自愿退出宅基地意愿分析比较 [J].求索，2015,（3）：99-103.

[164] 杨少垒.农村集体建设用地自发流转的经济学解释——基于内生交易费用的理论视角 [J].农村经济，2010,（10）：91-93.

[165] 杨婷，靳小怡.资源禀赋、社会保障对农民工土地处置意愿的影响——基于理性选择视角的分析 [J].中国农村观察，2015,（4）：16-25，95.

[166] 杨秀琴.农村集体建设用地公开流转势在必行——基于隐形流转与公开流转的效率差异分析 [J].农村经济，2011,（12）：47-50.

[167] 杨雪锋，董晓晨.不同代际农民工退出宅基地意愿差异及影响因素——基于杭州的调查 [J].经济理论与经济管理，2015,（4）：44-56.

[168] 杨应杰.农户分化对农村宅基地使用权流转意愿的影响分析——基于结构方程模型（SEM）的估计 [J].经济经纬，2014,31（1）：38-43.

[169] 杨玉珍.城市内层边缘区农户宅基地腾退影响因素研究——基于河南省 6 地市 33 个自然村的调查 [J].中国土地科学，2013,27（9）：44-50.

[170] 杨玉珍.农户闲置宅基地退出的影响因素及政策衔接——行为经济学视角 [J].经济地理，2015,35（7）：140-147.

[171] 姚如青，朱明芬.行政配置与市场配置：基于城乡统筹背景之下的宅基地使用权制度研究 [J].中国土地科学，2014,28（6）：10-15，57.

[172] 尹伯成.构建城乡统一的土地市场 [J].中国地产市场，2013,（7）：22-23.

[173] 印子.农村宅基地地权实践及其制度变革反思——基于社会产权视角的分析 [J].中国农村观察，2014,（4）：52-62，83.

[174] 喻文莉，陈利根.农村宅基地使用权制度嬗变的历史考察 [J].中国土地科学，2009,23（8）：46-50.

[175] 原野，师学义，牛姝烨，等.基于 GWR 模型的晋城市村庄空心化驱动力研究 [J].经济地理，2015,35（7）：148-155.

[176] 张峰.产权残缺与利益公共补偿——基于市场与政府职能边界的理论探讨 [J].中南财经政法大学学报，2010,（4）：38-43，26.

[177] 张蔼冰，李翔，柳乾坤，等.宅基地使用权去身份化改革的两难困局及其突破 [J].中国土地科学，2015,29（8）：49-54.

[178] 张合林，贾晶晶.我国城乡统一建设用地市场构建及配套政策研究[J].地域研究与
开发，2013,32（5）：119-122,127.

[179] 张红宇.中国土地制度变革与农业结构调整——1978年后的中国农村改革与发展[J].
经济体制改革，1992，（2）：107-112.

[180] 张洪松.两种集体建设用地使用权流转模式的比较分析——基于成都实验的考察[J].
理论与改革，2010，（5）：141-144.

[181] 张继祥，吕萍.构建城乡统一的土地市场[J].兰州学刊，2010，（2）：80-83.

[182] 张娟锋，刘洪玉，贾生华.集体建设用地使用权市场发育模式对比分析[J].经济体
制改革，2009，（6）：76-80.

[183] 张梦琳.农村宅基地流转模式分析与制度选择[J].经济体制改革，2014，（3）：85-
89.

[184] 张梦琳，陈利根.农村集体建设用地流转的资源配置效应及政策含义[J].中国土地
科学，2008，22（11）：72-75.

[185] 张宁宁.日本土地资源管理一瞥[J].中国土地科学，1999,13（1）45-47.

[186] 张琦.土地制度市场化改革的理论回顾:1978—2008[J].改革，2008，（11）：82-89.

[187] 张润锋.论巴泽尔产权分析的属性基础[J].河北经贸大学学报，2015,36（2）：20-23.

[188] 张文津.我国集体建设用地流转驱动模式研究[J].西部论坛，2011,21（6）：16-20.

[189] 张晓山.实施乡村振兴战略的几个抓手[J].人民论坛，2017，（11）：72-74.

[190] 张毅，张新宝，任洪昌.浙江农村土地股份制改革思考[J].中国土地，2014，（3）：
36-37.

[191] 张引，杨庆媛.农村集体建设用地流转改革实践与反思——上海市经验分析[J].求
索,2014，（8）：32-36.

[192] 张远索.新型城镇化背景下城乡土地市场统筹构建[J].中国土地科学,2013,27（11）：
39-44.

[193] 张占录，赵茜宇，李蒴.中国土地发展权的经济分析与配置设计——以北京市平谷
区为例[J].地域研究与开发，2015,34（2）：137-141.

[194] 张长春，高泽崇，李昕，等.河北省农村宅基地退出模式类型划分与选择[J].江苏
农业科学，2013，（4）：393-394.

[195] 张舟，吴次芳，谭荣.城乡建设用地统一市场的构建:出发前的再审视[J].西北农林
科技大学学报（社会科学版），2015，15（3）：9-15.

[196] 章合运，王明成，张松.宅基地使用权流转模式创新研究——以都江堰市"味江模式"为视野 [J].城市发展研究，2010，（1）：134-137，142.

[197] 赵可，张安录.城市建设用地、经济发展与城市化关系的计量分析 [J].中国人口资源与环境，2011，21（1）：7-12.

[198] 赵燕菁.土地财政：历史、逻辑与抉择 [J].城市发展研究，2014，（1）：1-13.

[199] 赵之枫.城市化背景下农村宅基地有偿使用和转让制度初探 [J].农业经济问题，2001，（1）：42-45.

[200] 郑风田.让宅基地"三权分置"改革成为乡村振兴抓手 [J].人民论坛，2018，（4）：75-77.

[201] 郑尚元.宅基地使用权性质及农民居住权利之保障 [J].中国法学，2014，（2）：142-157.

[202] 郑义，刘杨.缩小征地范围与集体经营性建设用地流转衔接机制研究 [J].中国国土资源经济，2015，（1）：25-28.

[203] 郑云峰，李健健.我国城乡建设用地市场一体化的问题探究与对策前瞻 [J].发展研究，2013，（1）：24-27.

[204] 郑振源.建立开放、竞争、城乡统一而有序的土地市场 [J].中国土地科学，2012，26（2）：10-13.

[205] 钟毅，王颢，韦红.建立社会主义集体土地市场体系及其运行模式的探讨 [J].中国土地科学，1995，9（1）：26-31.

[206] 周京奎，吴晓燕与，胡云霞.集体建设用地流转模式创新的调查研究——以天津滨海新区东丽区华明镇宅基地换房为例 [J].调研世界，2010，（7）：24-26.

[207] 朱明芬.农村集体土地隐性市场分类及其现状特征 [J].中共浙江省委党校学报，2013，（1）：28-35.

[208] 朱秋霞.土地税收入在德国市镇财政中的作用 [J].税务研究，2006，（7）：80-81.

[209] 朱新华，柴涛修，陈利根.宅基地使用权流转制度改革的制度经济学解析 [J].中国土地科学，2009，23（4）：34-37，42.

[210] 朱新华.户籍制度对农户宅基地退出意愿的影响 [J].中国人口.资源与环境，2014，（10）：129-134.

[211] 朱新华，马璐璐，张金明.农村集体建设用地的最适产权安排——一个新制度经济学分析视角 [J].经济体制改革，2010，（1）：99-102.

[212] 诸培新，曲福田，孙卫东.农村宅基地使用权流转的公平与效率分析 [J].中国土地科学，2009，23（5）：26-29.

[213] 邹兆平.日本的地价公示制度 [J].现代日本研究，1991，（3）：53-55；38.

[214] 刘继来，刘彦随.村域尺度城乡土地利用转型格局与过程研究——以河北省宣化区为例 [A].中国土地资源开发整治与新型城镇化建设研究 [C]，河南安阳，2015.

[215] 杨忠学，续元申.日本土地交易管理制度 [N].中国国土资源报，2001-9-28.

[216] 高磊.产权效率的演进逻辑与考量研究 [D].东北财经大学，2010.

[217] 何嘉.农村集体经济组织法律重构 [D].西南政法大学，2014.

[218] 李建建.中国城市土地市场结构研究 [D]，福建师范大学，2002.

[219] 刘金国.集体建设用地流转价格评估理论与方法 [D] 吉林大学，2011.

[220] 刘小红.产权结构、产权关系与制度创新：对农村集体内农地产权关系的考察 [D].南京农业大学，2011.

[221] 倪家.日本的土地产权和土地收用制度 [D].山东大学，2014.

[222] 苏畅.日本土地税及其效应分析 [D].河北大学，2013.

[223] 余江县 2013 年国民经济和社会发展统计公报 [EB/OL].http://www.yujiang.gov.cn/jxytyjx/bmgkxx/xtjj/gzdt/tjsj/201408/t20140814_301369.htm.

[224] 余江县 2014 年政府工作报告.[EB/OL]..http://www.yujiang.gov.cn/xxxgk/xzfgzbg/201506/t20150616_332303.htm.

[225] Vietnam Land Law No. 45/2013/QH1.[EB/OL].http://www.itpc.gov.vn/investors/how_to_invest/law/Law_on_land/view.

[226] 越南土地制度改革进展与简评 [EB/OL]. http://blog.sina.com.cn/s/blog_565221f10102veaz.html?tj=fina.

[227] Decree No. 120/2010/ND-CP: Land use levy adjusted. [EB/OL].http://vietnamlawmagazine.vn/decree-no-120-2010-nd-cp-land-use-levy-adjusted-2373.html.

[228] LAW ON NON-AGRICULTURAL LAND USE TAX. [EB/OL].http://www.itpc.gov.vn/investors/how_to_invest/law/Law%20No.48_2010_QH12/view.

[229] Vietnam land price framework: dividing in two groups. [EB/OL].http://vietlaw4u.com/vietnam-land-price-framework/.

[230] Hironori KATO, Le Hong NGUYEN.Land policy and property price in Hanoi, Vietnam. [EB/OL].http://intl.civil.t.u-tokyo.ac.jp/docs/wpaper/Kato_Le_en.pdf.

[231] Allyson J.Thirkell.Players in urban informal land markets;who wins?who loses?A case study of Cebu city[J]. Environment and Urbanization, 1996,Vol,8,No.2:pp71-90.

[232] Bazel, Yoram. A Theory of Rationing by Waiting [J]The Journal of Law and Economics,1974,17(1): 73-95.

[233] Bazel, Yoram. An Economic Analysis of Slavery[J]The Journal of Law and Economics,1977,20(1): 87-110.

[234] Cheung S N S.The Structure of a Contract and the Theory of a Non-Exclusive Resource[J].Journal of Law and Economics,1970,13（1）:49-70.

[235] Coase, R. H.The Firm, the Market and the Law[M]Chicago: University of Chicago Press,1988.

[236] David A. King and J.A.Sinden. Price Formation in Farm Land Markets [J].Land Economics, 1994, 70（1）:38-52.

[237] Demsetz H. Toward a theory of property right[J].American Economic Review, 1967,57（2）:347-356.

[238] E. R. Alexander.Land-property markets and planning: A special case [J]. Land Use Policy, 2014, No.41:533-540.

[239] Grainger Alan. The Forest Transition: An Alternative Approach[J].Area,1995,27（3）: 242-251.

[240] Gwendoline Promsopha. Land Ownership as Insurance and the Market for Land: A Study in Rural Vietnam [J].Land Economics, 2015, 91（3）: 460-478.

[241] Josep Roca Cladera & Malcolm C. Burns The Liberalization of the Land Market in Spain: The 1998 Reform of Urban Planning Legislation, European Planning Studies [J]. 2000,8（5）: 547-564.

[242] Lâm Quang Huyên. Vấn đề ruộng đất ở Việt Nam [M]. Hà Nội: NXB khoa học xã hội, 2007: 207.

[243] Long Hualou, Liu Yongqiang, Hou Xuegang, et al. Effects of land use transitions due to rapid urbanization on ecosystem service: Implications for urban planning in the new developing area of China[J]. Habitat International, 2014, 44:536-544.

[244] Mason Gaffney. The Role of Land Markets in Economic Crisis [J].The Amierican Jounal of Economics and Sociology, 2009,Vol.68, No,4:pp855-888.

[245] Mather A S. Forest Transition Theory and the Reforesting of Scotland[J].Scottish Geographical Journal，2004,120（1-2）: 83-98.

[246] Mather A S.Recent Asian Forest Transition in Relation to Forest-Transition Theory [J]. International Forestry Review, 2007,9（1）:491-502.

[247] Nivelin Noev.Contracts and Rental Behavior in the Bulgarian Land Market[J]. Eastern European Economics,2008,46（4）: 43-74.

[248] Njegac D, Toskic A. Rural diversification and soci-economic transformation in Croatia [J]. GeoJournal, 1999,（46）:263-269.

[249] Siciliano G. Urbanization strategies, rural development and land use changes in China: A multiple=level integrated assessment [J]. Land Use Policy, 2012,29（1）:165-178.

[250] Songqing Jin, T. S. Jayne. Land Rental Markets in Kenya: Implications for Efficiency, Equity, Household Income, and Poverty [J].Land Economics, 2013, 89（2）: 246-271.

[251] Ton Gia Huyen, Tran Thi Minh Ha.Vietnam Land Administration - The Past, Recent and for The Future[A]. Vietnam Land.7th FIG Regional Conference Spatial Data Serving People: Land Governance and the Environment – Building the Capacity[C]. Hanoi, Vietnam, 19-22 October 2009.

[252] Yansui Liu, Yuheng Li. Revitalize the world's countryside[J]. Nature, 2017,548(7667): 275–277.

[253] Yeo I-Y, Huang C. Revisiting the Forest Transition Theory with Historical Records and Geospatial Data: A Case Study from Mississippi（USA）[J]. Land Use Policy,2013,32:1-13.

图表索引

后　记

　　本书是在我博士论文基础上，结合后续的实践调研与研究共同完成的。从博士入学后，我就一直在关注我国农村土地制度改革与城乡发展领域，有幸参与多位老师的相关研究课题中，更是坚定了自己的研究方向。近些年来，诸如农村承包地"三权分置"、"三块地"改革试点、"两权"抵押试点等国家层面的重大土地制度改革层出不穷，为我们土地管理学者提供了丰富的研究素材和鲜活的实践案例，所以，很早我就选择"构建城乡统一建设用地市场"作为我的博士论文选题，希望能够在此领域取得一定的研究成果，提高自己的研究能力。进入研究后，深深地体会到农村土地制度改革的综合性和复杂性，要求自己既要有深厚的理论，又不能离开鲜活的实践，所以，在全部研究过程中离不开各位师友的大力帮助。值此本书即将付梓之际，我要感谢这一路走来，对我关心爱护并提供各种帮助的各位老师、朋友，表达最衷心的感谢！

　　我最怀念的，也是最要感谢的是我的先师林增杰教授。回想在人大校园的水穿石咖啡厅，这是林老师经常光顾的地方。我与林老师有了第一次见面，是林老师给了我最幸运的机会，使我能够来到人大，这个魂牵梦绕的地方来学习研究。从入师门以来，林老师就对我格外关照，在生活上，经常叫我们去家中做客，品美食，谈人生，宛如家中的一位长者对小辈的关爱，让人觉得好生温暖，一点感觉不到教授的距离和架子。在学习上，林老师虽然年事已高，但对我们的要求丝毫却没有降低，时常督促我们要多读书，多练笔，总是鼓励我们多出去看看，多长长见识。正在林老师的鼓励下，才有了我的德国留学经历。在出国前，林老师身体已经很虚弱，但是凡有机会，他还总是惦记着我的博士论文开题怎么样了，出国手续怎么样了，一时一刻都离不开对学生的关心。我带着林老师的嘱托和教诲踏上了去往德意志的飞机。本想学成归国后再来向林老师汇报，但万万没有想到，天有不测风云，林老师突然离世。当我听到这个噩耗时，简直不敢相信自己的耳朵，匆忙回国来送林老师最后一程。在林老师葬礼前后，林老师生前的学生都写了一些悼念的文字，我本也想写下一些文字，但我在动笔时，想到林老师生前，由于身患疾病，已不能亲自指导论文，但仍对于我的学业一直挂怀，所以我决定以自己小小的成果来告慰林老师的在天之灵，希望林老师在天国一切安好，学生一定会更加努力。

感谢师母严星老师。林老师在世时，我们每每去林老师家做客，严老师总是对我们嘘寒问暖，为我们的吃食在厨房忙碌。在林老师病重期间，严老师也是亲力亲为，总是害怕麻烦我们，耽误我们的学习和工作，每次探望总是劝我们早些回去。其实我们都知道严老师更不容易，每天来往于病房和家之间，变着花样给林老师做既营养又健康的膳食，我们看到也为之感动。林老师去世后，师母不忘我们几个在校还未毕业的学生，亲自拜托系里老师对我们多多关照，使我们能够顺利完成学业，不忘林老师的托付。我想说，谢谢师母，谢谢严老师。

感谢吕萍教授，吕老师活泼的教学风格、敏锐的学术灵感、严谨的治学态度都使我受益匪浅。在博士期间，有幸参与到吕老师的课题研究中，和老师一起去海外参会，使得我才第一次真正与吕老师有了近距离的交流。林老师去世后，吕老师主动关心我的动向和博士论文研究。在后续研究中，更是为我提供了宝贵的调研机会和资料，才能使我一直能够坚持自己的研究。本书的出版更是离不开吕老师的支持，在此表达我最衷心的感谢。

感谢张占录教授，从博一上主文献课时与张老师开始有所接触和认识，被张老师丰富的知识和活跃的思维所吸引。他总是有许多奇思妙想，课下多次与张老师讨论学习，他总是不厌其烦地与我交流，一起撰写发表文章，是我受益匪浅。在博士论文开题过程中，张老师更是给予我巨大的帮助，从论文选题到大纲制定，都与进行了细致的讨论，特别是在林老师去世后，张老师又成为了我的博士生导师，在生活和学习上给予我巨大帮助，使我能够顺利完成博士论文的写作。

感谢曲卫东教授。入学以来，一直听说土管系的"铁人"曲教授，是从德国留学回来的海归博士，一直心怀敬仰，但只是在主文献课和世界华人不动产学会年会上有短暂交流。万万没有想到在博士阶段，我也有了去德国留学的机会，曲老师义不容辞为我提供了大量帮助，使我能够顺利留学，并且在留德期间还经常关心我的生活。留德一年，我的收获颇丰，不仅让我了解到德国的风土人情，增长了见识，开阔了眼见，而且学习了德国土地管理知识，拓展了自己的国际视野，使自己对专业、生活、人生的许多方面都有了新的想法和认识。

感谢谭峻老师。从进入人大求学以来，谭峻老师在学校就为我了提供了许多科研实践机会，和生活上的巨大帮助，并对我的小论文写作给予了许多指导，但人有旦夕祸福，谭老师不幸因病逝世，愿谭老师在天堂安息！

感谢中国人民大学土管系叶剑平教授、严金明教授、丰雷教授、张正峰教授、施昱年老师，在人大求学期间，获得你们的教诲与帮助，丰富了我的知识和人生。

感谢郭桂英老师一路来的帮助，从初试，复试，到学校课题的申请都给予无私、巨大的帮助。

感谢张毅师兄、赵燕军师兄。张毅师兄带我一起做课题、讨论人生，在学术、人生方面都多次提点了我，提供了许多机会和帮助，在这里要谢谢师兄。与赵燕军师兄相识是在入人大以前，赵燕军师兄无私地将他的床位借我使用，而且提供了许多备考资料。入校以后，更是经常与师兄探讨，深深地被师兄深厚的学术功底所折服，给了我许多启发。祝愿你和家人在加工作、生活一切顺利！

感谢马梅姐一直以来的支持和帮助。特别是在论文写作过程中提供了大量无私帮助，相互鼓励，并肩战斗，使我能够顺利完成博士论文。

感谢陈洁丽师妹、李琳师妹在我博士论文写作过程中提供的无私帮助，使我能够顺利完成博士论文写作。感谢师弟成███帮助，使我回国后快速稳定下来，进入博士论文写作。感谢师弟李怡达在博士论文写作过程中提供的帮助。感谢钟和曦师兄、佘辉师兄、卢嘉师姐、师弟陈卫华、师弟钟荣桂、师弟顾岳汶、师妹于淼、师妹徐鑫林、师妹于璐源、师妹胡子琪、师妹毛春悦在实地调研过程中提供的大力支持和帮助。

感谢单位领导和同事对我入职以来在学习、工作和生活上的帮助，无论是课题申请，还是日常工作都给予我极大地包容与关怀。

当然，最需要感谢的还是一直在背后默默支持我的父母。他们从来不会给我压力，对我总是无微不至的关怀和毫无保留的支持，使我不管遇到任何困难，只要想起他们就充满了力量，是他们一直以来的支持使我能够走到今天，谢谢父母，祝你们身体健康！

最后要感谢中国建筑工业出版社周方圆编辑，在书稿出版过程中所付出的辛勤劳动与汗水，以及其他在我学习、生活、工作中提供过帮助的朋友、同事，在此一并表示感谢！

本书是国家自然科学基金项目"城镇化演进中的城乡住房融合研究：机理剖析、分析框架与现实路径"（编号：71673285）；原北京市国土资源局项目"北京市征地区片综合地价制定"；山西省高校哲学社会科学研究基金项目"城乡统一建设用地市场构建：理论、模式与路径研究"（编号：2017250）；山西省软科学研究项目"农村宅基地功能分化推动乡村振兴战略实施路径研究"（2018041004-4）；山西财经大学青年科研基金项目"新型城镇化背景下城乡统一建设用地市场构建：模式创新与路径设计研究"（编号：QN-2017012）的阶段性研究成果。

本书在写作过程中，曾参考了大量相关文献资料，引用了其中部分内容，在此向有关作者和同行致谢！

由于作者的研究视野和水平有限，本书还存在许多不足之处，恳请各位专家和读者朋友批评指正！

林超

2019 年 4 月于太原